Manual básico de técnica cinematográfica y dirección de fotografía

Papeles de Comunicación / 29
Colección dirigida por J. M. Pérez Tornero y Pilar Sanagustín

1. M. de Fontcuberta - *La noticia*
2. I. Tubau - *Periodismo oral*
3. F. Fernández Díez y J. Martínez Abadía - *La dirección de producción para cine y televisión*
4. Á. García Meseguer - *¿Es sexista la lengua española?*
5. M. Á. Ortiz y J. Marchamalo - *Técnicas de comunicación en radio*
6. J. M. Pérez Tornero - *El desafío educativo de la televisión*
7. P. Rodríguez - *Periodismo de investigación*
8. L. Arfuch - *La entrevista, una invención dialógica*
9. M. López - *Cómo se fabrican las noticias*
10. J. M. Perceval - *Nacionalismos, xenofobia y racismo en la comunicación*
11. M. A. Ortiz y F. Volpini - *Diseño de programas de radio*
12. P. Soler - *La investigación cualitativa en marketing y publicidad*
13. V. Llorens - *Fundamentos tecnológicos de vídeo y televisión*
14. A. Rodríguez Bravo - *La dimensión sonora del lenguaje audiovisual*
15. S. Zunzunegui - *La mirada cercana*
16. M. Onaindía - *El guión clásico de Hollywood*
17. D. Levis - *Los videojuegos, un fenómeno de masas*
18. T. Álvarez y M. Caballero - *Vendedores de imagen*
19. J. Rey - *Palabras para vender, palabras para soñar*
20. A. Fernández-Coca - *Producción y diseño gráfico para la World Wide Web*
21. R. Reig - *Medios de comunicación y poder en España*
22. F. Fernández-Díez y J. Martínez Abadía - *Manual básico de lenguaje y narrativa audiovisual*
23. H. Aznar - *Ética y periodismo*
24. B. León - *El documental de divulgación científica*
25. J. I. Aguaded - *Convivir con la televisión*
26. J. Costa - *La comunicación en acción*
27. J. M. Pérez Tornero (comp.) - *Comunicación y educación en la sociedad de la información*
28. J. A. Jauset - *La investigación de audiencias en televisión*
29. J. Martínez Abadía y J. Serra Flores - *Manual básico de técnica cinematográfica y dirección de fotografía*

José Martínez Abadía
Jordi Serra Flores

Manual básico de técnica cinematográfica y dirección de fotografía

PAIDÓS
Barcelona • Buenos Aires • México

Cubierta de Mario Eskenazi

Quedan rigurosamente prohibidas, sin la autorización escrita de los titulares del
«Copyright», bajo las sanciones establecidas en las leyes, la reproducción total o parcial
de esta obra por cualquier medio o procedimiento, comprendidos la reprografía y el
tratamiento informático, y la distribución de ejemplares de ella mediante alquiler o
préstamo públicos.

© 2000 de todas las ediciones en castellano,
    Ediciones Paidós Ibérica, S. A.
    Mariano Cubí, 92 - 08021 Barcelona
    y Editorial Paidós, SAICF,
    Defensa, 599 - Buenos Aires
    http://www.paidos.com

ISBN: 84-493-0985-9
Depósito legal: B-43.052/2000

Impreso en Gràfiques 92, S. A.
Avda. Can Sucarrats, 92 - 08191 Rubí

Impreso en España - Printed in Spain

SUMARIO

Presentación, *Federico Fernández Díez* 13
Al lector 15

1. Introducción 17
   1.1. El fenómeno de la persistencia de la visión 19
   1.2. La toma de vistas 20
   1.3. La base fotográfica 20
   1.4. El laboratorio 21
   1.5. El montaje 22
   1.6. La sonorización 22
   1.7. La proyección 23
   1.8. Los formatos 24
   1.9. La proyección espectacular 24

2. La cámara de cine 27
   2.1. La cámara y sus componentes 29
   2.2. Funcionamiento básico 30
   2.3. Transformación del movimiento continuo en intermitente . . . 31
   2.4. El motor de cámara. Sistemas de alimentación 32
   2.5. El chasis. Carga de la película 34
   2.6. La velocidad de filmación 37
   2.7. La insonorización 38
   2.8. El obturador 38
   2.9. El objetivo 39
   2.10. El visor 40
   2.11. La ventanilla de impresión 42
   2.12. El sistema sonoro 43
   2.13. Accesorios de cámara 45

3. Los formatos cinematográficos 47
   3.1. Los formatos 49
   3.2. El formato de 35 mm 50
      3.2.1. Los formatos de 35 mm con lentes esféricas 51
      3.2.2. Los formatos panorámicos 52
      3.2.3. Los formatos de 35 mm con lentes anamórficas 56

8 MANUAL BÁSICO DE TÉCNICA CINEMATOGRÁFICA

3.3. El formato de 16 mm 56
3.4. El formato de 65 mm 58

4. Soportes de cámara 61
   4.1. El trípode 63
   4.2. Pedestal de estudio y trípode ligero 65
   4.3. La Dolly 66
   4.4. El travelling 68
   4.5. Sistemas antivibratorios 68

5. La luz y los objetivos 71
   5.1. Propagación de la luz 73
      5.1.1. Reflexión de la luz 73
      5.1.2. Transmisión 74
      5.1.3. Absorción 75
   5.2. Los objetivos 75
      5.2.1. Lente simple 76
      5.2.2. Distintas formas de lentes 77
      5.2.3. Foco principal de una lente 79
      5.2.4. Distancia focal 79
      5.2.5. Concepto de foco equivalente 80
      5.2.6. Distancia focal y campo visual 81
      5.2.7. Diafragma y abertura relativa 82
      5.2.8. Efectos del diafragmado 84
      5.2.9. Número «f» o abertura relativa 85
      5.2.10. Escalas de abertura 86
      5.2.11. Diafragmas «T» 87
      5.2.12. Profundidad de campo 87
      5.2.13. Distancia hiperfocal 90
   5.3. Aberraciones de las lentes 91
      5.3.1. Aberración cromática 92
      5.3.2. Aberración esférica 92
      5.3.3. Coma 93
      5.3.4. Astigmatismo 94
      5.3.5. Curvatura de campo 95
      5.3.6. Distorsión 95
      5.3.7. Velo óptico 96
      5.3.8. Efecto de la abertura en las aberraciones y distorsiones . . 98
   5.4. Tipos de objetivos 99
      5.4.1. Objetivo normal 99
      5.4.2. Objetivo angular 99
      5.4.3. Teleobjetivo 99
      5.4.4. Objetivo de distancia focal variable o zoom 100
      5.4.5. Accesorios ópticos 100
   5.5. La perspectiva 101

SUMARIO

5.5.1. Perspectiva geométrica directa 102
5.5.2. Perspectiva fotográfica. 103
5.5.3. La perspectiva y los objetivos 104

6. Las emulsiones sensibles. 107
6.1. La película 109
6.2. La emulsión 110
6.3. Proceso de impresión de la película. 111
6.4. Sensibilidad o rapidez 113
6.5. Latitud de exposición 115
6.6. El contraste 116
6.7. La película de color 117
6.8. El proceso de impresión de una película de color 119
6.9. Emulsiones inversibles y usos profesionales 122
6.10. Emulsiones negativas y usos profesionales 123
6.11. Elección de una emulsión 124
6.12. Normas de conservación de los materiales fotográficos 126

7. El diseño de la iluminación 129
7.1. La evolución de la iluminación 131
7.2. Objetivos de la iluminación 136
7.3. Luz principal y luz secundaria. 137
7.4. Dirección de la luz 138
7.4.1. Angulación de la luz 141
7.4.2. Otros tipos de luz 141
7.5. Calidad de la luz: dureza y suavidad 142

8. Iluminantes y accesorios 145
8.1. Fuentes de luz para cine y televisión 147
8.1.1. Fotolámpara incandescente de tungsteno. 149
8.1.2. Fresnel: proyector de luz incandescente 150
8.1.3. Cuarzo: proyector abierto de tungsteno-halógeno 151
8.1.4. Softlight: el proyector de luz suave. 153
8.1.5. HMI: el proyector de luz de día 155
8.1.6. Proyector de arco voltaico 156
8.1.7. Proyector de ambiente. 158
8.1.8. Proyector de ciclorama 158
8.1.9. Fuente de luz portátil: el flash continuo 159
8.1.10. Proyector de seguimiento 161
8.1.11. Proyector de fluorescencia. 161
8.2. Soportes para las fuentes luminosas 162
8.2.1. Sistemas de sujeción sobre el suelo 163
8.2.2. Sistemas de suspensión aérea 166
8.3. Elementos de control de la luz. 168

MANUAL BÁSICO DE TÉCNICA CINEMATOGRÁFICA

9. Los filtros en la cinematografía 177
    9.1. Los filtros. 179
    9.2. Comportamiento de los fitros 180
    9.3. Factor de un filtro. 182
    9.4. Filtros para blanco y negro 183
        9.4.1. Filtros de corrección 183
        9.4.2. Filtros de contraste 184
        9.4.3 Filtros especiales 186
        9.4.4. Filtros de efectos 189
    9.5. Temperatura de color de las fuentes luminosas 190
        9.5.1. Los mired 191
        9.5.2. Termocolorímetros 192
    9.6. Filtros para color 193
        9.6.1. Los filtros de corrección y de conversión 194
        9.6.2. Los filtros de compensación del color 195
        9.6.3. La luz fluorescente 197
        9.6.4. El filtraje de las fuentes luminosas. 198

10. La fotometría 201
    10.1. Concepto de intensidad luminosa 203
    10.2. Flujo 204
    10.3. Eficacia 205
    10.4. Iluminación de una superficie 206
        10.4.1. Iluminación 206
        10.4.2. Luminancia 207
    10.5. Luxómetros. 208
    10.6. Intervalo de luminancias 208

11. La sensitometría 211
    11.1. Cuñas sensitométricas. 213
    11.2. El densitómetro 216
    11.3. La curva característica. 217
    11.4. La curva característica y su información 219
    11.5. Sensitometría de los materiales en color 221
    11.6. Sensitómetros de color 221
    11.7. Densitómetros de color 222
    11.8. Curvas características de color. 223

12. La exposición y su medida 227
    12.1. La exposición 229
    12.2. La luminosidad y el contraste de la escena 229
    12.3. El color y el factor de reflexión del tema. 232
    12.4. La sensibilidad de la emulsión 232
    12.5. La latitud de exposición de la emulsión 233
    12.6. La abertura del diafragma 235

SUMARIO

12.7. La velocidad de obturación y su ángulo 235
12.8. Los filtros empleados 237
12.9. El revelado y el positivado 237
12.10. El efecto visual que queremos conseguir 238
12.11. Los exposímetros 238
12.12. El sistema de exposición por zonas. La carta gris 240
12.13. Estudio de casos 243

13. El laboratorio 247
13.1. La química del revelado 249
13.2. El revelado de color 251
13.3. El procesado de material inversible 253
13.4. La procesadora continua 255
13.5. El positivado 257
13.6. El etalonaje 260

14. Trucos cinematográficos 263
14.1. Trucos sin manipulación óptica 265
14.2. Trucos ópticos 266
14.3. Trucos mecánicos 269
14.4. La truca o copiadora óptica 271
14.5. Trucos con manipulación informática 273
14.6. La titulación 274

15. El montaje 277
15.1. La sala de montaje 279
15.2. Secuencia de trabajo del proceso de montaje 285
15.3. El montaje sonoro del filme 289
15.4. Sistemas de edición no lineal aplicados a la cinematografía . . . 289

16. La proyección 293
16.1. El proyector cinematográfico 295
16.2. Cambios de formato 298
16.3. Lectores de sonido 299
16.4. La pantalla de proyección 300
16.5. La proyección espectacular 301
16.6. Copias de explotación: distribución y exhibición 305

Bibliografía básica sobre el tema 307
Para ampliar 309
Índice analítico 311

PRESENTACIÓN

Siempre es agradable presentar un nuevo libro pero, aún más, cuando se trata de un manual útil, sistemático y riguroso, realizado por personas con experiencia docente y profesional.

Los autores, José Martínez Abadía y Jordi Serra Flores, conocen sobradamente las necesidades de información y formación de los estudiantes de las disciplinas relacionadas con la Imagen y el Sonido y saben, también, la necesidad de base tecnológica que tienen los que acceden a las profesiones del audiovisual, y especialmente a la producción cinematográfica.

La tecnología del cine y la dirección de fotografía son cuestiones capitales que aborda el texto de forma estructurada, didáctica y rigurosa, sentando firmemente las bases para la inmersión profesional que culminará en la práctica de la creación cinematográfica, pero con la capacidad de aprendizaje y aplicación que supera el mero practicismo y permite el progreso evolutivo que sólo es posible a partir del conocimiento conceptual, el dominio de la terminología, el conocimiento de las técnicas de aplicación y la reflexión sobre los principios que fundamentan la obtención consciente del mensaje.

Estamos ante un texto básico y fundamental, de lectura obligada para iniciarse cabalmente en la práctica cinematográfica y videográfica, y de consulta útil para profesionales del sector que pueden, a través del índice y del glosario, acercarse a términos y conceptos, según sus necesidades o intereses.

Felicito a los autores, y también a los lectores, puesto que en un momento en el que los estudios de Comunicación, Imagen y Sonido viven una época gloriosa, son pocos los textos que responden con eficacia a la necesidad de formación que el sector requerirá de los futuros profesionales.

El cine es creación, pero esta creación sólo es posible gracias a la técnica, entendida en sentido aristotélico, como regla y proceso de aplicación, y a la tecnología, en tanto que producto, medio técnico que permite la realización de las operaciones necesarias para la obtención del mensaje. Este texto presta un gran servicio a la difusión de los principios técnicos y tecnológicos y, por ende, a la creación cinematográfica, necesitada de sangre nueva que añada la solidez de su formación a la necesaria creatividad personal. Sólo así será posible orientar eficazmente la práctica profesional para mejorar nuestra industria audiovisual.

Creo que este libro es imprescindible para todos aquellos que deseen ser operadores, cámaras y directores de fotografía en la industria cinematográfica. Pero no sólo para ellos. El conocimiento de los medios tecnológicos, de las técnicas de aplicación, del proceso completo y detallado de producción de mensajes, es necesario también para el productor y su equipo y para el director o realizador.

Para el productor, que ha de organizar, planificar, programar y controlar dicho proceso, y que deberá presupuestar y contratar los medios necesarios. El texto que presentamos dotará al productor de una sólida referencia para las actividades señaladas.

Para el director o realizador, que, conociendo las características de los medios tecnológicos y sus técnicas de aplicación, podrá adecuar la realización a sus requerimientos comunicativos y expresivos.

El libro es, también, de gran interés como manual de consulta para todos los estudiantes de Comunicación, Imagen y Sonido, los profesionales del audiovisual y todos aquellos que quieran fundamentar, con rigor, la selección y aplicación de los medios tecnológicos en la creación de mensajes audiovisuales.

Se trata de un texto completo y sistemático. Describe, paso a paso, elemento a elemento, los medios técnicos y sus componentes, con su evolución histórica, sus fundamentos científicos y tecnológicos y sus diferentes aplicaciones. No olvida nada: desde la descripción precisa de la cámara y sus componentes hasta el momento final de la proyección en pantalla.

Recomiendo seriamente al lector que hojee el sumario y, posteriormente, el índice analítico. Estoy convencido de que encontrará numerosas cuestiones que se había planteado y a las que este texto puede dar respuesta.

Animo a los autores a continuar en su trabajo de docencia e investigación, esperando ver en el futuro nuevas obras que, como ésta, contribuyan a sentar una base firme para la formación de los futuros profesionales del cine, el vídeo y la televisión.

FEDERICO FERNÁNDEZ DÍEZ
Director de la línea de investigación
«Aplicación de los sistemas visuales y multimedia».
Proyectos de Ingeniería.
Universidad Politécnica de Cataluña (U.P.C.).

AL LECTOR

Los autores de esta publicación hemos comentado con frecuencia la dificultad existente para encontrar bibliografía que aúne los diferentes elementos que intervienen en la tecnología del cine y en la dirección de fotografía. Nos ha preocupado la forma de transmitir a nuestros alumnos los conocimientos precisos y escalonados para conseguir el dominio de la imagen, una fotografía de calidad aplicable tanto en el campo cinematográfico como en el propio del vídeo y de la televisión.

Ante este reto, decidimos elaborar un manual útil para todos aquellos que desean introducirse y profesionalizarse en la técnica cinematográfica y en la dirección de la fotografía en los medios audiovisuales. Pretendimos que fuera autosuficiente y para ello debíamos facilitar el acceso a la comprensión de la tecnología de la cámara de cine, describir los formatos cinematográficos, identificar los soportes de cámara más extendidos, explicar las propiedades de la luz y de los objetivos, profundizar en el terreno de las distintas películas existentes y sus características, adentrarnos en el apasionante mundo de la iluminación en sus aspectos técnicos, conocer los filtros y sus efectos sobre la imagen, aportar las claves básicas para dominar la medida de la exposición en el proceso de toma de imágenes, reconocer las técnicas de revelado aplicables en los laboratorios, describir la tecnología empleada en los procesos de montaje y de proyección de los filmes, etc. En suma, no dejar fuera nada que pueda ser significativo en la obtención de imágenes de calidad en los medios audiovisuales.

Hemos preferido ampliar nuestro campo de influencia a un elenco mucho más amplio que el ámbito académico de centros universitarios y de formación profesional especializados en medios audiovisuales. Queremos facilitar el acceso al conocimiento de los factores a tener en cuenta en la técnica cinematográfica y en la dirección de fotografía a todos los profesionales del mundo del cine presentes y futuros, a fotógrafos (tanto de imagen fija como móvil), iluminadores, operadores de cámara, directores de fotografía, escenógrafos, productores, ayudantes de dirección y de realización, directores y realizadores, estudiantes de la rama profesional de la Comunicación, la Imagen y el Sonido, de las facultades de Ciencias de la Comunicación, de Bellas Artes, y también a trabajadores en activo que pueden mejorar su bagaje teórico de conocimientos tecnológicos con la consulta de este manual.

Vamos a estar profundamente satisfechos si con nuestra modesta aportación contribuimos a despertar, en los profesionales presentes y futuros, el interés por la consecución de imágenes aún más atractivas. Siempre que el buen uso de la tecnología contribuya a elevar la expresividad de la imagen, su potencial comunicativo, su impacto en el espectador, nos sentiremos ligeramente cómplices junto con todos aquellos que valoran el trabajo bien hecho.

José Martínez Abadía
Jordi Serra Flores
Sant Cugat del Vallés-Manresa
(Barcelona)

Capítulo 1

INTRODUCCIÓN

Históricamente, el hombre, para reproducir la realidad, utilizó como sistemas de representación el dibujo, la pintura, más tarde la fotografía y finalmente el cine. Con la técnica cinematográfica se consigue dar movimiento a las imágenes y a la vez crear una continuidad visual. El cine nació precisamente como respuesta definitiva a la representación de la realidad en movimiento y es la consecuencia de ese deseo de representación, casi intrínseco, de la humanidad.

Pocos años antes de la aparición del cine en 1895, nacía su principal predecesor, la fotografía, que en aquel momento resultaba ser el medio más fiel hasta entonces de representar la realidad. Era el año 1816 y su principal inventor y descubridor fue Nicéphore Niepce, aunque no sería oficial hasta 1839. La fotografía aportaba la emulsión fotosensible como soporte, que sería también el soporte que adoptaría el cine desde el principio hasta nuestros días. La técnica cinematográfica constituye la esencia del lenguaje audiovisual, que poco a poco se iría abriendo camino desde sus inicios a finales del siglo XIX hasta la actualidad.

1.1. El fenómeno de la persistencia de la visión

La mágica ilusión de movimiento que proporciona la técnica cinematográfica es posible gracias a la propiedad fisiológica del ojo humano de retener una imagen durante una mínima fracción de segundo. Esta propiedad fue descrita ya en el siglo II por el sabio griego Tolomeo y provocó la curiosidad de Isaac Newton aunque no fue estudiada científicamente hasta el año 1824 por el médico inglés Peter Marc Roget. Este fenómeno constituyó el fundamento de muchos juguetes basados en la ilusión óptica como el «fenaquistoscopio» (1845) obra del psicofísico belga Plateau y que ocupa el primer lugar destacado, seguido del «fantasmatropio», el «choreutoscopio», el «praxinoscopio», el «zootropo» o el «estroboscopio». Posteriormente llegaría la «cronofotografía» (1888), de la mano del británico Edward James Muybridge y el fisiólogo francés Étienne-Jules Marey, que consiste en un conjunto de fotografías instantáneas y sucesivas de un mismo referente en movimiento.

Otro ejemplo sería el «fusil fotográfico» consistente en un fusil dotado de una película montada sobre un chasis giratorio que se impresiona cada vez que se acciona el gatillo. Al final llegó el «cinematógrafo», invento de los hermanos Lumière que se presentó en París en el año 1895 y que suponía el nacimiento de una nueva técnica de representación de la realidad y de un nuevo lenguaje: el cine.

La retina, al ser impresionada por la luz, puede conservar la imagen durante un instante después de que ésta desaparezca. Esta capacidad recibe el nombre de *persistencia retiniana* o *persistencia de la visión*. En el cine, esas imágenes que se van sucediendo con cierta periodicidad son los fotogramas de película que, proyectados de forma sucesiva aunque separados por un pequeño fragmento de negro que permanece invisible para el ojo humano, producen la sensación de movimiento al ser encadenados uno detrás de otro. Este hecho se debe a que cada uno de estos fotogramas permanece impresionado en la retina hasta la aparición del siguiente.

Cuando la frecuencia de estas imágenes o fotogramas es superior a dieciséis por segundo, la retina interpreta la serie como una sola imagen en movimiento, sin aparente discontinuidad. Se aprecia, no obstante, un parpadeo que desaparece por completo cuando se aumenta la frecuencia a 48 imágenes por segundo. Aunque el estándar de velocidad de rodaje es de 24 fps (fotogramas por segundo), el problema se soluciona en la proyección donde se proyecta dos veces cada fotograma, aumentando, por ello, la frecuencia de imágenes a 48 fps.

1.2. La toma de vistas

El dispositivo que se utiliza para la toma de imágenes o de vistas es la cámara cinematográfica y su homólogo para poder visionarlas es el proyector. Entre ellos existen similitudes importantes, tantas que el primer aparato que apareció y al que el cine debe su nombre, el cinematógrafo, cumplía a la vez con las dos funciones. Este doble aparato evolucionó hasta convertirse en la cámara y el proyector propiamente dichos.

La cámara es el instrumento más importante del equipo cinematográfico. Aunque existen varios tipos de cámaras, según formatos y estándares de calidad, su funcionamiento básico y sus componentes esenciales son los mismos: un objetivo, un sistema de arrastre de la película, un obturador intermitente, una ventanilla de impresión y un chasis o almacén de película. Estos dispositivos hacen que una película virgen pueda circular a una determinada velocidad e impresionar veinticuatro imágenes cada segundo, con la luz que penetra a través del objetivo.

Algunas cámaras disponen además de la posibilidad de registro de sonido. En este caso incorporan un sistema de insonorización para no registrar el ruido de la propia cámara mientras rueda. Las cámaras profesionales tienen un sistema de alimentación que suministra la energía necesaria para accionar todos sus componentes. También cuentan con la posibilidad de funcionar alimentadas por baterías autónomas.

1.3. La base fotográfica

En cierta manera podría decirse que la cámara cinematográfica es una cámara fotográfica motorizada, es decir, una cámara con un mecanismo de arrastre que le permite tomar imágenes o fotografías a cierta velocidad. Precisamente hemos visto que gracias a la persistencia retiniana, cuando proyectamos esas imágenes a la misma velocidad en que fueron captadas, se produce una sensación de imagen animada. Pero no sólo en el mecanismo puramente tecnológico encontramos esa reminiscencia fotográfica sino en el mismo soporte donde se impresiona la imagen: la película. En ambos casos se trata de una superficie fotosensible, es decir, sensible a la luz, con una base fotoquímica en la que ciertos materiales (elementos químicos) reaccionan al ser impresionados por la luz, oscureciéndose. En este sentido, la fotografía fue el antecedente más claro del cine aunque se puede añadir que fue una carrera técnica que partía de la tela y los pinceles para evolucionar hacia la emulsión sensible y que desembocaría en el movimiento de las imágenes con una cierta continuidad visual, culminando en el espectáculo audiovisual que es el cine.

Las tres técnicas de representación visual, el dibujo, la pintura y la fotografía, tienen un denominador común, todas seleccionan un parte de la realidad y la insertan dentro de un marco, que es el propio encuadre de la imagen y que supone unos límites que no se pueden transgredir físicamente. El cineasta dispone de otros recursos expresivos, como el movimiento o el montaje, pero debe limitarse a la reproducción de las imágenes en una pantalla durante un tiempo determinado: el que el lector dispone para leer y entender la imagen.

Si bien el cine heredó de su pariente fotográfico esta base fotoquímica, la fotografía también se benefició del avance tecnológico imparable del cine y aprovechó más tarde el sistema de arrastre de película perforada. Así surgió el formato de «paso universal», o de 35 mm, que permitió reducir el tamaño de las cámaras fotográficas y que se ha consolidado en los usos fotográficos de aficionado y para profesionales.

La base fotográfica del cine hace que ambas tecnologías compartan muchos elementos comunes tales como la naturaleza de las emulsiones y la consecuente necesidad de estudiar los elementos sensitométricos y fotométricos, así como la aplicación de técnicas de medición de la exposición que son transvasables de una a otra técnica de registro.

1.4. El laboratorio

El laboratorio procesará todo el material sensible destinado al montaje. Hay que tener en cuenta que la película fotoquímica es la materia prima del filme y que por lo tanto habrá que mimarla al máximo para obtener los mejores resultados posibles. Un buen entendimiento y una buena relación entre el realizador y el laboratorio serán esenciales para prevenir problemas durante la producción.

El laboratorio puede contribuir al éxito o al fracaso de cualquier efecto determinado. Por ello, las pruebas efectuadas antes de la producción ayudan a determinar el criterio de análisis de los resultados. El laboratorio también puede advertir de cualquier mal funcionamiento de la cámara al percibir algún tipo de daño en la película, lo que permite ahorrar tiempo y dinero. Otro aspecto sobre el que asesora el laboratorio es cómo indicar todas aquellas informaciones en la lata de la película relativas a la forma en que haya sido expuesta la emulsión, o sobre los comportamientos de ciertas emulsiones en casos determinados.

Los laboratorios profesionales de película cinematográfica son instalaciones especializadas que disponen de complejos sistemas que permiten el paso continuo de la película por los distintos tanques donde se encuentran los baños químicos que efectúan el revelado. El recorrido de la película expuesta se efectúa mediante un sistema de engranajes y rodillos que la desplazan aprovechando sus perforaciones, proporcionado un deslizamiento uniforme y libre de tensiones.

Además del propio revelado o procesado de la película, en el laboratorio tienen lugar diferentes tipos de manipulaciones de la imagen, como pueden ser algunos trucos que permiten dar a la imagen una forma, un efecto, un sentido o una intencionalidad completamente distintos. La mayoría de los trucajes se realizan, actualmente, en el laboratorio y, por consiguiente, éste debe disponer de todos los dispositivos para hacer efectivos estos trucos.

1.5. El montaje

El montaje es la operación consistente en seleccionar, ordenar y combinar los diferentes planos que componen una película cinematográfica en su orden cronológico definitivo, tal y como se presentan en la proyección en pantalla. Se puede decir también que el montaje es una combinatoria del espacio (que viene dado por el encuadre) y del tiempo (que viene dado en la toma de la imagen). Aunque el cine intenta representar la realidad, esa realidad hay que seleccionarla y fragmentarla en un espacio y en un tiempo determinado y es precisamente el montaje el que se encarga de hacerlo intentando mantener una continuidad y una credibilidad. Se ha afirmado que «el montaje es la verdadera esencia del cine» o que «el montaje es la verdadera fuerza creadora de la realidad fílmica» (Pudovkin, 1928) pero, sobre todo tras la llegada del sonido al cine, realizadores más contemporáneos han añadido elementos igualmente decisivos, como la interpretación o los diálogos, que ayudan a configurar esa realidad visual final.

El montaje forma parte de la fase llamada de «acabado o postproducción» y es la última en el proceso de producción de un filme (dado que incluye tanto a la imagen como al sonido). En ella es donde el filme toma la forma definitiva, tanto desde el punto de vista técnico (de imagen y sonido) como en la forma que adopta el discurso visual y la dramatización de la acción. En un filme, el montaje puede regular y controlar el ritmo en que se desarrolla la acción e incluso el propio contenido argumental.

El montador, que es la persona que efectúa el montaje, debe interpretar las intenciones del realizador para ajustarse al máximo al efecto dramático y a la intencionalidad final deseada.

La sala de montaje dispone de una serie de componentes técnicos que permiten realizar todo este proceso de un manera precisa. La moviola o mesa de montaje, la bobinadora, la visionadora o la empalmadora son algunos de estos dispositivos que permiten cortar, visionar y unir los diferentes trozos de película para configurar la forma definitiva final y conseguir así un producto acabado.

1.6. La sonorización

«La esencia del cine es el silencio.» Charles Chaplin, rey de la pantomima y uno de los grandes mitos del cine, pronunció esta frase cuando el sonido empezaba a dar los primeros pasos en el mundo de la cinematografía. En nuestros días es difícil imaginar la imagen sin el sonido. En sus inicios, allá por el año 1927, la incorporación del sonido tuvo sus detractores y sus defensores, desde quien calificaba su descubrimiento como catastrófico hasta quien defendía que el sonido forma parte de la vida y por lo tanto es ilógico prescindir de él. De la misma forma que asociamos el color a la imagen, también el sonido forma parte siempre del discurso visual hasta el punto en que se transforma en audiovisual. La banda sonora, en forma de diálogo, de música, de efecto de ruido ambiental o de simple silencio, no sólo es un complemento de la imagen sino un elemento trascendental de importancia equivalente a la imagen.

INTRODUCCIÓN 23

Para la reproducción de la banda sonora de un filme, se incorpora una cinta o película capaz de reproducir los sonidos registrados previamente, junto a la que contiene los fotogramas que forman la imagen. El soporte puede ser óptico o magnético. Actualmente, el registro suele hacerse con soporte magnético y la reproducción utiliza el soporte óptico, incorporado en la misma cinta de imagen que se utiliza para la proyección.

La sonorización del filme es un proceso complejo en el que se trata de ensamblar los diferentes compuestos sonoros, que se registran por separado, unos en el momento del rodaje, otros se añaden en la fase de montaje, pero todos deben confluir juntos en la banda sonora definitiva que acompaña a la imagen durante la proyección. Una vez preparados y sincronizados todos los sonidos se procede a efectuar un proceso llamado «mezcla». En el caso de confeccionar versiones de un filme destinado a ser traducido para un país extranjero, se realiza un tipo de mezcla llamado «banda internacional» en el que se crea una banda del conjunto formado por la música y los efectos sonoros ambientales y otra banda, por separado, destinada a la palabra (diálogos y locución), que podrá ser sustituida en otro país por la traducción correspondiente sin afectar al resto de los componentes sonoros.

Una vez articulada la banda sonora se sincronizará con la imagen y tendremos la película lista para su exhibición y explotación.

1.7. La proyección

El cine es un medio de comunicación de masas que hoy en día tiene que convivir con su gran competidor, la televisión. Hay que tener en cuenta que gran parte de la producción de cine llega al espectador a través de la televisión pero el primer objetivo de la mayor parte de producciones cinematográficas es el de ser proyectado en una sala cinematográfica para un público determinado, más o menos amplio. La proyección le da el verdadero sentido de obra de comunicación. Para que esta fase de proyección se cumpla hacen falta una serie de elementos imprescindibles: proyector, una pantalla, la sala de proyección y, sobre todo, la existencia previa de unos canales de distribución y exhibición.

El proyector es el aparato que se utiliza para la proyección o reproducción de las imágenes ampliadas sobre una pantalla. El proyector debe disponer de los siguientes dispositivos básicos:

1. Un objetivo que amplíe la imagen.
2. Una fuente de luz de gran intensidad.
3. Un sistema de arrastre de la película, de exposición intermitente.
4. Un lector de sonido, que puede ser óptico o magnético.

Igual que sucede con la cámara cinematográfica, cada formato de película (70 mm, 35 mm, 16 mm, 9,5 mm, S-8 mm, 8 mm) requiere de un proyector determinado capaz de arrastrar y reproducir los diferentes tipos de película según sus medidas y tipos de perforación.

1.8. Los formatos

Podemos establecer una diferenciación entre los formatos «profesionales», con una anchura de 35 mm o superior (65 mm y 70 mm) y los formatos de «paso estrecho», inferiores a 35 mm. Tal es el caso del 16 mm (que se puede considerar como semi-profesional), el 9,5 mm, el 8 mm o Doble 8, el Súper 8 y el Single 8 mm. Cada uno de estos formatos precisa de una cámara cinematográfica determinada y, en el caso de los profesionales, existen versiones ligeras o portátiles de menos de 25 kg de peso: Arriflex, Panaflex, Mitchell Mark III, etc. Existe, además, la versión de cámara de estudio, mucho más pesada (puede llegar a los 100 kg), y que proporciona una calidad superior: Super-Technirama, Mitchell BNC y MCS, etc.

La película utiliza, en todos los casos, un sistema de perforación, generalmente a ambos lados o, en algún caso, entre fotograma y fotograma, que permite tanto a la cámara como al proyector transportarla eficazmente mediante los engranajes. Cualquier desajuste por un problema de mala perforación o un fallo en el sistema de arrastre, perjudicaría seriamente el registro de la imagen o acarrearía problemas en la proyección, por lo que las perforaciones se realizan con un sistema de alta precisión y se disponen con un sistema establecido para cada formato de película.

El formato hace referencia también a la relación de proporción entre la anchura y la altura del fotograma. En este sentido, los formatos profesionales disponen de diferentes dimensiones o subformatos que ofrecen una proporción más o menos rectangular llegando a versiones panorámicas o superpanorámicas que dan a la imagen un carácter espectacular.

1.9. La proyección espectacular

La incorporación del sonido fue el primer gran salto que realizó el cine. Más tarde vendría el color y, finalmente, la evolución tecnológica se centraría en generar una imagen y un sonido cada vez más sorprendentes y espectaculares. Los sistemas de proyección y las salas cinematográficas han cambiado y el espectador es cada vez más exigente. La proyección en alta definición, junto con el sonido de la más alta fidelidad, centran los esfuerzos en el desarrollo de la tecnología cinematográfica.

El soporte de la imagen no ha cambiado, sigue siendo la superficie fotoquímica, aunque en nuestros días las emulsiones tienen mucha más definición y disponemos de sensibilidades superiores con garantía de calidad suficiente. Esto permite ampliar mucho más la imagen manteniendo una nitidez importante en grandes pantallas. Hay que tener en cuenta que las superpantallas de sistemas de proyección como el IMAX llegan a tener una superficie de hasta 900 m².

El primer sistema de proyección espectacular fue el *cinemascope*, que daba una imagen superpanorámica con proporciones de hasta 2,55:1. Actualmente coexisten diversos sistemas como el cine de alta resolución, las pantallas de 360°, la imagen tridimensional, el sistema IMAX, OMNIMAX, IMAX 3D e incluso

INTRODUCCIÓN

sistemas de «cine dinámico» donde el espectador es movido en su butaca para que experimente una mayor sensación de realismo y espectacularidad.

En cuanto al sonido, hay que decir que también ha habido cambios más que significativos, tanto en el soporte de grabación como en los sistemas de reproducción. Se inició con el registro óptico sobre emulsión fotosensible, que sigue aún en uso aunque sólo como sistema de reproducción en la proyección. Más tarde llegó el sonido magnético que utiliza como soporte una cinta magnética. Actualmente disponemos de soportes digitales, que no se degradan y generan una alta calidad de sonido, y sistemas de reproducción como el «Dolby», o versiones como el «Dolby stereo» o el «Dolby Surround», unos sistemas de sonido envolvente que proporcionan al espectador una sensación de sonido tridimensional.

Esta carrera tecnológica persigue un objetivo, quizás el mismo que perseguían los primeros investigadores cuando desarrollaron las primeras tecnologías cinematográficas: que el espectador, que es cada vez más exigente, se mantenga atento a la pantalla mientras se suceden imágenes y sonidos progresivamente más impresionantes y espectaculares.

Capítulo 2

LA CÁMARA DE CINE

Desde un punto de vista estrictamente tecnológico el cine es fotografía en movimiento. Ambos sistemas expresivos comparten muchos elementos en común aunque la existencia del movimiento en la cinematografía complica las soluciones adoptadas para hacer posible la filmación de imágenes, el registro y reproducción del sonido, y la posterior proyección de los dos componentes: visual y sonoro.

La cámara es el primer paso en el largo camino de la producción de un filme. A su descripción tecnológica vamos a dedicar las páginas que siguen.

2.1. La cámara y sus componentes

La cámara cinematográfica consiste básicamente en una cámara fotográfica con un mecanismo de arrastre de la película que permite tomar imágenes a cierta velocidad y de una forma intermitente, de manera que en un segundo pueda impresionar 24 fotogramas.

A esos dos componentes, por un lado la cámara fotográfica oscura y por otro el dispositivo que hace que la sucesión de imágenes se impresione con intermitencia, hay que añadir el chasis o almacén de la película perforada.

Figura 1. Cámara cinematográfica de 16 mm.

Los componentes esenciales de la cámara cinematográfica son:

1. *El objetivo*: conjunto de lentes que transporta la luz desde el exterior hasta la ventanilla de impresión donde se encuentra la película.
2. *El cuerpo de cámara*: en él se encuentran los dispositivos más importantes para la impresión de la película:
   - *El obturador*: mecanismo que deja pasar la luz intermitentemente hacia la emulsión.
   - La *ventanilla de impresión*: lugar donde la película se expone a la luz.
   - Los *engranajes o sistema de arrastre de película* que la transportan de una forma progresiva, suave y segura.
3. *El chasis de película*: en él se almacena la bobina con la película destinada a ser impresionada (bobina de alimentación) así como otra bobina con la película expuesta (bobina de recepción).

30 MANUAL BÁSICO DE TÉCNICA CINEMATOGRÁFICA

4. *El visor*: es un componente óptico a través del cual el operador puede ver la imagen que forma el objetivo.
5. *El sistema de alimentación*: se encarga de proporcionar a la cámara la energía necesaria para accionar todos sus componentes. Según el tipo de cámara, se realiza mecánicamente, mediante energía eléctrica (con corriente continua o alterna) o con baterías.

2.2. Funcionamiento básico

La emulsión sensible o película virgen sale de una bobina de alimentación donde está almacenada (chasis de la cámara) y, mediante un engranaje, es transportada detrás del objetivo hasta su plano focal, donde será impresionada por la luz por mediación de un sistema de obturación intermitente. Una vez impresionada, el mecanismo de arrastre de la película sigue avanzando hasta la bobina de recepción donde queda depositada.

La secuencia de impresión es la siguiente:

1. En primer lugar el obturador se cierra, obstruyendo el paso de la luz.
2. Los engranajes, mediante un sistema de garfios (garfio y contragarfio), se acercan a las perforaciones de la película en posición elevada y la arrastran hacia abajo, hasta la ventanilla de impresión. La ventanilla tiene un sistema de canalización de la película que la mantiene plana en el plano focal del objetivo y recorta la luz de tal manera que hace que se impresione sólo el rectángulo correspondiente al fotograma.
3. En este momento la película se detiene, el obturador se abre y los garfios se retiran, momento en que la luz que proviene del objetivo impresiona el fotograma (la exposición tiene lugar únicamente cuando la película se mantiene inmóvil).
4. El obturador se cierra, la película avanza y el proceso se repite de tal manera que se van impresionando todos los fotogramas, 24 cada segundo en el sistema estándar profesional.
5. La película impresionada se va depositando de forma continuada y a través del sistema de arrastre en la bobina del chasis correspondiente. Entre el rodillo y la parte superior e inferior de la ventanilla de impresión, se forman unos bucles flojos que eliminan la variación de tensión de la película evitando que se rompa en el interior de la cámara. Algunas cámaras disponen de un segundo motor para el rebobinado de la cinta (Arriflex 16 standard).

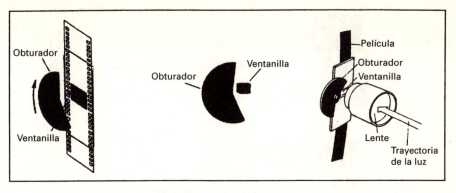

Figura 2. Disposición del obturador, la ventanilla y la película. El haz de luz atraviesa el objetivo hasta llegar a la película.

2.3. Transformación del movimiento continuo en intermitente

La persistencia retiniana se encarga de darnos la ilusión de que el movimiento que se genera mediante la técnica cinematográfica es un movimiento continuo pero también sabemos que, en realidad, se van impresionando los fotogramas uno detrás de otro, es decir, de una forma intermitente. Para conseguir esta impresión o proyección intermitente, la cámara o el proyector utilizan un mecanismo para detener la película de una forma precisa en el momento en que tiene lugar la exposición (en el caso de la filmación o registro), o en el momento de la proyección de cada uno de los fotogramas.

Cuando tiene lugar la impresión de la película, es importante que ésta se mantenga en la posición exacta de registro de cada fotograma en referencia a las perforaciones. Algunas cámaras de alta precisión utilizan un sistema de *contragarfio* que asegura la inmovilización absoluta de la cinta durante la exposición. Otras utilizan la presión entre la ventanilla y la contraventanilla sobre los bordes de la película y, en otros casos, el garfio se detiene durante 1/50 de segundo después del arrastre y antes de retirarse, actuando en cierto modo de contragarfio (Arriflex IIC). También existe el mecanismo de la *cruz de Malta* pero, en todos los casos, se cumple con mayor o menor precisión la función de combinar el movimiento giratorio del motor con la intermitencia necesaria para que el fotograma se detenga por completo delante de la ventanilla de impresión, en el momento de la exposición.

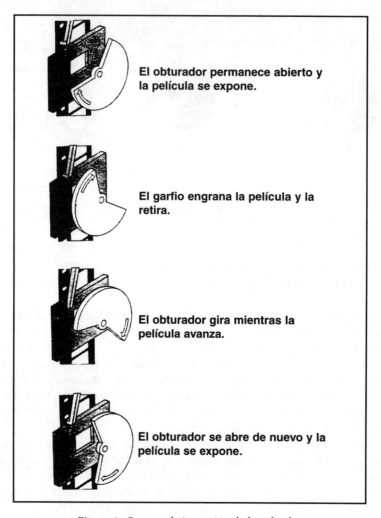

Figura 3. Proceso de impresión de la película.

2.4. El motor de cámara. Sistemas de alimentación

La cámara cinematográfica necesita siempre de un sistema motorizado que permite accionar el mecanismo de arrastre de película por lo que precisa también de un sistema de alimentación que suministre la energía necesaria para su funcionamiento.

Existen diferentes tipos de motores así como sistemas de alimentación. A excepción de las cámaras que disponen de un sistema mecánico con resorte (cuerda), todas la demás necesitan de una fuente de alimentación de corriente continua (CC) o corriente alterna (CA). A continuación vamos a establecer una clasificación según la forma en que se alimenta el sistema motorizado:

1. *Motor mecánico*

En este caso, el motor funciona con un sistema de resorte (cuerda) similar a un sistema de relojería y es análogo a los viejos fonógrafos. Basta con girar una llave (en las cámaras profesionales) o una manivela (en las de aficionado) para recargar de energía mecánica el sistema.

La ventaja del motor mecánico es que no necesita ningún tipo de batería ni electricidad y por lo tanto es independiente. El inconveniente es que sólo permite rodar un número limitado de fotogramas y que, en las cámaras profesionales de 35 mm e incluso de 16 mm, este sistema de alimentación es insuficiente y necesitan acoplar un motor eléctrico.

2. *Motor eléctrico universal*

Cuando se precisa rodar más de 6 metros de película es necesario utilizar un motor eléctrico. Es el caso de todo tipo de cine profesional.

El motor universal no es sincrónico (no permite el sincronismo perfecto entre imagen y sonido). Funciona con corriente continua (CC), por lo tanto con baterías. Es de velocidad variable que oscila entre 4 y 48 fps en cámaras corrientes, aunque existen determinadas cámaras de alta velocidad para tomas de «cámara lenta». Existe también la posibilidad del motor de un solo disparo (fotograma a fotograma), utilizado en cine de animación.

Se regula por un reostato y su velocidad es controlada por un tacómetro. Es el motor base en las cámaras mudas.

3. *Motor de cristal*

Es un motor regulable de corriente continua (CC) controlado por un oscilador de cuarzo. Es el motor más utilizado en cine. Permite el sincronismo entre imagen y sonido y tiene una precisión de 0,001 % (un fotograma cada 120 metros de película). Pueden utilizarse simultáneamente varias cámaras y no necesita cable de conexión entre la cámara y el grabador de sonido. Generalmente pueden trabajar a 24/25 o 24/30 fps y algunos son de velocidad variable permitiendo una variación de entre 8 y 40 fps.

4. *Motor sincrónico*

Funciona con corriente alterna y, aunque es más habitual en cámaras de estudio, existe una versión que se acopla a una cámara ligera y que permite trabajar sincrónicamente con un magnetófono separado para registrar sonido.

Algunas cámaras (Arriflex) utilizan un reductor de tensión para evitar riesgos de accidentes.

La mayoría de los motores de cámara funcionan con baterías. Es el caso, como hemos visto, del motor eléctrico universal o de los motores regulables, incluso el de cristal de cuarzo. Las tensiones requeridas van de los 8 V a los 24 V.

Con las baterías es preciso adoptar una serie de precauciones:

- Los problemas más frecuentes con las cámaras modernas son precisamente los causados por la alimentación. Es recomendable, entonces, disponer de, al menos, dos baterías.
- Cargar cada noche las baterías en periodo de rodaje.
- Al tener un alto riesgo de incendio, prestar atención al sentido de conexión (+ ó -) de la batería. Esto se evita utilizando conexiones de tipo Cannon (XLR) u otras disponibles.
- Prestar atención al cable que une la batería con la cámara. Actualmente, en las versiones ligeras, la batería se fija en la cámara eliminando este problema.
- Cuando hay problemas para recargar las baterías se puede utilizar un pequeño grupo electrógeno o, en algunas cámaras, es posible utilizar pilas de alta capacidad.

2.5. El chasis. Carga de la película

El chasis es el lugar donde se almacena la película, tanto la película virgen como la expuesta. Excepto en algunas cámaras de formato de paso estrecho que utilizan un sistema de chasis en que la película se carga a luz del día, la mayoría de las cámaras profesionales tienen su propio chasis, diseñado a propósito. Hay excepciones como en el caso de los chasis Mitchell de 120 y 300 m de 35mm que pueden emplearse en las cámaras CPXR35 y Panavision PSR, los chasis Mitchell para 16 mm de 120 y 360 m y algunas cámaras Mitchell de alta velocidad.

El sistema de arrastre de la cinta puede realizarse por unos engranajes movidos por el propio motor de cámara o bien por un motor independiente. Algunos motores, como los de Panavisión Panaflex, utilizan un sistema de calentamiento para la utilización con bajas temperaturas. Cuando el chasis lleva motor independiente hay que asegurarse de que los contactos eléctricos estén muy limpios.

Según sea su diseño, la película se almacena en dos compartimentos o en un compartimento único en el que la película expuesta va ocupando el lugar que deja la película virgen. En cuanto a los diferentes tipos de chasis podemos hacer la siguiente clasificación:

1. *Cámaras de bobina*

Utilizado por la mayoría de cámaras de aficionado de 16 mm. Normalmente el compartimento es para una bobina de 30 metros.

2. *Cámaras de cargador para aficionado*

Es un cargador de tipo cassette y la carga se puede efectuar a luz de día ya que la película va almacenada en un compartimento estanco a la luz.

3. *Cámaras de cargador profesional*

Utilizados por las cámaras profesionales de 16 y 35 mm. Permiten utilizar rollos que oscilan entre los 60 y 300 metros de película según la cámara. Son perfectos almacenes de película que se acoplan y separan de la cámara. El cambio de un chasis a otro es muy rápido (menos de 5 segundos) y por lo tanto no se pierde tiempo de una toma a otra como consecuencia de la carga de película.

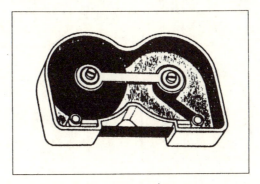

Figura 4. Cargador Single-8.

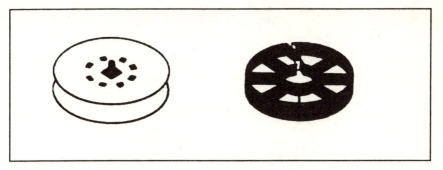

Figura 5. Bobina y núcleo tipo «z» de 16 mm.

La carga y descarga de chasis profesionales con rollos de 60, 120 o 300 metros se efectúa siempre en total oscuridad. En el estudio normalmente se dispone de un cuarto oscuro y en el exterior se utiliza una bolsa negra «*charging bag*» diseñada para este efecto y que permite manipular la película en su interior sin que penetre la luz y vele la película. La carga del chasis debe realizarse siempre en una atmósfera libre de polvo y pelusa. Su interior debe mantenerse muy limpio para evitar que nada se interponga entre la luz y la emulsión.

Hoy en día es frecuente utilizar película en rollo o carrete con la emulsión en su interior. La ventaja de este sistema es que permite disponer de abundante provisión de película de recambio sin necesidad de llevar un chasis de repuesto. En este caso, la carga debe realizarse en un sitio sombreado, con poca luz y lo más rápidamente posible.

La película impresionada deberá, en todos los casos, ir en la caja correspondiente, perfectamente sellada a la luz y con todas las indicaciones para el laboratorio: número del rollo, tipo de película, sensibilidad, etc.

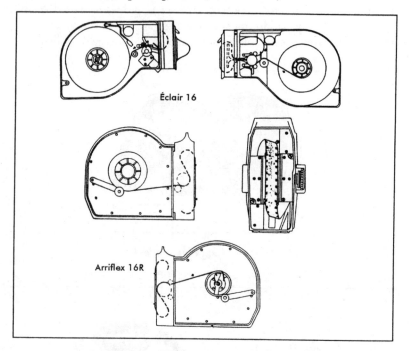

Figura 6. Diferentes tipos de chasis.

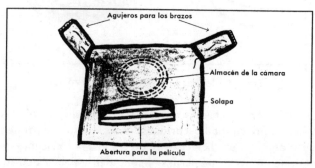

Figura 7. Bolsa para cargar la película en exteriores «charging bag».

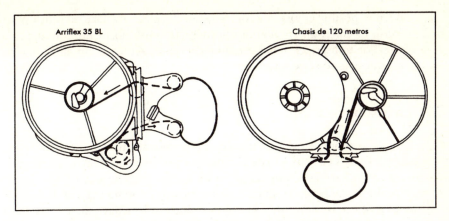

Figura 8. Chasis de 35 mm; Arriflex 35 BL; chasis de 120 m.

2.6. La velocidad de filmación

La mayoría de los motores, como hemos visto, permiten variar la velocidad de filmación, también llamada «cadencia» o «velocidad de rodaje», entre 4 fps (fotogramas por segundo) y 50 fps e incluso más en cámaras especiales. Hay que subrayar que en motores mecánicos no es conveniente utilizar velocidades superiores a 30 fps.

La cadencia o velocidad normalizada es de 24 imágenes por segundo. Hay que exceptuar aquellas ocasiones en las que el destino de la película es ser pasada por televisión como en el caso de documentales o producciones directamente destinadas a este medio electrónico. Entonces se utiliza una velocidad de 25 fps.

Si rodamos a 24 fps y proyectamos a 25 fps, la duración del filme queda reducida aproximadamente en un 4% y el sonido se presenta con un tono un poco más agudo. Para pasar de 24 a 25 fps hay que multiplicar por 1,0416 y para pasar de 25 a 24 fps hay que multiplicar por 0,96. Cualquier película rodada para proyectarse en salas de cine, cuando se transmite por TV, necesita de esta conversión que se efectúa en el *telecine*.

Partiendo de la base de que la velocidad estándar para cámaras y proyectores es de 24 fps, podemos entonces acelerar la imagen utilizando, en la toma, velocidades inferiores a 24 fps, o el caso contrario, ralentizar la imagen con velocidades superiores a 24 fps. Dado que la velocidad de proyección es de 24 fps, si hemos rodado a una cadencia superior se producirá una ralentización de la imagen sobre la pantalla y viceversa en el caso de la aceleración.

Cuando el realizador lo requiere, se puede variar la sensación de velocidad de la acción y hacer que la escena parezca más larga o más corta. Esto se consigue alterando la cadencia de filmación. La *ralentización* se utiliza, por ejemplo, en deportes para poder disfrutar más de un movimiento rápido de la acción y poder valorar más la imagen. La aceleración se puede utilizar para exagerar un poco una escena de una persecución y así parecer más emocionante y espectacular.

También es posible grabar sincrónicamente el sonido a velocidades distintas de la normal. La sincronización se puede conseguir posteriormente con un proceso especial de transcripción del sonido en el que se reduce o amplía la banda sonora sin que el tono se vea afectado.

2.7. La insonorización

Las cámaras producen ruido durante su funcionamiento y uno de los factores más importantes en el diseño de la cámara es precisamente el nivel de ese ruido. Resulta más interesante fabricar un motor o un sistema de arrastre que genere poco ruido que tener que reducirlo posteriormente con un sistema de *blimps* o materiales amortiguadores de sonido. Las cámaras llamadas «silenciosas» sobrepasan en algunos casos los 32 decibelios de intensidad sonora y por lo tanto se debe utilizar siempre algún sistema de reducción de sonido.

El problema del ruido de cámara es importante porque normalmente durante la filmación de la imagen se registra también el sonido, a veces en la propia cámara y a veces de forma separada pero, en ambos casos, interesa que la cámara sea lo más silenciosa posible para obtener la máxima calidad de sonido durante el rodaje.

El blimp es un sistema de insonorización de la cámara en forma de envoltura. Aunque existen diferentes modelos fabricados en varios tipos de materiales, en todos los casos sus principales cualidades deben ser:

a) La consecución de una insonorización total.
b) Que todos los mandos de la cámara sean operativos desde el exterior del blimp.

2.8. El obturador

Una correcta exposición, es decir, que la película reciba la cantidad de luz necesaria (ni más ni menos), depende básicamente de tres factores:

1. Del *diafragma*: componente del objetivo que deja pasar más o menos luz.
2. De la *velocidad de filmación*: número de imágenes por segundo.
3. Del *obturador*.

Del obturador depende el periodo de tiempo que cada fotograma es expuesto a la luz. Está situado entre el objetivo y la ventanilla de impresión. En las cámaras profesionales, el obturador tiene una forma circular, como una especie de disco, que gira sobre un eje, en el que hay una parte opaca que obstruye el paso de la luz, y una parte que deja que ésta llegue a la emulsión. Si la parte opaca es de 180°, la parte transparente tendrá evidentemente otros 180°.

Si tenemos en cuenta que la velocidad de filmación normalizada es de 24 fps, al fotograma le llega 24 veces luz y 24 veces oscuridad. Esto nos da como resultado que la velocidad de obturación (tiempo que la película está expuesta), a 24 fps y con un ángulo del obturador de 180°, es de 1/48 de segundo.

El obturador, o mejor dicho el ángulo de obturación, puede ser fijo (normalmente de 180°) o bien variable (menor o mayor de 180). La velocidad de filmación también puede ser variable (mayor o menor de 24 fps). El resultado es que si el ángulo es menor o la velocidad de cámara mayor, a la película le llega menos luz y viceversa. En estos casos se tendrá que compensar abriendo o cerrando el diafragma (número «f») para que entre más o menos luz con el fin de conseguir una correcta exposición.

2.9. El objetivo

El objetivo es el componente óptico de la cámara que recoge la luz del exterior y la transporta hasta la emulsión sensible formando la imagen en su punto focal. Podemos considerarlo entonces como el «ojo» de la cámara. Es el elemento clave para conseguir una imagen de calidad. Su diseño y cualidades del conjunto de lentes convergente determinan la definición de la imagen y, por tanto, su calidad.

Hay muchos tipos de objetivos que se clasifican según diversos factores. Lo que realmente importa es el aspecto final que ofrece la imagen y cada operador o director de fotografía tiene sus preferencias. El criterio y valoración que hace cada uno de ellos es perfectamente válido y, en muchos casos, los diferentes profesionales no coinciden en sus valoraciones. No existe un objetivo que satisfaga estrictamente todas las necesidades de un director de fotografía.

Entre los diferentes objetivos se pueden comparar diversas características para valorar su calidad óptica como:

- La existencia de aberraciones (cromática, nivel de distorsión en los bordes, etc.).
- La calidad de foco.
- La definición.
- El grado de contraste.
- Etc.

Cada profesional realiza una serie de pruebas, antes de su uso en un rodaje, para verificar sus cualidades y su buen funcionamiento.

Características del objetivo

Una buena clasificación de los diferentes objetivos se puede establecer a partir de sus características esenciales que básicamente son dos:

1. Su distancia focal.
2. Su luminosidad.

La *distancia focal* hace referencia al campo de visión del objetivo, es decir, al ángulo visual que es capaz de captar. Depende también del formato de registro y en este sentido cuanto mayor es la distancia focal y menor es el formato, menor es el ángulo y viceversa.

Algunos objetivos sólo permiten una distancia focal. En este caso se denominan *objetivos de distancia focal fija*. Los hay que poseen una calidad extraordinaria y suelen ser muy luminosos. Otra variante es el *objetivo de distancia focal variable*, comunmente denominado *zoom*. Este objetivo es mucho más cómodo de utilizar ya que tiene la ventaja de aglutinar varias distancias focales pero con la desventaja de ser menos luminoso.

La *luminosidad* hace referencia a la abertura máxima del diafragma del objetivo. El diafragma es un componente mecánico del objetivo, situado detrás del conjunto de lentes, que determina la cantidad de luz que es capaz de transmitir. Es una lámina circular opaca multilaminar que se abre y se cierra en determinadas proporciones. El diámetro de esta abertura determina los *números f*. Todos los objetivos disponen de una escala más o menos extensa de números «f» o diafragmas. Cuanto más grande sea la abertura (número «f» más pequeño), más cantidad de luz llegará a la película y por lo tanto mayor es la luminosidad. Cuanto más luminoso sea un objetivo mejor permitirá rodar en condiciones precarias de luz.

Dependiendo del sistema de fotometría de la cámara (medición de la luz), el diafragma se puede ajustar automáticamente. En cine profesional la medición de la luz se hace manualmente (con un exposímetro independiente) y por tanto se utiliza el sistema de ajuste manual del diafragma.

2.10. El visor

El visor es un componente óptico que permite al operador de cámara encuadrar la imagen que forma el objetivo. La característica principal que debe tener un buen visor es que la imagen que forma ha de ser exactamente la misma que la que forma el objetivo sobre la película. Generalizando, podemos hablar de dos tipos de visor: el óptico y el réflex (utilizado por las cámaras profesionales), aunque hay que añadir los visores monoculares o deportivos y los dispositivos adicionales que ayudan al visor a dar una imagen más clara en determinadas situaciones.

1. *Sistema de visor óptico*

El visor óptico, también llamado visor externo, se caracteriza por formar una imagen independiente de la que capta el objetivo. A través de un sistema óptico, el visor obtiene una imagen paralela y muy semejante a la que forma el objetivo sobre la emulsión.

Este tipo de visor tiene básicamente tres inconvenientes:

1. El *error de paralaje*: la imagen que forma el objetivo y la que forma el visor no coincide en el mismo plano ya que ambas están desplazadas entre sí, ya sea horizontal o verticalmente. Este error se hace muy evidente en los primeros planos pero es poco perceptible en planos muy abiertos. Algunas cámaras solucionan este problema ya que el visor está colocado de tal manera que corrige la diferencia de paralaje.
2. *Diferentes distancias focales*: si la cámara permite utilizar ópticas de diferente distancia focal (tienen diferentes campos de visión), el visor debe ser capaz de ajustarse a esos diferentes campos visuales para dar la misma imagen que capta el objetivo.
3. *Objetivos «zoom»*: este tipo de objetivo permite variar de forma continua la distancia focal sin necesidad de recurrir a otros objetivos. El visor óptico no puede reproducir esta variación.

Los sistemas de visor óptico suelen incorporar una lupa que amplía la imagen y que se puede ajustar mediante un sistema de puntos graduados que se acomodan a los posibles defectos de visión del operador.

2. *Sistema de visor réflex*

El visor réflex soluciona automáticamente estos tres problemas ya que la imagen que forma el visor se obtiene directamente a través del objetivo. Esto se consigue mediante un sistema de reflexión en el que un espejo, colocado a 45°, desvía la luz sobre un cristal esmerilado a través del cual se puede visionar la imagen. Este cristal esmerilado puede tener la misma proporción que la ventanilla de impresión, o ser mayor. En este caso, los límites de las áreas útiles vienen marcados en el cristal.

Este sistema es el que han adoptado todas las cámaras profesionales ya que elimina, por su propia naturaleza, el error de paralaje pues reproduce los distintos campos visuales producidos por las diferentes distancias focales de los objetivos.

Las cámaras suelen incorporar un sistema óptico para ampliar la imagen con objeto de facilitar al operador el enfoque en situaciones conflictivas.

La reflexión de la luz se puede conseguir de dos maneras y da lugar a dos tipos de visores réflex:

a) *Visor réflex de espejo parcial*: parte de la luz se desvía hacia la emulsión y parte, hacia el visor. Se consigue mediante un espejo parcial colocado en la trayectoria de luz. Esto provoca una pérdida de luz que habrá que compensar abriendo el diafragma en 1/2 punto.
b) *Visor réflex de espejo giratorio*: un espejo fijado sobre el obturador, o que gira sincrónicamente con él, envía la luz intermitentemente hacia el visor durante el proceso de obturación. El problema es que se producen unos

periodos intermitentes de ceguera en el momento en que la película se expone. Prácticamente todas las cámaras profesionales de 16 mm y 35 mm utilizan este sistema.

3. El cristal esmerilado

En muchas ocasiones las cámaras disponen de cristales esmerilados intercambiables que se acomodan a la ventanilla de impresión o al formato de proyección que se ha elegido para la película. Los más usuales suelen ser: académico, de pantalla panorámica, Techniscope, ISO-TV...

4. Visor de vídeo

Actualmente, la mayoría de cámaras profesionales llevan incorporado un sistema de visor de vídeo que permite ver la imagen, además de al operador, al director y al resto del equipo de rodaje. Esta imagen puede ser grabada y reproducida y permite valorar el trabajo instantáneamente por todos los miembros del equipo.

2.11. La ventanilla de impresión

La ventanilla se encuentra justo delante de la película, en el plano focal del objetivo, y su función es la de crear y marcar los límites del fotograma que se va a impresionar con la acción de la luz que llega del objetivo. Actúa entonces como máscara, dejando pasar la luz, y su forma dependerá del formato de cámara y de las proporciones entre la anchura y la altura del fotograma.

Las dimensiones o formato de la ventanilla varían según las cámaras. Las cámaras de 35 mm profesionales disponen de una ventanilla de cuadro total, llamado de «Academia» (1,37:1) y, normalmente, se pueden adaptar a otros formatos si es necesario.

Dimensiones más corrientes de ventanilla según formatos:

Formato	Medida en mm	Proporción sobre el académico
Académico	21,95 x 16	
Anamórfico	21,95 x 18,59	12 % mayor
Techniscope	22,05 x 9,47	49 % menor
Efectos especiales	24,89 x 18,67	32 % mayor

En el caso de las películas de pantalla panorámica (1,66:1, 1,75:1 o 1,85:1) el operador debe tener en cuenta el encuadre o caché apropiado limitándose a la superficie de la imagen que aparecerá en la pantalla de proyección.

Después de realizar una toma, deberá comprobarse que no se ha alojado ningún pelillo u otro tipo de suciedad en los bordes de la ventanilla. Esto afectaría a la imagen ya que quedaría impresionado, tomando una dimensión intolerable en el momento de la proyección.

Normalmente las cámaras profesionales tienen un fácil acceso a esta comprobación que se efectúa con la ayuda de una pequeña linterna.

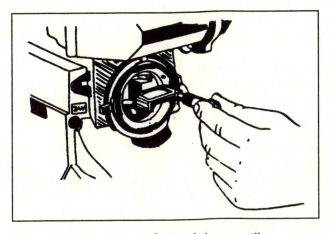

Figura 9. Comprobación de la ventanilla.

Cabe señalar que la ventanilla de cámara suele ser un poco mayor que la ventanilla de positivado o de proyección. Esto evita que se proyecte cualquier imperfección de los bordes del límite del cuadro. En la cámara, el cristal esmerilado tiene marcados los límites del proyector para poder realizar un mejor encuadre.

2.12. El sistema sonoro

El sonido se incorporó un poco más tarde al mundo del cine. Fue, como sabemos, en 1927 y hasta entonces las imágenes desfilaban mudas o acompañadas por la música de un piano, situado en la sala, que seguía el ritmo de la acción. El uso del sonido aumenta, sin duda, la complejidad técnica de la cinematografía pero añade realismo, acompaña y refuerza la imagen de una forma extraordinaria. El tándem Imagen-Sonido es una pareja difícil de separar actualmente y profesionalmente todas las producciones cinematográficas incorporan la banda sonora, si no en el momento del rodaje, lo hacen posteriormente, en la postproducción.

1. *El registro de sonido*

Cuando trabajamos con sonido directo, es decir, el que se registra en el momento del rodaje junto con la imagen, el problema inmediato que se plantea es el del propio ruido que genera el motor de la cámara mientras actúa el mecanismo de arrastre de la película. Como vimos anteriormente, hay soluciones a este problema utilizando sistemas de amortiguación de sonido y cámaras silenciosas pero también hay que prestar atención al lugar donde se colocan los micrófonos para evitar este ruido de cámara.

La complejidad técnica de un buen registro de sonido hace que el equipo de rodaje incorpore siempre técnicos específicos a este efecto. En este sentido, una escena puede funcionar mejor sin sonido que con un sonido deficiente.

Hay dos sistemas de registrar la banda sonora en el momento de la filmación:

1. *Sistema simple*: se graba directamente en una banda magnética en el momento del rodaje en la misma cinta donde se registra la imagen. En este caso, la cámara debe ser sonora y disponer del sistema incorporado de grabación de sonido sincrónico, así como el micrófono de captación o una entrada para conectarlo.

   El problema de este sistema es que profesionalmente se precisa de una película especial que incorpore la banda magnética. Ésta, además, se degrada con el revelado de la película. El problema principal reside en el montaje ya que hay que repicar el sonido en una nueva cinta para poder disponer del mismo de una forma independiente.

   El sistema simple se utilizaba para filmar noticias para televisión, para producciones de bajo coste y en el nivel de aficionado, sobre todo en el formato Súper 8.

2. *Sistema doble*: es el sistema usado profesionalmente. El sonido se graba en una cinta magnética independiente y paralelamente a la película fotoquímica que registra la imagen. El sonido y la imagen deben ir sincrónicos por lo que existen generadores de impulsos de sincronía para el momento de rodaje, o la utilización de la conocida «claqueta» que, además de dar una información visual, genera el «clac» que servirá para sincronizar el sonido. También existen dispositivos de sincronización para el momento del montaje, la llamada «sincronizadora».

   El sistema doble facilita mucho el montaje ya que la imagen y el sonido van separados y se pueden manipular independientemente. Una vez acabado el montaje, el laboratorio agregará el sonido con el desplazamiento necesario para la proyección (los lectores de sonido e imagen pueden ir ligeramente desplazados).

2. *Sonido óptico y sonido magnético*

El soporte de registro de sonido profesional para producciones cinematográficas es normalmente magnético y se registra en un magnetófono independiente. Actualmente existe la posibilidad de la captación digital, cada vez más utilizada. Esto permite que no se degrade con el proceso de revelado como ocurría con el sistema simple. Ahora bien, una vez finalizada la banda sonora sobre este soporte magnético o digital, se traduce a un sistema óptico que se unirá a la cinta que contiene la imagen para la proyección.

El sistema óptico consiste en convertir el sonido en impulsos luminosos que son registrados en una película fotosensible. La banda óptica, una vez procesada, se une a la cinta que contiene la imagen. Estas oscilaciones de luz se convertirán en sonido mediante su conversión por un lector óptico incorporado al proyector.

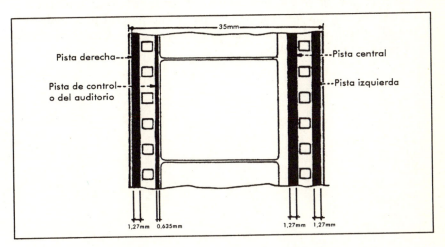

Figura 10. Posición de las pistas magnéticas: copia cinemascope.

2.13. Accesorios de cámara

La mayoría de cámaras profesionales disponen, además de los componentes esenciales, de unos accesorios que ayudan a tener control de una serie de dispositivos o sencillamente a dar informaciones sobre la película, la velocidad de obturación, la cadencia, etc. Entre los más importantes podemos citar:

1. **Contador de película:** está calibrado en metros y permite tener información sobre la cantidad de película expuesta o, por deducción, de la película virgen disponible.
2. **Contador de exposiciones:** contador de precisión que contabiliza los fotogramas y que se utiliza especialmente al hacer fundidos cuando es necesario hacer marcha atrás en la cámara.
3. **Control del obturador:** en las cámaras de obturador variable permite poner las diferentes velocidades de obturación preestablecidas según las prestaciones de la cámara.
4. **Tacómetro:** controla la cadencia de la cámara y está graduado en fotogramas por segundo. Permite establecer las diferentes velocidades al motor de cámara para registrar una cantidad determinada de fotogramas cada segundo.
5. **Servocontroles:** aunque es más habitual en cámaras de vídeo, actualmente muchos mecanismos van servocontrolados, es decir, se motorizan y se

pueden accionar desde otras posiciones a veces más cómodas en determinadas situaciones. Es el caso del enfoque, el zoom o el diafragma.

6. **Generador sincrónico:** genera el sincronismo para la grabación del sonido controlando y manteniendo constante la velocidad de la cinta.

7. **Fotómetro o exposímetro incorporado:** tiene la función de medir la cantidad de luz que llega a la emulsión Es más propio de las cámaras de aficionado ya que en cine profesional el director de fotografía toma las medidas de luz con fotómetros de mano, con capacidad para medir la luz incidente, proporcionando una lectura mucho más precisa en condiciones de luz un tanto complejas.

CAPÍTULO 3

LOS FORMATOS CINEMATOGRÁFICOS

En cine, el término formato tiene dos sentidos distintos. Por un lado, el formato hace referencia al ancho de la película, es decir, a la anchura del fotograma y las perforaciones de la cinta y, por otro, también se refiere a las proporciones de la imagen expuesta y a las de la imagen de la pantalla de proyección.

En cuanto al tamaño o anchura de la cinta, cuanto mayor es el formato mayor es la superficie del fotograma (contiene más cantidad de información) y menos habrá que ampliarla para la proyección, aumentando, simultáneamente, la calidad de imagen.

3.1. Los formatos

En los últimos años, la tecnología audiovisual ha experimentado una evolución muy importante que ha tenido como consecuencia que el aficionado se decante por la tecnología vídeo, dejando el cine para el terreno profesional. En este sentido, los formatos llamados *de paso estrecho* (inferiores a 16 mm), tan populares hace unos años, han pasado prácticamente a la historia por ser mucho más caros y menos cómodos de utilizar que la tecnología vídeo.

Aquí vamos a tratar los soportes y formatos más propios del cine profesional aunque vale la pena hacer antes un pequeño recorrido histórico para tener una idea de su evolución hasta nuestros días.

El primer formato profesional fue el *35 mm* y a partir de éste, y pensando en un uso más popular de la técnica del cine, se empezó a reducir el formato con el fin de abaratar los costes de la emulsión, el revelado, el equipo de cámara, etc. Con esta finalidad apareció el *16 mm* que, si bien en un principio estaba pensado para el aficionado, pronto pasó a ser un formato profesional que se usaba para la filmación de documentales y noticias para TV. La reducción del tamaño del equipo de cámara respecto al 35 mm y su buena calidad de imagen hizo que tuviera un lugar privilegiado en el mundo profesional. Actualmente todavía conserva en parte su protagonismo en rodajes de bajo coste y en algún tipo de documental, aunque en el terreno de la TV ha perdido claramente la carrera ante los equipos ligeros de vídeo profesional.

Después llegó el *8 mm* que utiliza película de 16 mm de anchura con perforación en ambos lados. En la cámara, la película se expone dos veces, primero una mitad y luego, tras darle la vuelta, la otra. Una vez revelada la película se cortan por su parte central las dos mitades y se unen una detrás de otra formando una cinta única de 8 mm con una sola perforación. Un metro de este formato contiene 260 fotogramas.

En Europa se popularizó el formato *9,5 mm*, introducido por la firma francesa PHATÉ. La película era de una sola perforación entre fotograma y fotograma. La segunda guerra mundial puso fin a la producción de este tipo de película y pasó a ser un formato histórico.

El *Súper 8 mm* fue el siguiente paso y supuso una auténtica revolución. Fue introducido por Eastman Kodak en 1965 y en su utilización popular desbancó al 8 mm estándar. Su mejora consiste en disponer de un fotograma mayor gracias a la reducción del tamaño de las perforaciones. La calidad es, por lo tanto, mayor. Otra ventaja es que la película se presenta en forma de cartucho, mucho más fácil de cargar y sin problema de velarse. Cada metro contiene 240 fotogramas.

El siguiente y último paso fue el *Single 8 mm*, de la firma FUJI. Sus dimensiones son iguales a su predecesor, el Súper 8 mm, pero utiliza un soporte de poliéster más delgado y las bobinas de alimentación y arrastre tienen una disposición diferente en la cámara, haciéndolo más versátil. Ambos formatos son compatibles en la proyección aunque precisan de cámaras distintas en la filmación.

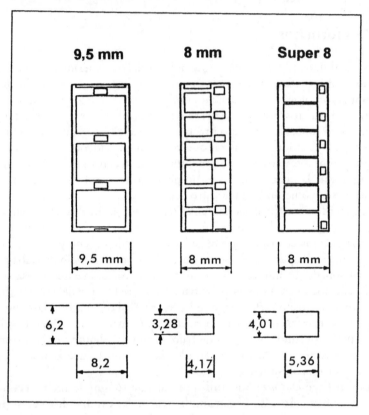

Figura 11. Formatos de paso estrecho.

3.2. El formato de 35 mm

El 35 mm es el formato profesional por excelencia. Fue el primero que se utilizó y el más extendido a lo largo de toda la historia del cine. Permite una proyección con grandes ampliaciones ofreciendo una muy buena definición de imagen. Tiene gran versatilidad de uso y acepta muchos tipos de trucajes. Estas buenas cualidades hacen que sea el formato más utilizado en las producciones cinematográficas, también en algunos productos para TV (como series dramáticas) y en un porcentaje muy elevado de las producciones publicitarias, especialmente en las de mayor presupuesto. En muchos casos, en los dramáticos para TV, las imágenes se filman con tecnología cinematográfica en 35 mm y se recurre a la tecnología vídeo para la postproducción. Las copias de cine destinadas a la exhibición en salas comerciales son, en su gran mayoría, de 35 mm y por lo tanto sus proyectores utilizan este formato como sistema normalizado.

La fotografía debe al 35 mm cinematográfico su formato más conocido actualmente, el «formato de paso universal o 35 mm». Aunque en las cámaras fotográficas la película se desplaza horizontalmente ocupando cada fotograma ocho perforaciones, en cine avanza verticalmente ocupando sólo 4 (la superficie de imagen es inferior que en fotografía).

El formato de 35 mm comprende múltiples subformatos que se diferencian por las proporciones entre la anchura y la altura del fotograma impresionado en el negativo y también por el tipo de lente utilizado para obtener la imagen (lentes esféricas o anamórficas). Vamos a estudiar ahora los más comunes:

3.2.1. Los formatos de 35 mm con lentes esféricas

La imagen que se impresiona en la película es proporcional a la imagen real que toma el objetivo. El formato final depende del formato de la ventanilla de impresión. Actualmente muchas cámaras pueden variar el formato de la ventanilla de impresión y decidir entonces cualquiera de los formatos de registro. En algunas ocasiones el formato lo determina la ventanilla de proyección y no la de la cámara.

- 1.33 «Full screen» – Ventanilla abierta
  Fue el primer formato estándar de cine y se determinó en 1909 en un congreso internacional. La imagen tiene una dimensión de 18 x 24 mm. Es el formato del cine mudo. Aprovecha el área total del cuadro (1.33:1) entre las perforaciones de la película. En los años treinta fue adoptado por la TV (formato 4:3) pero cuando el filme era proyectado en una sala cinematográfica sufría mutilaciones en la imagen. Actualmente se utiliza cuando no se registra sonido óptico, como es el caso de la publicidad, series de TV, documentales...

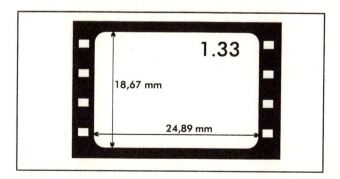

Figura 12. Formato 1.33.

- 1.37 Académico
  Con la llegada del sonido al cine (a partir de 1927) hubo que reservar un espacio para la banda sonora, en detrimento por supuesto de la imagen. Se creó el llamado «estándar sonoro» y corresponde a una proporción de 1.37:1, teniendo la imagen unas dimensiones de 16 x 22 mm. Este formato se usa actualmente en la filmación de imágenes para TV cuando se quiere sacar copias para añadir sonido óptico.

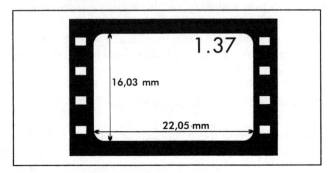

Figura 13. Formato 1.37.

3.2.2. Los formatos panorámicos

Nacieron para diferenciarse del estándar televisivo. Permiten además una composición que, en principio, es más adecuada a la relación de proporción de imagen captada por la vista humana, que al tener dos ojos dispuestos uno al lado del otro establecen un encuadre de la realidad algo más panorámico que el 4:3. Dentro de los formatos panorámicos con lentes esféricas hay que distinguir:

- 1.66
  Actualmente su uso es bastante restringido. Dentro de los panorámicos es el formato que más se acerca a la sala de cine más clásica y al formato propio de la TV convencional (4:3 o 1.33).

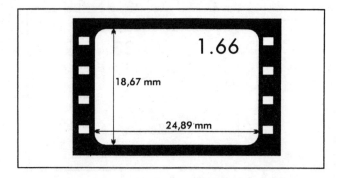

Figura 14. Formato 1.66.

LOS FORMATOS CINEMATOGRÁFICOS

- 16:9
  Ha sido propiciado por la industria televisiva para introducir un nuevo formato estándar con el fin de cambiar el parque de aparatos domésticos. La idea que se promueve es la de acercar el cine a los hogares aunque su implantación masiva está aún por decidir. Tiene una relación de proporción de 1.77:1.

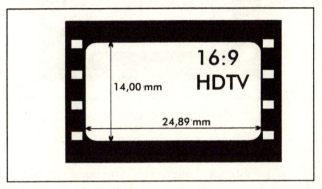

Figura 15. Formato 16:9.

- 1.78
  Más utilizado en EE. UU. que en Europa. Se caracteriza por que cada fotograma ocupa sólo tres perforaciones y no cuatro como en el académico. Junto a esta peculiaridad hay que añadir una reducción del nervio entre fotogramas y al final hay un ahorro del 25% de negativo (y de coste de procesado).

- 1.85
  Es el formato panorámico de lente esférica por excelencia. Es muy habitual en EE.UU. y es el que utilizan la mayoría de salas comerciales como formato de proyección.

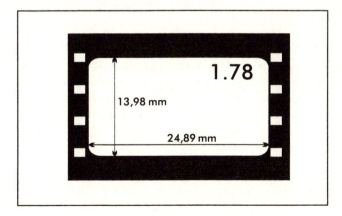

Figura 16. Formato 1.78.

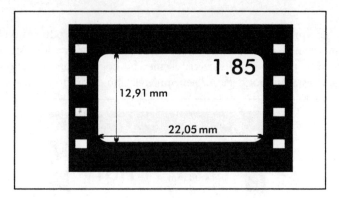

Figura 17. Formato 1.85.

- 2:1
  Se propone que éste sea el nuevo «formato universal» para cine y televisión. Ha sido propuesto por Vittorio Storaro y busca el compromiso entre los formatos anamórficos, los panorámicos y el 16:9.

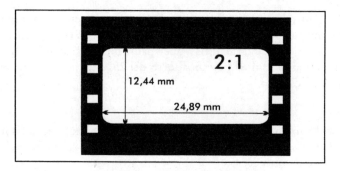

Figura 18. Formato 2:1.

- Formato Mariné
  Propuesto por Juan Mariné, este formato tiene una relación de proporción de 2:1 igual que el anterior pero aprovecha toda la anchura de la película al tener una sola perforación en el nervio entre fotograma y fotograma. Este formato mejoraría la calidad de imagen al aprovechar íntegramente el negativo pero supone adaptar los sistemas de arrastre de las cámaras y proyectores actuales.

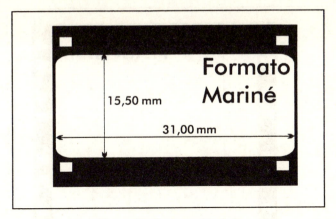

Figura 19. Formato Mariné.

- Techniscope
Utiliza sólo dos perforaciones para cada fotograma consiguiendo una imagen superpanorámica pero tiene el problema de que hay que ampliar mucho más en la proyección y la imagen pierde definición. En los años setenta era la versión barata de los sistemas anamórficos pero actualmente casi no se utiliza.

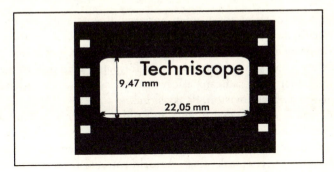

Figura 20. Formato Techniscope.

- Vistavisión
Utiliza cámaras de arrastre horizontal, con lo que el fotograma ocupa 8 perforaciones aumentando la superficie de imagen y por consiguiente la calidad y definición. Se utiliza para trucaje y efectos especiales combinándolo con otros formatos.

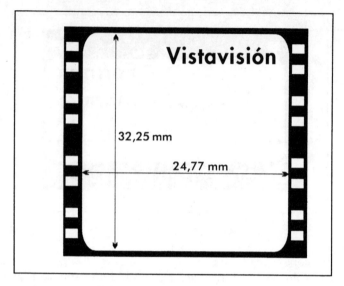

Figura 21. Formato Vistavisión.

3.2.3. Los formatos de 35 mm con lentes anamórficas

Las lentes anamórficas comprimen horizontalmente la imagen en la cámara con una relación de 2:1 y luego recuperan la proporción en la proyección cuando se descomprimen logrando una relación de formato aún más amplia que puede llegar incluso a 2,55:1. Coexisten diferentes formatos anamórficos de 35 mm y las principales diferencias radican básicamente en las marcas de las lentes utilizadas: Cinemascope, Technovision, Panavision...

El problema de este sistema, al igual que todos los formatos panorámicos, se presenta cuando una película rodada en anamórfico debe ser pasada en formato televisivo donde se reproduce sólo una parte de la imagen, sufriendo entonces unas mutilaciones a veces intolerables. Actualmente, existe en las televisiones una tendencia a respetar las proporciones de los formatos originales y los televidentes admiten cada vez más películas con bandas negras en la parte superior e inferior de la imagen.

3.3. El formato de 16 mm

El 16 mm nació en un principio como alternativa económica y más manejable que su hermano mayor, el 35 mm. También nació para satisfacer el campo del aficionado o semiprofesional. El hecho que realmente le dio un impulso decisivo fue la aparición de la TV. El sistema electrónico de obtención de imágenes de la TV no permitía, en sus inicios, almacenar la información en ningún soporte. Además, las cámaras eran demasiado voluminosas para salir fuera del estudio. El formato de 16 mm fue precisamente el que se utilizó para obtener noticias en el exterior. Durante muchos años ha sido el soporte utilizado para documentales, películas para TV (telefilmes), películas industriales, científicas, noticiarios...

El objetivo de los diseñadores de cámaras de 16 mm era construir aparatos silenciosos y manejables. Muchos de sus adelantos han sido más tarde heredados por el formato profesional de 35 mm.

Algunas películas rodadas en 16 mm son «hinchadas» o expandidas a 35 mm para su exhibición en salas comerciales.

Actualmente, desde la aparición del *camcorder* (cámara de vídeo con magnetoscopio incorporado), este formato ha perdido buena parte de su protagonismo aunque sigue en uso. Se puede hablar incluso de una cierta revitalización ligada al cortometraje como forma de acceso de muchos cineastas a la profesionalización.

- 16 mm estándar
  Fue el primer formato de 16 mm en aparecer y se mantuvo durante muchos años en el campo de los reporteros televisivos. Es de doble perforación y la proporción de la imagen corresponde a 1.37:1, el más parecido al formato televisivo de relación 4:3.

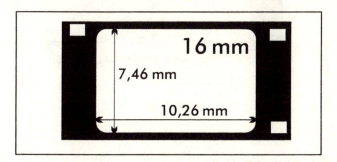

Figura 22. Formato 16 mm estándar.

- Súper 16 mm
  Es la versión actualizada del 16 mm. Utiliza película de una sola perforación sin banda de sonido, lo que hace que la imagen pueda ser un 20 % mayor. La proporción es de 16:9, coincidente con el nuevo estándar televisivo. El abaratamiento de los costes de producción y la mejora de las emulsiones hace que actualmente sea un formato en auge.

- Súper 16 mm ID
  Es un formato casi idéntico al anterior con la diferencia de que la perforación está ligeramente desplazada respecto al nervio entre fotograma y fotograma, facilitando los empalmes y evitando el montaje del negativo en A y B.

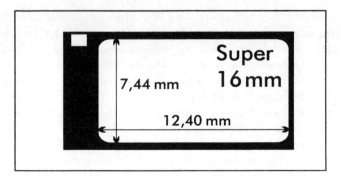

Figura 23. Formato Super 16 mm.

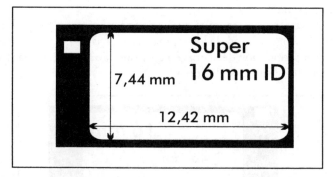

Figura 24. Formato Super 16 mm ID.

3.4. El formato de 65 mm

El *65 mm* es el mayor de los formatos cinematográficos dado que ofrece una superficie de imagen cinco veces superior al 35 mm. También puede ofrecer una imagen superpanorámica sin necesidad de usar objetivos anamórficos y, obviamente, da una calidad de imagen muy superior a cualquier otro formato anterior. El negativo de 65 mm puede positivarse reducido a 35 mm, a formato anamórfico o bien, por contacto, a 70 mm. Este último es igual al 65 mm sumándole las dos pistas de sonido para la reproducción estereofónica.

El coste del negativo y la poca operatividad de los equipos hacen que el 65 mm no haya tenido una gran aceptación. Hoy en día, el 65 mm se utiliza principalmente para procesos de múltiple generación, para cine de animación como es el caso de la productora Disney, en grandes superproducciones y en producciones espectaculares. Actualmente se están desarrollando equipos más ligeros. El 65 mm, utilizado como técnica cinematográfica de alta resolución, es una de las armas que algunos realizadores muy preocupados por la calidad de la imagen guardan para combatir los avances de la televisión.

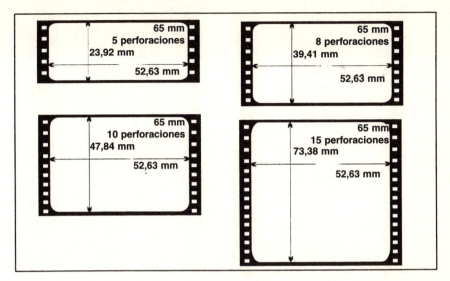

Figura 25. Formatos de 65 mm.

- Sistemas IMAX i OMNIMAX

  Se trata de un proceso de exhibición en pantallas panorámicas gigantes, en salas diseñadas especialmente para este tipo de proyecciones. Utiliza negativo de 65 mm con cámaras especiales. En el caso del OMNIMAX, el área de imagen es casi elíptico y de 180°. La imagen envuelve al espectador provocando una espectacularidad asombrosa.

  Dentro del 65 mm encontramos principalmente cuatro formatos que se diferencian por el número de perforaciones por fotograma, hecho que genera una proporción de imagen distinta:

  — 65 mm de 5 perforaciones, de proporción 2.2: 1.
  — 65 mm de 8 perforaciones, de proporción 1.37: 1.
  — 65 mm de 10 perforaciones, de proporción 1.33: 1.
  — 65 mm de 15 perforaciones, sistemas IMAX i OMNIMAX.

Capítulo 4

SOPORTES DE CÁMARA

Sólo con un buen trípode o soporte de cámara adecuado es posible conseguir imágenes estables. Sin estos soportes, salvo en aquellas circunstancias propias del ámbito del reportaje en que prima la consecución de la imagen sobre su calidad, la imagen obtenida difícilmente podrá ser aprovechable para una producción cinematográfica convencional.

Tanto para conseguir imágenes estáticas como imágenes en movimiento (del motivo o referente, de la cámara o de ambos) es preciso contar con los soportes que garanticen la obtención de una imagen reconocible, estable y sin saltos. El conocimiento de los diferentes soportes de cámara existentes puede ayudarnos a superar con éxito las más variadas situaciones de toma.

4.1. El trípode

El trípode es un accesorio de la cámara imprescindible en la inmensa mayoría de los casos. Es el soporte más habitual de la cámara cuando no está en movimiento y se emplea, incluso, cuando se mueve.

El trípode consta esencialmente de dos partes:

1. La *cabeza*: plataforma donde descansa la cámara que permite efectuar diferentes movimientos.
2. Los *pies*: tres pies que originalmente eran de madera y actualmente son de metal (acero inoxidable, titanio...).

Las características principales de un buen trípode son básicamente tres: que sea estable, manejable y adaptable al tipo de cámara que va a soportar. Estas cualidades generan que el trípode sea bastante pesado ya que una cámara ligera cinematográfica pesa en torno a unos 8,5 kg.

Para la elección del trípode hay que tener en cuenta:

a) El tipo de cámara: peso y tamaño.
b) El movimiento a realizar.
c) Las condiciones del lugar de la toma de imagen.

Figura 26. Pies de trípode.

Existen, básicamente, tres tipos de cabeza de trípode:

1. *Cabeza de fricción.*

Es el tipo más simple de cabeza. Incorpora un nivel de burbuja y funciona muy bien para movimientos de cámara muy rápidos.

Figura 27. Cabeza de fricción.

2. *Cabeza hidráulica.*

Muy similar al de fricción pero incorpora aceite mineral o silicona líquida que permite unos movimientos más suaves y continuos. Es el trípode más popular para usos generales.

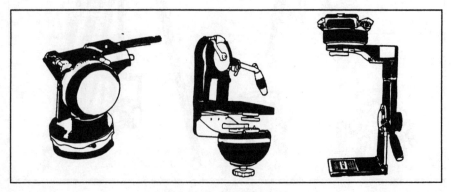

Figura 28. Cabeza hidrálulica.

3. *Cabeza mecánica.*

Se utiliza con cámaras de gran tamaño y para movimientos más bien lentos aunque los realiza de forma muy suave y precisa gracias a dos ruedas (en forma de volante) que controlan el movimiento vertical y horizontal. El operador necesita mucha habilidad y práctica para manejar este tipo de cabeza.

Figura 29. Cabeza mecánica.

4.2. Pedestal de estudio y trípode ligero

Según su forma, tamaño y prestaciones hay que distinguir entre el soporte pensado principalmente para el plató o el estudio y los trípodes más ligeros, diseñados para exteriores.

1. *Pedestal de estudio*

Uno de los más populares es el «Crab Dolly». La cámara va colocada sobre una columna telescópica (que se mueve hidráulica o eléctricamente) montada sobre una base con ruedas. Permite todo tipo de movimientos y desplazamientos. Este tipo de soporte es utilizado en cine y también en estudios de televisión.

2. *Trípode ligero*

Es el trípode clásico con tres pies de madera o metálicos. No dispone de columna telescópica pero las patas son extensibles. Para más seguridad los trípodes deben usarse con una «araña» o un tensor que evite que se puedan abrir los pies. En cuanto a su longitud no hay unas medidas estándar pero podemos disponer de trípodes desde 50 centímetros hasta 2 metros de altura.

En tomas de ciertas características especiales se emplean algunos accesorios entre los que destacan:

a) «Hit-hat» o «low boy»:
Modelo de trípode especial para emplazamientos de cámara extremadamente bajos.

b) Columna elevadora:
Son elevadores de altura fija que se componen de una base, una columna y una cabeza donde se sujeta la cámara. Se utilizan cuando hay poco espacio para moverse y hay que ajustar la altura de la cámara.

c) «Araña» o «cangrejo»:
Es una especie de triángulo que se fija en los extremos de los pies del trípode y que evita que se abran.

4.3. La Dolly

La *Dolly* es uno de los accesorios casi indispensables en los rodajes de ficción o en estudios de TV. Es un soporte de cámara que consta esencialmente de una especie de carro que permite el movimiento de la cámara sin necesidad de raíles y una pequeña grúa o columna telescópica que permite la toma desde puntos de vista bastante elevados. Existen varios modelos, cada uno con características específicas para adaptarse a diferentes situaciones. Los más importantes son los siguientes:

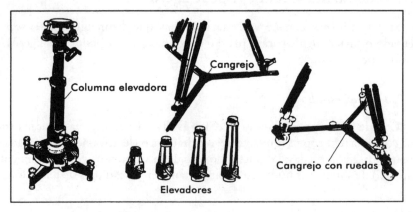

Figura 30. Accesorios de trípode.

1. «Moviola Crab-Dolly».
2. «Spyder-Dolly».
3. «Elemack Cricket-Dolly».
4. «Colortran Crab-Dolly».

La Dolly puede alcanzar algo más de altura utilizando elevaciones a modo de «brazos extensibles». Según los modelos pueden adaptar unas ruedas para las vías de travelling. Otros accesorios pueden ser los «brazos cortos basculantes», «brazos de grúa» o los «brazos araña» para tomas de punto de vista muy bajos.

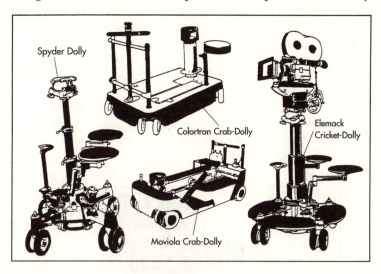

Figura 31. Tipos de Dolly.

Existen algunos sistemas de grúas de gran tamaño, como la *Louma*, capaz de ganar bastante altura gracias a un gran brazo extensible, o la *Scorpio*, grúa donde la cámara está colocada en la punta de un gran brazo telescópico que el operador controla a distancia gracias a un sistema de *joystick*.

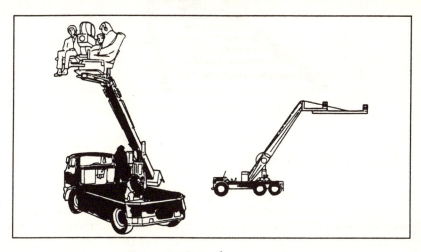

Figura 32. Grúas de gran tamaño.

4.4. El travelling

Llamamos *travelling* al movimiento de la cámara cuando ésta se desplaza físicamente de un lugar a otro del decorado, en contraposición a la *panorámica*, que es un movimiento de la cámara sobre su propio eje. El travelling se puede realizar de varias formas aunque la más habitual es con la ayuda de unas vías, llamadas «vías de travelling», que son unos tubos circulares diseñados a modo de vías sobre las cuales circula un carro que soporta la cámara. Según el modelo de grúa que se coloca en las vías de travelling, puede soportar, además de una cámara de estudio y su operador, a otros técnicos.

El montaje del travelling puede resultar bastante complejo dependiendo del terreno y del movimiento de cámara. Cuando se efectúa el travelling, el movimiento debe mantener un ritmo y una velocidad constantes y precisos, así como un arranque y una parada suaves.

Figura 33. Cámara montada sobre las vías de travelling.

4.5. Sistemas antivibratorios

Existen varios sistemas que evitan la vibración para desplazamientos de la cámara sin contar con las vías de travelling. En muchas ocasiones es imposible disponer de ellas, bien por la orografía del terreno, para movimientos muy bruscos o muy especiales, cuando hay que bajar y subir escaleras, en helicópteros, aviones, etc. Vamos a ver los sistemas antivibratorios más importantes:

SOPORTES DE CÁMARA 69

1. **Steadicam:** es un sistema de «cámara a mano flotante». Ideal para subir y bajar escaleras y en general para cualquier situación que precise de muchos movimientos de cámara en terrenos desiguales.

Consta de una especie de faja o chaqueta que se pone el operador de cámara, con un brazo articulado montado sobre un soporte estabilizador y antivibratorio. Actualmente es un sistema muy utilizado que facilita el rodaje, evitando el montaje de las vías de travelling en multitud de situaciones. Requiere de un operador especialista.

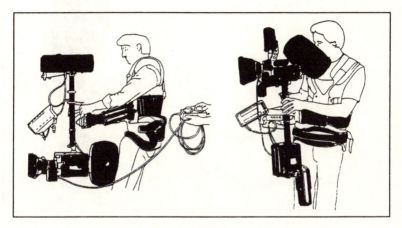

Figura 34. Sistemas de cámara flotante «Steadicam».

2. **Wescam:** es un soporte antivibratorio para helicópteros. Mantiene estable la cámara gracias a un sistema de control giroscópico, montado en una esfera en el exterior del aparato. Se controla a distancia desde el interior del helicóptero con la ayuda de un monitor.

Figura 35. Sistema «Wescam».

3. Skicam: cámara con control a distancia sujeta con cuatro cables de acero. Enrollando y desenrollando los cables se consigue el movimiento lateral y vertical de la cámara mientras ésta se mantiene suspendida sobre un objeto.

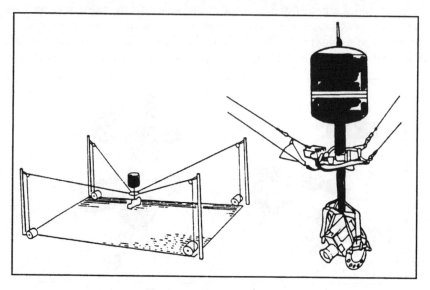

Figura 36. Sistema «Skicam».

4. Soportes para embarcaciones: se trata de una plataforma de control giroscópico y estabilización electro-hidráulica que mantiene la cámara siempre a nivel horizontal.

Figura 37. Soporte para embarcaciones.

Capítulo 5

LA LUZ Y LOS OBJETIVOS

La luz es la base de todas las técnicas visuales. El conocimiento de su esencia y el comportamiento de las lentes u objetivos que la encauzan hasta su impresión en la película fotosensible es básico para obtener imágenes cinematográficas que cumplan los requisitos de calidad estandarizados en el cine profesional.

El objetivo de la cámara es el primer eslabón en la cadena de la producción cinematográfica. Este dispositivo está compuesto por diferentes agrupaciones de lentes que pueden dar lugar a configuraciones ópticas de propiedades muy variadas. Es preciso conocer las características básicas de las lentes y de los objetivos para elegir, en cada momento, las ópticas adecuadas a los fines previstos.

5.1. Propagación de la luz

Cuando la luz se propaga en un medio más denso que el vacío lo hace a una velocidad más lenta que en él. En un medio determinado, la forma de propagación es en línea recta (salvo si consideramos distancias de magnitud astronómica) por lo cual los rayos de luz se representan gráficamente por sus trayectorias rectilíneas.

Cuando la luz incide sobre un medio distinto al que se encuentra puede ser *reflejada*, si vuelve nuevamente al medio en que se encontraba inicialmente, *transmitida*, posiblemente con una *refracción*, en el caso de que penetre en el nuevo medio donde se propagará siguiendo ciertas leyes, o *absorbida* por el nuevo medio que la convierte en otra energía distinta como, por ejemplo, en calor.

5.1.1. Reflexión de la luz

La luz puede ser reflejada *especularmente* (como se comporta un espejo) cuando incide en sustancias lisas tales como agua, vidrio, superficies pulidas, etc. Cada rayo de luz que llega hasta la superficie es reflejado en una dirección determinada por su *ángulo de incidencia*. Si se traza una línea imaginaria perpendicular a la superficie donde incide un rayo luminoso, el ángulo comprendido entre esta línea «normal» y el rayo de luz recibe el nombre de ángulo de incidencia. El rayo que parte de la superficie, después de ser reflejado especularmente, forma un ángulo de reflexión con la «normal» igual al ángulo de incidencia.

La *reflexión difusa* tiene lugar a partir de superficies irregulares o mates. Se puede considerar como la reflexión especular desde un número infinito de superficies con diferentes inclinaciones. De esta forma se dispersa o interrumpe el haz luminoso original, reflejándolo uniformemente en todas las direcciones.

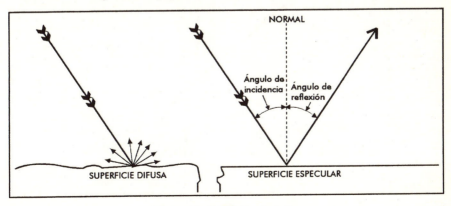

Figura 38. Reflexión de la luz.

5.1.2. Transmisión

Un rayo luminoso que penetra desde el aire en un cristal, si tiene una trayectoria perpendicular a la superficie de éste, continuará su trayectoria recta sin ninguna desviación. Si el cristal es transparente lo atravesará y continuará sin mayor problema. Ahora bien, si el cristal es translúcido el rayo luminoso lo atravesará para dispersarse a continuación en todas las direcciones. Si el cristal es coloreado (un filtro), la transmisión será selectiva y sólo pasarán a su través aquellas longitudes de onda de la luz blanca que se correspondan con el matiz del cual está coloreado.

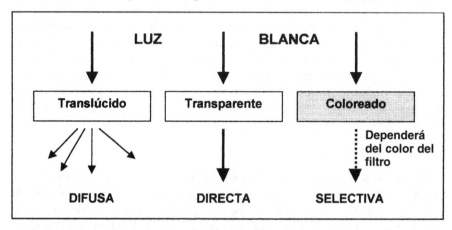

Figura 39. Transmisión difusa, directa y selectiva.

Pero si el rayo de luz incide oblicuamente se producirá una *refracción* o desviación del mismo que se acercará hacia la «normal». El rayo luminoso se desviará más o menos según el *índice de refracción* del nuevo medio en el que penetre. Cuanto más alto sea más disminuirá la velocidad de paso de la luz.

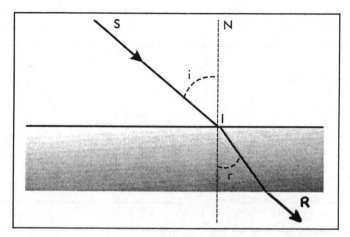

Figura 40. Refracción.

Merece la pena resaltar en este momento que la luz «blanca» a la que nos estamos refiriendo es una banda extensa de longitudes de onda cada una de las cuales es refractada con valores ligeramente distintos. Para simplificar suelen emplearse los valores de refracción de las longitudes de onda situadas hacia la mitad del espectro visible (verde). Las longitudes de onda correspondientes con el azul lo son en mayor medida y las rojas algo menos.

5.1.3. Absorción

La energía luminosa que incide sobre una superficie determinada y que no es reflejada ni transmitida es *absorbida*. En el caso de que la superficie absorba —de la luz incidente (luz blanca) la totalidad de sus radiaciones, la superficie se verá negra; si las absorbe parcialmente pero por partes iguales para cada color primario (rojo, verde y azul), se verá gris; si las absorbe de forma desigual, se verá coloreada y según sean las radiaciones reflejadas se tendrá la sensación del correspondiente color. Así, percibiremos un color como azul si refleja las radiaciones azules y absorbe las procedentes de las zonas roja y verde del espectro. Por la misma razón, si iluminamos un objeto de color azul con luz roja o verde, se verá de color negro.

El *índice de reflexión* (factor de reflexión o *reflectancia*) de una superficie se define como la relación entre la luz reflejada y la luz incidente correspondiente expresado como porcentaje o en valores decimales. Una superficie que absorbe una mínima parte de la luz incidente se dice que tiene un alto índice de reflexión.

5.2. Los objetivos

Los objetivos son dispositivos ópticos que sirven para formar imágenes de objetos. En los medios fotográficos y audiovisuales las lentes consisten en una porción de un medio transparente del tipo plástico, o mejor de vidrio, que está limitada por dos superficies curvas o bien por una superficie curva y otra plana.

Al pasar los rayos de luz de un medio transparente a otro experimentan la refracción, es decir, cambia su dirección. Cuando pasan a un medio más denso con un cierto ángulo, los rayos se desvían hacia la normal (una línea perpendicular a la superficie en el punto de entrada del rayo luminoso). Ahora bien, cuando los rayos inciden perpendicularmente a la superficie, no sufren ninguna refracción. De igual forma, cuando los rayos luminosos pasan de un medio más denso a otro menos denso se desvían de la normal a menos que su dirección sea perpendicular a la superficie.

Cuando las superficies del medio más denso son paralelas, en ese caso la refracción incidente es invertida a la salida, de forma que cuando el rayo luminoso sale sigue siendo paralelo a su dirección original aunque desplazado a un lado u otro por efecto de la refracción interior del medio. Ahora bien, si las superficies del medio no son paralelas, la refracción producida al entrar el rayo no se invertirá exactamente a la salida y los rayos incidentes y emergentes (de salida) no serán paralelos. Dicho de otra forma, el rayo luminoso tras atravesar el medio se desviará formando un ángulo con su dirección original; además, cuanto mayor sea el ángulo entre las superficies del medio mayor será la desviación. Acabamos de expresar el principio básico de las lentes que conforman los objetivos.

5.2.1. Lente simple

Una lente es un disco de vidrio de forma tal que los rayos procedentes de un objeto puntual situado a un lado del mismo lo atraviesan y son desviados hacia un punto común situado al otro lado de la lente como si procediesen de un lugar más próximo a la lente que el objeto. Para conseguir este efecto se le da a una o a las dos superficies del disco una forma esférica.

Si las superficies curvas se sitúan de forma que la lente es más gruesa en el centro que en los bordes, los rayos de luz paralelos que incidan sobre ella convergerán sobre un punto en el lado opuesto y recibirá el nombre de *lente convergente*.

Pero si las superficies son tales que la lente es más delgada en el centro que en los bordes, los rayos de luz paralelos que inciden sobre ella, vistos desde el otro lado, aparecerán como procedentes de un punto. Estas lentes reciben el nombre de *divergentes*.

Dado que cualquier objeto puede ser considerado como una reunión de puntos, una lente convergente que produce *puntos imagen* de todos los *puntos objeto* formará una imagen similar de todo el objeto. Si colocamos en el plano de los puntos imagen una superficie reflectora, se formará sobre ella una imagen visible del objeto. Se trata, en realidad, del tipo de imagen que se forma sobre la pantalla de enfoque de las cámaras fotográficas o cinematográficas y que se recoge como imagen latente sobre el material sensible durante la exposición. A este tipo de imágenes se les denomina *imágenes reales*.

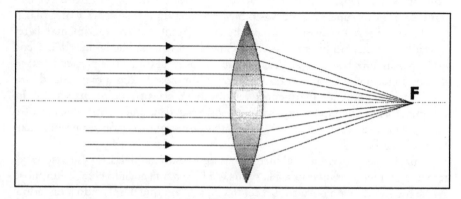

Figura 41. Foco de una lente convergente.

Las lentes divergentes, por el contrario, no forman imágenes reales pues los rayos luminosos procedentes del objeto no convergen después de la refracción sino que se separan de manera que aparecen como procedentes de un punto más cercano que el objeto. Se trata de puntos sólo aparentes no existentes en la realidad. Por ello, la imagen formada por todos los puntos del objeto recibe el nombre de *imagen virtual*. Estas imágenes no pueden hacerse visibles sobre una superficie reflectora como imágenes reales.

Podemos resumir diciendo que las lentes convergentes hacen que los rayos de luz incidentes converjan en un punto, y las lentes divergentes hacen que los rayos se dispersen. Los objetivos compuestos están formados por lentes convergentes y divergentes pero el efecto total es el de una lente convergente.

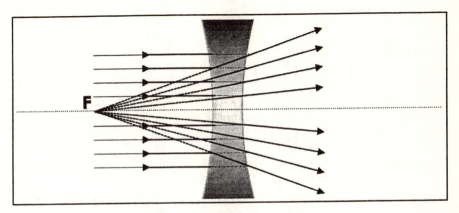

Figura 42. Foco de una lente divergente.

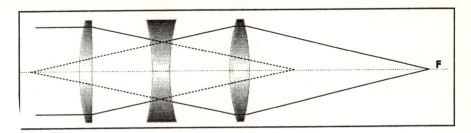

Figura 43. Objetivo compuesto.

5.2.2. Distintas formas de lentes

El comportamiento de las lentes varía según el número de superficies curvas y la dirección de la curvatura. Si ambas superficies son convexas o una de ellas es convexa y la otra plana la lente es siempre del tipo convergente.

Cuando ambas superficies son cóncavas o una de ellas es cóncava y la otra plana la lente es siempre del tipo divergente. Cuando una de ellas es cóncava y la otra convexa, la lente puede ser convergente o divergente según la curvatura relativa. Si ambos lados tienen el mismo tipo de curvatura la lente no es ni convergente ni divergente. En la práctica, cada tipo de lente tiene sus aplicaciones especiales y un nombre que la diferencia.

En sus aplicaciones se emplean las lentes simples (un vidrio sencillo) o compuestas (conjunto de vidrios con características determinadas para compensar ciertas desventajas intrínsecas de los componentes sencillos).

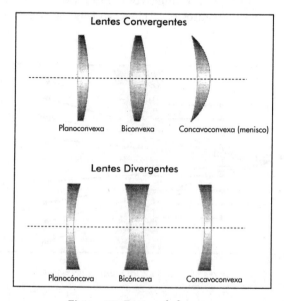

Figura 44. Formas de lentes.

Tipos de lentes

Plana	Convexa	Cóncava	Denominación	Grosor máximo en	Efecto
1	1	–	Planoconvexa	Centro	Convergente
1	–	1	Planocóncava	Bordes	Divergente
–	2	–	Biconvexa	Centro	Convergente
–	1	2	Bicóncava	Bordes	Divergente
–	1	1	Concavoconvexa	Centro	Convergente
–	1	1	Concavoconvexa	Bordes	Divergente

5.2.3. Foco principal de una lente

La línea recta sobre la cual la lente es simétrica se llama *eje*. Los centros de curvatura de todas las caras curvadas de la lente están sobre ese eje.

Cuando los rayos de luz atraviesan una lente convergente, de forma paralela a su eje, como si procediesen de un punto muy alejado (lo que en términos fotográficos se denomina el infinito «∞»), se desvían hacia adentro encontrándose finalmente en un punto sobre el eje. Este punto recibe el nombre de *foco principal* de la lente.

El foco principal de una lente convergente es un punto real y la imagen formada por la lente es también una imagen real que puede enfocarse sobre una pantalla. El foco principal de una lente divergente, en cambio, no es un punto real en el mismo sentido anterior, y la imagen no puede hacerse visible proyectándola sobre una pantalla, de ahí proviene el nombre ya citado de imagen virtual.

Si los rayos luminosos atraviesan la misma lente pero en dirección opuesta, aparece otro foco principal sobre el otro lado de la lente. Los planos en ángulo recto perpendiculares al eje de la lente que pasan por los focos principales anterior y posterior reciben el nombre de *planos focales principales* de la lente. Ambos están situados sobre el eje de la lente.

5.2.4. Distancia focal

La distancia desde el centro de la lente al foco principal recibe el nombre de *distancia focal* de la lente. Ésta es la distancia a la que todos los rayos de luz paralelos (es decir, aquellos que provienen de un objeto muy distante, del llamado infinito fotográfico) convergen para formar una imagen nítida sobre la película. Es de señalar que si el objeto no está alejado sino más próximo, en este caso la imagen se formará más alejada de la lente.

Cuando el objeto está en el infinito fotográfico, la distancia lente-plano focal que dará la imagen de mayor nitidez o enfoque máximo es igual a la distancia focal de la lente. Cuando el objeto esté más próximo, la distancia requerida será siempre mayor que la distancia focal. La operación de encontrar la distancia exacta (alejando o acercando las lentes del objetivo mediante su desplazamiento controlado) que proporciona la imagen más nítida de un objeto determinado se conoce como *enfoque* de la lente.

Si la distancia focal de la lente es conocida, la distancia lente-plano focal puede calcularse partiendo de la ecuación básica que sigue:

$$\frac{1}{u} + \frac{1}{v} = \frac{1}{F}$$

donde: u = distancia del objeto a la lente.
v = distancia de la imagen a la lente.
F = distancia focal de la lente.

5.2.5. Concepto de foco equivalente

De la misma forma que ocurre en las lentes sencillas, en las lentes compuestas (formadas por varios componentes) se determinan sus focos principales a partir de la posición del punto imagen de un objeto situado a distancia tomando como referencia el eje de la lente.

Las lentes simples se consideran despreciando su espesor y suponiendo que la distancia objeto-lente y lente-imagen se miden desde el centro de la lente. Las lentes compuestas no pueden ser consideradas de la misma forma y en los cálculos la distancia al objeto se mide desde un determinado punto de la lente, y la distancia a la imagen desde otro. Estos puntos reciben el nombre de *puntos nodales* y los planos que los atraviesan en ángulo recto con el eje reciben el nombre de *planos principales*. La distancia desde el segundo punto nodal (o punto nodal posterior) hasta el foco principal posterior es la *distancia focal equivalente* de la lente. La distancia desde el primer punto nodal (o punto nodal anterior) al foco principal frontal es también la distancia focal equivalente de la lente. Para ello es preciso que los rayos luminosos provengan paralelos a la lente, es decir, desde el infinito fotográfico.

La distancia focal equivalente gobierna el tamaño y posición de la imagen formada de la misma forma que la distancia focal gobierna el tamaño y posición de la imagen formada por una lente simple.

Para todos los cálculos ópticos basados en la ecuación:

$$\frac{1}{u} + \frac{1}{v} = \frac{1}{F}$$

Las distancias al objeto o a la imagen se miden desde los puntos nodales, y el valor que se le da a «F» es la distancia focal equivalente de la lente.

Para la formación de la imagen se aplican las siguientes reglas:

— Los rayos que entran paralelos al eje óptico en el plano principal se desvían y pasan por el *foco de la imagen*.
— Los rayos que entran por un punto nodal (cruce de un plano principal con el eje óptico) salen por el otro punto nodal paralelamente a la dirección de entrada.
— Los rayos que salen del *foco del objeto* son desviados al plano principal y salen paralelos al eje óptico.

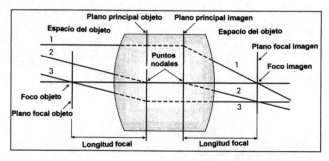

Figura 45. Reglas que se aplican en la formación de la imagen.

LA LUZ Y LOS OBJETIVOS

Aplicando las reglas en la formación de la imagen del párrafo anterior, puede representarse la formación de la imagen de un objeto situado a distancia del foco anterior.

— El rayo paralelo al eje óptico es desviado en el plano principal de imagen al foco de la imagen.
— El rayo que pasa a través del punto nodal sale paralelo a la dirección de incidencia.
— El rayo que pasa a través del foco del objeto sale del objetivo paralelo al eje óptico.

En el punto donde convergen los tres se formará la imagen.

Si aplicamos el mismo sistema con un objetivo de longitud focal más larga, la medida de la imagen (h) aumenta.

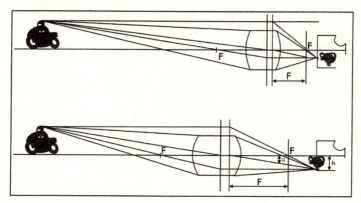

Figura 46. Aplicación de las reglas de formación de la imagen.

5.2.6. Distancia focal y campo visual

Cuando necesitamos una imagen relativamente grande hemos de emplear lentes de gran distancia focal dado que éstas producen una imagen mayor que un objetivo de distancia focal corta. De la misma forma, para un determinado tamaño de negativo, cuanto mayor sea la imagen formada por el objetivo, menor será la proporción del campo que se registrará sobre el negativo. Por ello, en la práctica, la elección final de la distancia focal se controla por la cantidad de campo visual que el objetivo ha de cubrir.

La relación exacta entre el campo cubierto y la distancia focal del objetivo viene dada por la ecuación:

$$2 F \operatorname{tg} \frac{O}{2} = d$$

Siendo: F = distancia focal equivalente del objetivo.
  O = ángulo total del campo subtendido por el objeto en el objetivo.
  d = diagonal del negativo.

Los campos visuales de los objetivos varían generalmente entre 15° y 140°. Dentro de estos límites los diseñadores de objetivos han producido una extensa variedad destinados, cada uno de ellos, a una determinada aplicación. De esta manera, un objetivo diseñado para un campo visual de 30° producirá resultados imperfectos sobre un campo de 50°, y si bien un objetivo de 50° tiene un buen rendimiento con un campo de 30° no llega a ser tan eficaz como uno diseñado especialmente para este último campo.

Normalmente, un objetivo de distancia focal muy larga requiere una gran extensión de cámara lo que no es deseable y ha conducido al desarrollo de teleobjetivos compactos, de tamaño relativamente reducido, pero de una elevada distancia focal.

La potencia de un teleobjetivo se define como la relación de su distancia focal equivalente a su distancia focal posterior. Esta relación se aumenta construyendo el objetivo con dos elementos bastante separados. El componente frontal hace converger los rayos de luz, mientras que el posterior es divergente. De esta forma se consigue reducir el tamaño general del objetivo hasta límites aceptables.

5.2.7. Diafragma y abertura relativa

El diafragma permite regular la *intensidad* del haz de luz que pasa por el objetivo hacia la película.

Se trata de un mecanismo similar al iris del ojo humano, como un músculo que se dilata o se contrae según la intensidad de la luz para regular el diámetro de la pupila y, al tiempo, la intensidad de la luz que llega a la retina.

Su interés en la captación de imágenes está relacionado con el hecho de que el diámetro de un determinado haz de rayos luminosos que atraviese un objetivo determina la luminosidad de la imagen que se forme. El diámetro máximo de este haz depende del diámetro óptico del objetivo. Si en el paso luminoso de éste situamos una combinación de laminillas metálicas que formen un orificio graduable, será posible graduar el diámetro de este haz luminoso y, por lo tanto, la intensidad de iluminación de la imagen. El dispositivo que posee este orificio se conoce con el nombre de *diafragma*. Un orificio pequeño deja pasar menos luz que otro grande y por ello el diámetro del orificio puede servir para alterar o regular la exposición.

La variación del diámetro de este orificio tiene, no obstante, otros efectos. El primero es que el orificio del diafragma regula el ángulo del cono de rayos luminosos que forma la imagen.

Cuando el objetivo está nítidamente enfocado sobre el plano focal (donde se sitúa la película a impresionar), el extremo del cono de rayos luminosos procedente de la imagen se reproduce como un punto-imagen. Si el sujeto o la película (por desplazamiento de las lentes del objetivo mediante el mecanismo de enfoque) cambian de posición, el extremo del cono ya no coincide con la superficie de la película y el punto-imagen llega a formar una mancha circular. El

Campo visual de los diferentes objetivos empleados en cine de 16 mm

Distancia focal	Ángulo de campo horizontal
F = 5,7 mm	= 83° 7'
F = 10 mm	= 62°
F = 15 mm	= 40°
F = 20 mm	= 33°
F = 25 mm	= 27°
F = 50 mm	= 13°
F = 75 mm	= 9°
F = 100 mm	= 7°
F = 145 mm	= 4° 30'
F = 200 mm	= 3°
F = 300 mm	= 2°

Campo visual de los diferentes objetivos empleados en cine de 35 mm

Distancia focal	Ángulo de campo horizontal
F = 20 mm	= 63° 8'
F = 25 mm	= 52° 9'
F = 30 mm	= 45°
F = 35 mm	= 39° 2'
F = 40 mm	= 34° 6'
F = 50 mm	= 27° 9'
F = 75 mm	= 18° 8'
F = 100 mm	= 14° 1'
F = 150 mm	= 9° 4'

tamaño o diámetro de la mancha depende del ángulo del cono y de la distancia a que se haya desplazado el extremo hacia atrás o hacia adelante del lugar donde se ha situado la película.

Conforme se reduce el tamaño del orificio del diafragma, el ángulo del cono de rayos se va haciendo más estrecho y un cambio en la distancia del tema al objetivo produce un cambio más pequeño en el diámetro de la imagen. De esta manera, una pequeña abertura del diafragma aumenta la profundidad de campo que se cubre nítidamente, aumentando también el intervalo de movimientos hacia adelante y hacia atrás de la película (la profundidad de foco) entre los cuales el objetivo producirá una imagen nítida de un sujeto determinado. Dicho de otra forma, el enfoque es más sencillo cuando la abertura del diafragma es menor.

El diafragmado contribuye a la mejora de la calidad de la imagen dado que los objetivos presentan mayores aberraciones por los extremos o periferia de la lente que por el centro. Incluso en la mayor abertura de diafragma de un objetivo, la luz no atraviesa la totalidad de la lente con lo que se consigue no emplear los bordes de la lente proclives a la formación de aberraciones que desvirtuarían la calidad de la imagen captada.

El tipo de diafragma ajustable utilizado universalmente para controlar la abertura de los objetivos es el *diafragma de iris*. El orificio ajustable se forma por una serie de laminillas delgadas de metal, montadas en anillos alrededor del objetivo. Una palanca de mando situada en el exterior de la lente (o un dispositivo electrónico que las regula en su función automática) cierra o abre la hojas haciendo el orificio mayor o menor e indicando el número «f» de la abertura en una escala situada al lado del mando. Cuanto mayor sea el número de láminas en este tipo de diafragma, tanto más se aproxima la abertura a una forma perfectamente circular.

El diafragma forma parte integrante del conjunto objetivo-obturador y su empleo guarda una estrecha relación con estos elementos.

5.2.8. Efectos del diafragmado

Además de regular la cantidad de luz que pasa a través del objetivo y de determinar la profundidad de campo, la modificación de la abertura del objetivo tiene otros efectos.

Como ya hemos avanzado, el diafragmado ayuda a mejorar la definición. Esto se debe a que la corrección del objetivo para los rayos centrales suele ser mejor que para los rayos marginales. En este caso, el diafragmado elimina una parte de los rayos marginales, determinando una mejor calidad de la imagen.

En los objetivos actuales, normalmente muy luminosos, la corrección es un punto medio entre los rayos centrales y los marginales. Cierta cantidad de diafragmado seguirá mejorando la definición, pero pasado el punto de definición óptima ya no se obtiene una mejoría. Incluso puede suceder lo contrario al alterarse el equilibrio de corrección entre los rayos centrales y los marginales.

Con aberturas pequeñas, la definición de la imagen se altera por efecto de la difracción. Las ondas luminosas se curvan ligeramente cerca del borde de la abertura del diafragma provocando la dispersión de una cierta cantidad de luz, lo que determina una falta de nitidez. Con una abertura del diafragma muy reducida, estos rayos desviados constituyen una importante proporción de los rayos luminosos que atraviesan el diafragma, y por ello perjudican a la nitidez de la imagen.

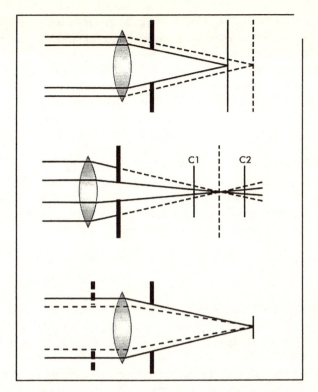

Efecto de diafragmar el objetivo. *Arriba*: En los objetivos sencillos el diafragma puede hacer que cambie el plano de enfoque nítido, cortando los rayos marginales no corregidos. *Centro*: Con aberturas muy pequeñas, el ángulo del cono de rayos se reduce, aumentando la profundidad de campo disponible. *Abajo*: El diámetro efectivo de la abertura depende de su posición. Delante del objetivo es idéntico a su diámetro verdadero; detrás, su diámetro efectivo es mayor.

Figura 47. Efecto de diafragmar el objetivo.

5.2.9. Número «f» o abertura relativa

El diámetro efectivo del diafragma decide la cantidad de luz que puede pasar a través del objetivo para formar la imagen. No obstante, la misma cantidad de luz se puede extender sobre una imagen reducida (por ejemplo si utilizamos un objetivo gran angular, de corta distancia focal) o sobre una imagen de gran tamaño (si empleamos un teleobjetivo, de distancia focal larga).

Por ello, lo importante para decidir la intensidad de la imagen no es simplemente el tamaño de la *abertura efectiva* del diafragma sino su tamaño en relación con la *distancia focal* del objetivo. Por esta razón, el tamaño de la abertura se da siempre como una fracción de la distancia focal, o sea, f/D, donde «f» es la distancia focal y «D» el diámetro efectivo de abertura del diafragma. Esta fracción recibe el nombre de *abertura relativa del objetivo*.

86 MANUAL BÁSICO DE TÉCNICA CINEMATOGRÁFICA

Todos los objetivos con una misma abertura relativa forman, teóricamente, imágenes de un mismo sujeto con la misma luminosidad y ésta es la base de la normalización internacional de los objetivos.

Por ejemplo, un objetivo de distancia focal 50 mm que emplee en un momento dado una abertura efectiva de 3,1 mm, tendrá una abertura relativa aproximada de 16, es decir, 50/3,1. De la misma forma, un objetivo de 80 mm y una abertura efectiva de 5 mm tendría también una abertura relativa de 16. Los dos objetivos producirían una imagen del mismo sujeto con la misma luminosidad.

La comodidad de este sistema de indicar el tamaño del diafragma es obvia. Significa que el cámara no tiene ninguna necesidad de conocer el diámetro verdadero al ajustar su exposición independientemente del tipo de cámara, objetivo o formato que emplee puesto que el mismo número de abertura relativa (o número «f») le proporcionará la misma exposición.

$$\text{Número «f» o abertura relativa} = \frac{\text{Distancia focal}}{\text{Abertura efectiva}}$$

El número que indica la abertura relativa dada por un diafragma particular se llama *número «f»* y su valor se expresa por la letra «f» seguida del número, por ejemplo f: 5,6, que indica que el diámetro efectivo del diafragma es 1/5,6 veces menor que la distancia focal del objetivo. Todos los objetivos con el mismo número «f» requieren la misma exposición independientemente de la distancia focal del objetivo o diámetro de abertura efectiva del diafragma. Conforme la abertura aumenta, el número «f» se hace más pequeño. Estos números se encuentran grabados en una escala a lo largo del mando del diafragma.

5.2.10. Escalas de abertura

Cuanto mayor es el número «f» menor será el haz luminoso que penetrará en el objetivo y menos luminosa la imagen que se formará. Se precisa disponer de una serie útil de números «f» de trabajo con los que indicar el control de la abertura; además conviene que el cambio de un diafragma a otro suponga un paso progresivo de la luz en términos de dejar pasar el doble de luz al abrir un punto de diafragma o limitar la luz a la mitad cuando cerremos un punto. La solución está en la siguiente escala admitida y establecida internacionalmente:

f: 1 / 1,4 / 2 / 2,8 / 4 / 5,6 / 8 / 11 / 16 / 22 / 32 / 45 / 64, etc.

En realidad, se parte del número «f:1» y se incrementa progresivamente multiplicando por la raíz cuadrada de 2 ($\sqrt{2} = 1,4$) redondeando hacia números enteros.

5.2.11. Diafragmas «T»

Cuando la luz atraviesa un sistema óptico se produce una pérdida de luz por dos causas distintas:

1. No existen materiales que sean totalmente transparentes y siempre se produce una cierta absorción del haz luminoso que guarda relación con esta falta de absoluta transparencia así como con el grosor del material que debe atravesar.
2. Cuando la luz pasa entre dos medios de diferente índice de refracción la luz no sólo es refractada sino que también es reflejada (enviada hacia el exterior). Esta luz se pierde para los efectos de impresión de la película fotográfica. Además, la luz así difundida perjudica la calidad óptica al reducir el contraste de la imagen.

Para evitar la reflexión de la imagen se tratan los objetivos con capas de fluoruro de magnesio aunque nunca reducen la pérdida por completo. Los fabricantes de objetivos calibran los diafragmas en términos de transmisión real, medida o calculada. Los números «f» que se obtienen de este modo (cuya abertura efectiva en la práctica ha de ser forzosamente algo superior a la teórica) se llaman *diafragmas T* (transmisión)

En la práctica, las diferencias de valores en la profundidad de campo derivados del diafragma «T» y de los números «f» son despreciables.

5.2.12. Profundidad de campo

Cuando se enfoca el objetivo de la cámara para que dé una imagen nítida de un objeto determinado, los otros objetos situados a mayor o menor distancia no salen igualmente nítidos. La pérdida de nitidez es gradual y existe una zona delante y detrás de la distancia a que se ha enfocado en la que el emborronamiento es demasiado pequeño para que el ojo lo aprecie y que puede considerarse nítida. Esta zona nítida se corresponde con la *profundidad de campo* del objetivo.

La extensión de la profundidad de campo depende, entre otras cosas, del grado de borrosidad que se esté dispuesto a considerar como nítido, o sea, que depende del tamaño del *círculo de confusión*. Cuanto más exigentes seamos en la nitidez, menor será el círculo de confusión permisible, y más reducida será la profundidad de campo.

Para entender mejor el concepto podemos representar la trayectoria del haz de luz que constituye la imagen de un punto como una serie de conos. Los rayos de luz procedentes de un punto de la imagen captada por el objetivo forman un cono con base en el objetivo y vértice en el punto. Las lentes del objetivo modifican la trayectoria de la luz y hacen converger los rayos hacia un mismo punto donde se sitúa la película, pero más allá de este punto los rayos vuelven a divergir. Los rayos convergentes forman, por tanto, un cono con la base situada en la lente posterior del objetivo y con vértice en la imagen que es, a su vez, el vértice del cono que forman los rayos divergentes detrás de la película.

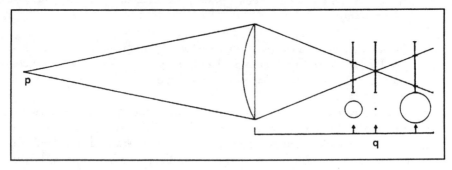

Figura 48. Círculos de confusión.

El mecanismo de enfoque de un objetivo se encarga, mediante el desplazamiento de las lentes, de situar el plano de la película exactamente en el plano en que se forma la imagen del objeto que se quiere registrar con máxima nitidez. En realidad, puede considerarse el mecanismo de enfoque como un plano con el que cortamos los conos que forma la imagen. Cuando el plano de enfoque no coincide con el vértice del cono, el punto no aparece como tal, sino como un círculo de confusión que se corresponde exactamente con la sección del cono en el plano en que se sitúa la película. A mayor distancia entre el plano de enfoque y el vértice del cono, mayor diámetro tendrá el círculo de confusión.

El ojo humano tiene un *poder de resolución* limitado. El ojo es incapaz de distinguir un punto de un círculo cuando este último es suficientemente pequeño. El ojo humano percibe como puntos cualquier círculo de un diámetro inferior a 0,25 mm.

La profundidad de campo depende también de la abertura y distancia focal del objetivo, y de la distancia del objetivo al sujeto (distancia de enfoque).

Relación de la profundidad de campo con la abertura del diafragma

La posición del plano de enfoque respecto al vértice del cono (donde se forma la imagen nítida del punto tras el enfoque) influye de forma determinante en el diámetro del círculo de confusión aunque ha de añadirse que también depende de la amplitud del ángulo que forma el cono. Este diámetro del haz, como puede apreciarse en la siguiente figura, está determinado por la *abertura del diafragma*. A un diafragma más cerrado le corresponde un cono mucho más estrecho que a un diafragma abierto o, lo que es lo mismo, un cono estrecho produce, a la misma distancia, un círculo de confusión mucho menor que un cono amplio. Por ello, objetos que a una determinada distancia y abertura pudieran estar desenfocados pueden quedar perfectamente enfocados cuando se cierra el diafragma por el efecto de reducción del círculo de confusión consecuente.

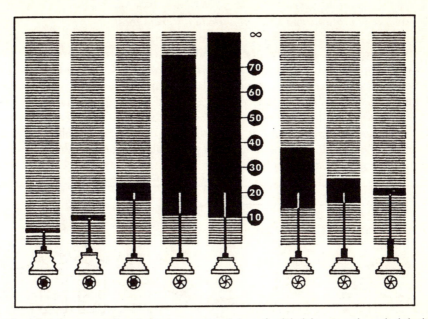

Profundidad de campo en la práctica. La extensión de la profundidad de campo depende de la distancia a que se enfoque y de la abertura y distancia focal del objetivo. *Tres primeras columnas*: la profundidad de campo obtenida aumenta a medida que el sujeto se aleja de la cámara. *Cuarta y quinta columna*: Con el objetivo enfocado a una distancia determinada, la profundidad de campo crece a medida que se diafragma el objetivo. *Tres últimas columnas*: A una distancia y abertura determinada, el uso de objetivos de distancia focal creciente reduce de nuevo la extensión de la zona nítida disponible.

Figura 49. Profundidad de campo en la práctica.

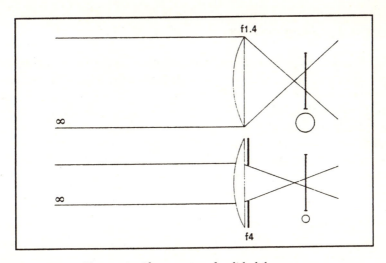

Figura 50. Abertura y profundidad de campo.

Relación de la profundidad de campo con la distancia focal

A mayor distancia focal menor profundidad de campo y viceversa. La razón hay que buscarla en la siguiente relación $1/p + 1/q = 1/f$. Con esta fórmula podemos conocer la variación de «q» que es la distancia a la que se forma la imagen de un punto situado a una distancia «p» de una lente de distancia focal igual a «f». Apreciaremos que cuanto menor es la distancia focal más próximos entre sí estarán los planos de enfoque nítidos de las distintas distancias. Por ello podemos afirmar que el círculo de confusión de un punto desenfocado será tanto menor cuanto menor sea la distancia focal.

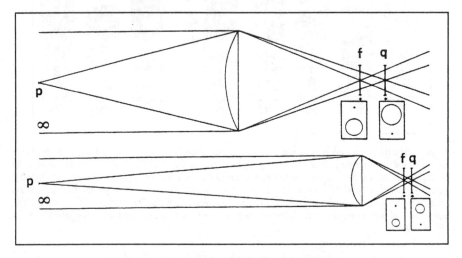

Figura 51. Distancia focal y profundidad de campo.

Relación de la profundidad de campo y la distancia de enfoque

Para una determinada abertura, la profundidad de campo de un objetivo es menor a distancias cortas y mayor a grandes distancias. No existe una relación lineal entre la distancia del objeto al objetivo y los planos de enfoque. De hecho, los planos de enfoque nítido están muy agrupados para distancias superiores a 100 veces la distancia focal, pero se separan en forma geométricamente progresiva a medida que la distancia de enfoque disminuye. La conclusión es que cuando trabajemos a distancias cortas deberemos ser mucho más cuidadosos con el enfoque que si trabajamos a mayores distancias para obtener imágenes nítidas.

5.2.13. Distancia hiperfocal

Para el cámara, un concepto de gran utilidad es el conocimiento de la *distancia hiperfocal* que se explica si se tiene en cuenta que, para cualquier distancia fo-

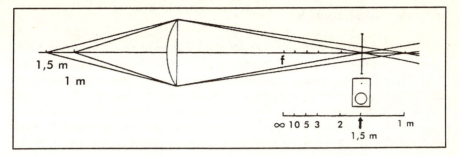

Figura 52. Distancia de enfoque y profundidad de campo.

cal y abertura del objetivo, existe un punto a partir del cual la profundidad de campo es infinita. Este punto marca la distancia hiperfocal y se corresponde siempre con el límite más cercano a la cámara de la profundidad de campo, cuando el objetivo se encuentra enfocado al infinito. Si el objetivo se enfoca a esta distancia (hiperfocal) y no al infinito, lo que puede realizarse mediante la escala graduada en metros del anillo de enfoque, la profundidad de campo se extiende desde el infinito hasta la mitad de la distancia que media entre el punto de la distancia hiperfocal y el objetivo de nuestra cámara. Enfocando a esta distancia se obtiene, pues, una profundidad de campo más extensa que facilita al cámara la toma de imágenes sin prestar atención al enfoque siempre que se ponga cuidado en no acercar excesivamente la cámara al objeto enfocado.

La distancia hiperfocal depende de los mismos factores que la profundidad de campo: grado de nitidez (círculo de confusión), abertura del diafragma y distancia focal del objetivo.

$$H = 100\ F/f$$

donde: H = distancia hiperfocal.
　　　　F = distancia focal del objetivo.
　　　　f = número de abertura, para un círculo de confusión igual a 1/1000 de la distancia focal.

5.3. Aberraciones de las lentes

En la práctica, las lentes nunca son perfectas lo que viene originado por la existencia de defectos o aberraciones inherentes a su propio proceso constructivo. Los diseñadores de objetivos controlan la mayoría de la aberraciones mediante el empleo combinado de diferentes lentes sencillas de forma que las aberraciones de cada una de ellas tienden a compensarse por las aberraciones compuestas de las otras.

Las aberraciones que afectan a la imagen de un punto sobre el eje de la lente se conocen con el nombre de *aberraciones axiales*. Las principales aberraciones axiales son la cromática y la esférica.

5.3.1. Aberración cromática

Es debida a la dispersión de la luz por el material de la lente. Un prisma desvía la luz azul más que la roja. Los objetivos sencillos hacen lo mismo con el resultado de que el componente azul de la luz se enfoca más próximo al objetivo que la luz roja. Este defecto recibe el nombre de *aberración cromática* de la lente. El ojo humano tiene su máxima sensibilidad para la luz hacia el centro del espectro visible pero ciertas emulsiones fotográficas son más sensibles al extremo azul. Por ello, puede suceder que una lente con aberración cromática forme una imagen nítida para el operador de cámara que se traduzca en un negativo borroso y desenfocado. Este efecto produce orlas de color en los contornos de la imagen de un objeto.

Este defecto puede ser corregido parcialmente mediante una combinación de lentes de diferente cristal. El defecto impide la corrección completa para todos los colores, viniendo esta situación agravada por el hecho de que la compensación de otras aberraciones, particularmente la esférica, varía con el color de la luz.

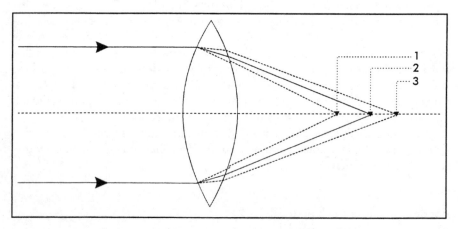

Aberración cromática. Una lente simple refracta los rayos azules (1) con más fuerza que los rayos verdes (2) o los rayos rojos (3). Estos últimos, por tanto, forman un foco más alejado de la lente, y la imagen presenta los bordes de color rojo azulado.

Figura 53. Aberración cromática.

5.3.2. Aberración esférica

Los rayos de luz paralelos y próximos al eje óptico de una lente convergente son desviados hacia el foco. Los rayos de luz, aun paralelos al eje óptico pero más alejados del eje, no pasan por el foco sino que cortan el eje óptico en un punto ligeramente más próximo a la lente que el verdadero foco. Este punto de intersección se va acercando a la lente a medida que el radio de la zona de rayos aumenta, llegándose a una posición límite con los rayos marginales, o sea, aquellos rayos que atraviesan el borde de la lente. A la distancia entre el verdadero foco y esta posición límite se le denomina *aberración esférica axial*.

LA LUZ Y LOS OBJETIVOS

La corrección de la aberración esférica es fundamental en los objetivos y puede ser eliminada modificando las superficies de las lentes de manera que ya no sean esféricas pero en la práctica se presentan problemas técnicos considerables que se suman al hecho de que la modificación puede ser calculada sólo para una determinada distancia del objeto con lo que no se garantiza la superación de la aberración para otras distancias.

La solución general que se adopta en los objetivos está en corregir la aberración esférica de la lente positiva combinándola con una lente negativa (divergente) cuya aberración esférica tenga el mismo valor pero en sentido opuesto. Una corrección de este tipo sirve también para corregir otros defectos como la aberración cromática.

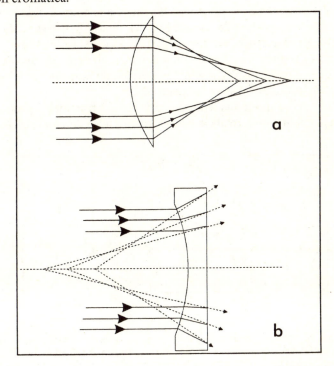

Aberración esférica. (a) En una lente convergente simple, los rayos más alejados del eje convergen con más fuerza y hacia un foco más próximo a la lente que los rayos más cercanos al eje de la lente. (b) En una lente divergente simple, los rayos marginales parecen proceder de puntos más próximos a la lente.

Figura 54. Aberración esférica.

5.3.3. Coma

Esta aberración está restringida a las imágenes de los puntos situados fuera del eje. En cierta medida puede considerarse como la aberración esférica de un haz de rayos oblicuos.

Un objeto puntiforme (un punto) situado en el eje óptico de una lente convergente y a una distancia de la lente superior a la distancia focal produce, si no hay aberración esférica, una imagen puntiforme situada también en el eje óptico. Si el objeto no está en el eje óptico no se produce una imagen puntiforme.

Los rayos de luz que atraviesan una zona muy pequeña del centro óptico de la lente producen una imagen puntiforme en el plano de la imagen. Pero cuando los rayos de luz están confinados a un pequeño anillo de la lente rodeando la zona central, la imagen producida sigue estando en el mismo plano de la imagen pero más cerca del eje óptico y ya no se trata de un punto sino de un círculo de muy reducido radio. Conforme aumenta el radio de anillo de la lente, la imagen se va acercando al eje óptico y el círculo de luz constituyente de la imagen se hace mayor. La imagen producida por todos los rayos que atraviesan la lente está limitada por la envoltura de todas las imágenes circulares, y aparece como una envoltura de luz similar a un cometa con la máxima intensidad de luz en el punto.

La forma de reducir este efecto consiste en la utilización de una abertura de diafragma que restrinja los rayos a la zona central aunque puede influir negativamente sobre la luminosidad de la imagen.

El tamaño del coma en una lente sin corregir es directamente proporcional a la distancia del punto-imagen al eje y proporcional al cuadrado de la abertura del objetivo.

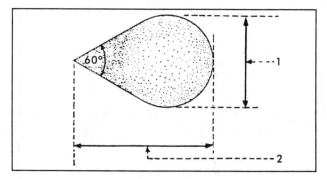

Coma. Una lente no corregida tiende a reproducir los puntos de imagen situados fuera del eje como contornos asimétricos que se prolongan hacia un lado. Un contorneo de coma de primer orden aún conserva una forma regular, que en la práctica tiene una dimensión longitudinal, 2, tres veces la anchura, 1. Los lunares de coma de mayor grado son más complicados y pueden tener varias prolongaciones.

Figura 55. Coma.

5.3.4. Astigmatismo

Aun utilizando una abertura que contribuya a reducir el coma y la aberración esférica, un objeto puntiforme situado a una distancia apreciable del eje óptico no da lugar a una imagen puntiforme.

Si el objeto que pretendemos reproducir es una rueda de radios con el centro en el eje óptico, la periferia y los radios no pueden ser enfocados en el mismo plano, y los bordes externos de los radios no se enfocan en el mismo plano que el centro de la rueda.

Los errores astigmáticos se hacen particularmente presentes cuando una lente se emplea para un campo visual mayor que aquel para el que ha sido calculada.

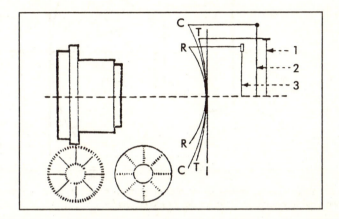

Astigmatismo. Cuando una lente presenta astigmatismo, las líneas transversales, 1, son enfocadas en una superficie T, los discos circulares, 2, en una superficie C, y las líneas radiales, 3, en una superficie R, en vez de hacerlo correctamente en el plano de imagen I. Un objeto que contenga líneas transversales y radiales no puede reproducir ambas simultáneamente enfocadas.

Figura 56. Astigmatismo.

5.3.5. Curvatura de campo

En ocasiones, en vez de formarse una imagen nítida sobre un plano sucede que la imagen nítida se forma sobre una superficie curva. Este defecto afecta particularmente a los objetivos empleados en los medios fotográficos y audiovisuales porque la película es siempre plana. Este efecto es denominado *curvatura de campo*. Está estrechamente relacionado con el astigmatismo y puede reducirse ajustando éste. En algunos objetivos sencillos se introduce el astigmatismo de forma deliberada como una solución intermedia para aplanar curvaturas que, de otra forma, serían inaceptables. Los objetivos que permiten eliminar la curvatura de campo y el astigmatismo en un punto reciben el nombre de *anastigmáticos*.

La curvatura de campo aumenta rápidamente con la distancia al eje del objetivo y no puede reducirse utilizando una abertura del diafragma menor.

5.3.6. Distorsión

La distorsión no afecta a la nitidez de la imagen y solamente altera su forma. Tiene lugar debido a que la parte de la imagen situada fuera del eje no se reproduce en la misma escala que la porción de imagen situada sobre éste. Si se foto-

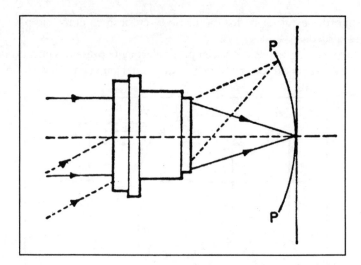

Curvatura de campo. Cuando una lente presenta curvatura de campo, todos los puntos de la imagen yacen en una superficie curvada, P, en vez de hacerlo en un plano.

Figura 57. Curvatura de campo.

grafía un objeto formado por un conjunto de líneas rectas, las líneas aparecerán rectas hacia el centro del campo pero se curvarán para adentro o para afuera hacia los bordes. Según la forma de estas distorsiones se conocen con el nombre de *distorsión de barrilete* (cuando el diafragma se sitúa detrás de la lente) o *distorsión de acerico* o *reloj de arena* (cuando el diafragma se sitúa ante la lente).

La distorsión no se ve afectada por la variación de la abertura del diafragma de la lente.

5.3.7. Velo óptico

Además de las aberraciones, las lentes sufren a veces de *velo óptico* producido por los múltiples reflejos de luz en las superficies de los elementos ópticos que componen un objetivo.

En cada superficie cristal-aire se refleja aproximadamente el 5 por ciento de la luz transmitiéndose el 95 por ciento restante. A su vez, en el interior de las lentes que componen los objetivos, se producen reflejos internos de la luz que pueden llegar al área de la imagen y reducir el contraste de la imagen original. En ocasiones, una luz intensa (o el sol) puede llegar a provocar una mancha luminosa en la imagen incluso aunque se halle fuera del campo visual de la cámara. Esta forma de velo óptico no es nada deseable y se aminora en gran parte gracias al tratamiento antirreflexivo de los objetivos que reduce este efecto, hasta prácticamente minimizarlo.

Otro origen de este velo son los reflejos dispersos que proceden de las mon-

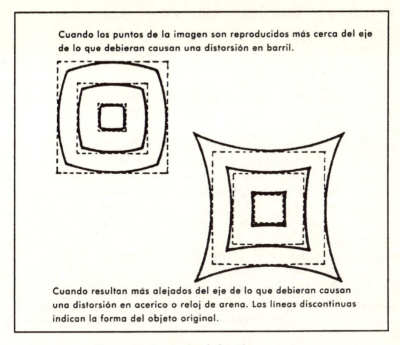

Figura 58. Distorsión de barrilete y acerico.

turas metálicas de los objetivos. Estos reflejos se reducen al mínimo ennegreciendo el interior de las monturas.

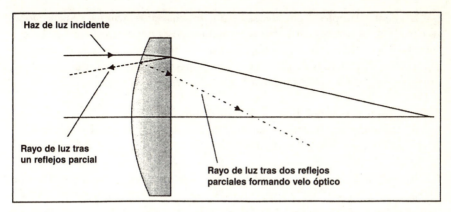

Velo óptico. Parte de la luz que llega a cualquier superficie cristal-aire de un objetivo se refleja retrocediendo sobre su misma trayectoria. Los reflejos sucesivos pueden dirigir algo de luz dispersa a la película, en puntos adonde no debe ir, e incluso puede llegar a formar imágenes fantasma.

Figura 59. Velo óptico.

5.3.8. Efecto de la abertura en las aberraciones y distorsiones

La posición de la abertura tiene importancia dado que es uno de los métodos empleados para controlar las aberraciones. La posición más adecuada de la abertura depende del tipo de objetivo.

El tipo más común de objetivo anastigmático sitúa la abertura del diafragma entre los componentes del mismo. Las lentes simples suelen tener el diafragma situado detrás.

La aberración esférica es la única aberración axial que se ve afectada apreciablemente por un cambio de abertura, pero esta aberración no afecta tanto a la definición de los puntos alejados del eje como el resto de aberraciones existentes. Por ello, no limita de forma importante la abertura máxima del objetivo. Cuando el campo visual del objetivo es amplio tienen mayor importancia el coma y el astigmatismo y éstos (particularmente el astigmatismo) aumentan cuando se incrementa la abertura. En la práctica, la máxima abertura útil de un objetivo viene limitada especialmente por el astigmatismo y el coma.

En la actualidad se han efectuado grandes progresos en el tratamiento y diseño de las lentes y es frecuente emplear objetivos con aberturas máximas de f:1,4.

En general, los principales problemas se presentan en los objetivos de distancias focales cortas que, en general, obligan a trabajar con aberturas más reducidas.

En realidad, las aberraciones dependen de:

a) El tipo de lente.
b) El conocimiento científico-técnico de su diseñador.
c) La precisión y la minuciosidad empleada en el proceso de fabricación de la lente.

Las lentes simples están afectadas por muchas aberraciones y distorsiones que pueden mejorarse en los objetivos compuestos y que alcanzan una de las máximas cotas de dificultad en los objetivos de *distancia focal variable* o *zoom*. Las principales dificultades de diseño de estos objetivos residen en que se trata de complejos sistemas ópticos mecánica y ópticamente creados para:

a) Proporcionar una elevada serie de distancias focales.
b) Presentar una buena corrección frente a aberraciones y distorsiones.
c) Mantener un foco preciso mientras se cambia la distancia focal del objetivo.

Reunir estos tres requisitos es difícil y podría generalizarse afirmando que, aunque este tipo de objetivos son los más implantados en casi todas las técnicas audiovisuales, suelen presentar mayor cantidad de aberraciones que los objetivos de distancia focal fija.

Finalizamos este apartado dedicado a las aberraciones y distorsiones con una reflexión. Es importante que el profesional conozca las dificultades técnicas inherentes al diseño del primer eslabón de la cadena de la calidad de la imagen: el objetivo. Por otro lado, la calidad que ofrecen la mayor parte de objetivos empleados profesionalmente en la toma de imágenes es, en general, lo suficientemente aceptable como para no convertir en obsesión la preocupación por el conocimiento de las aberraciones y distorsiones que puede introducir un determinado objetivo.

5.4. Tipos de objetivos

Los objetivos se caracterizan, entre otras diferencias, por el ángulo visual que abarcan, es decir, por el ángulo existente entre los dos puntos más separados del encuadre: su diagonal. En la práctica, interesa tan sólo el ángulo abarcado en el sentido horizontal. Pueden ser de focal fija o variable.

5.4.1. Objetivo normal

Entre los objetivos de focal fija se encuentra el objetivo *normal* que, en los medios de imagen móvil se corresponde con la distancia focal que, para un formato dado, proporciona un ángulo de captación horizontal de unos 20 a 25 grados.

5.4.2. Objetivo angular

El objetivo *angular* tiene, para un mismo formato, una distancia focal más corta que el objetivo normal y abarca un ángulo mayor de imagen. Por ello permite trabajar en espacios reducidos donde no podría hacerse con un objetivo normal. Su inconveniente es que origina distorsión en primeros planos de personas (efecto de agrandamiento en las protuberancias cercanas al objetivo), además de crear ciertas distorsiones geométricas, particularmente exageradas en los extremos del encuadre. El objetivo angular aumenta la perspectiva produciendo la sensación de que los objetos están más distantes de lo que lo están realmente. La distorsión se acentúa conforme se acorta la distancia focal. Proporciona una gran profundidad de campo.

5.4.3. Teleobjetivo

El *teleobjetivo* u objetivo de ángulo estrecho, se caracteriza por su larga distancia focal. Produce un efecto de magnificación del tema que facilita la toma de imágenes cuando el cámara no puede acercarse al motivo. También posibilita la toma de primeros planos sin necesidad de un acercamiento excesivo al sujeto. Las imágenes captadas por este objetivo producen la sensación de compresión de la profundidad o aplanamiento de la perspectiva. Su larga distancia focal les confiere una escasa profundidad de campo y su estrecho ángulo de captación obliga

100 MANUAL BÁSICO DE TÉCNICA CINEMATOGRÁFICA

a sujetar firmemente la cámara o, mejor aún, a afianzarla sobre un trípode o soporte estable pues cualquier movimiento brusco origina tremendas sacudidas de imagen.

5.4.4. Objetivo de distancia focal variable o zoom

El *zoom* es un objetivo de focal variable cuya particularidad es que permite cambiar la focal sin que por ello se modifique, en absoluto, la posición del plano de imagen, que queda permanentemente enfocado. Están compuestos por grupos de lentes (generalmente dos grupos ópticos principales), que varían su distancia entre sí. Su ventaja radica en la disposición, muy práctica para el usuario, de un elevado número de objetivos (angular, normal y tele), en uno solo, pues al modificar la posición del anillo del zoom se modifica también el campo visual y, por consiguiente, el tamaño de la imagen del objeto encuadrado. De esta forma se producen efectos de acercamiento y alejamiento (travelling óptico). Los objetivos zoom se identifican según las longitudes focales que pueden cubrir. Así, un zoom con un rango de longitudes focales de 10 mm a 120 mm tiene una potencia de 12. Algunas potencias típicas de los objetivos zoom son: 6:1, 10:1, 14:1 y 18:1. En las cámaras de cine el cambio de focal se efectúa con la ayuda de un motor que desplaza las lentes. El zoom es de coste más elevado, mayor volumen y peso que un objetivo de focal fija. Introduce, además, algunas distorsiones de imagen junto con una cierta pérdida de luminosidad respecto a los objetivos de focal fija. Como sus ventajas superan ampliamente a sus inconvenientes, estos objetivos han desplazado, en la práctica, a los objetivos de focal fija.

5.4.5. Accesorios ópticos

A todo objetivo puede incorporárse le una serie de complementos y accesorios que modifiquen total o parcialmente sus características. Un accesorio óptico muy extendido son las *lentes suplementarias* que, superpuestas al objetivo, cambian su distancia focal.

Las lentes suplementarias positivas o *lentes de aproximación* acortan la distancia focal del objetivo, lo que obliga a acercar la cámara al objeto para obtener una imagen nítida del mismo. Permiten hacer tomas magnificadas del tema y se diferencian por su número de dioptrías. Las lentes de aproximación popularizan las tomas de *acercamiento* sustituyendo, por poco precio, a los objetivos macro caracterizados por poseer una extendida helicoidal de enfoque que posibilita el alejamiento de las lentes respecto del plano de enfoque, lo que es imprescindible si han de enfocarse objetos muy cercanos. Hoy día, no obstante, la mayoría de los objetivos zoom disponibles van provistos de sistemas de lentes que hacen posible las tomas de acercamiento (macro).

Sin ser propiamente un complemento óptico, el *parasol* es una armadura adaptada al objetivo que impide que los rayos de luz ajenos al área del encuadre

Correspondencia aproximada de focales de objetivos para el cine, el vídeo y el formato fotográfico 135*

Formato de película o tarjeta de vídeo	Camascopios 1/3"	16 mm Vídeo 2/3"	Super 16 mm	35 mm Vídeo 1"	Foto 135 (24 ×36 mm)
Relación de aspecto	1/1,36	1/1,37	1/1,66	1/1,33	1/1,50
Focales	–	7	8	17	24
	–	8	9	19,5	28
	–	10	11,3	20	34
	–	10,5	11,6	25	35
	7	14,5	17,5	35	50
	9	18	20	45	64
	9,5	20	23	50	70
	10,2	21,5	25	53	75
	10,8	23	26,5	55	80
	12	26	30	65	90
	13,5	28	32	70	100
	16	32	36,5	75	110
	16,5	35	40	85	120
	19	40	47	100	140
	20	43	50	105	150
	27	60	65	140	200
	40	90	100	210	300
	68	144	165	350	500
	80	170	200	420	600
	100	200	230	500	700

* Algunas distancias focales han sido redondeadas. En vídeo algunos formatos de impresión no están estandarizados. Pueden aparecer diferencias entre las distancias focales reales de un objetivo y las cifras que figuran sobre la montura, especialmente en algunos objetivos zoom.

incidan en él. Estos rayos producirían reflexiones internas que alterarían la nitidez de la imagen y que afectarían a su contraste. El parasol más común es una pieza de plástico o metal negro opaco, en forma de tubo, que se enrosca sobre el objetivo de la cámara.

5.5. La perspectiva

La perspectiva es el arte de representar un objeto de tres dimensiones (anchura, altura y profundidad) sobre una superficie de dos dimensiones (ancho y alto, una fotografía, una pantalla de cine o de televisión), de forma que nuestro cerebro interprete la escena como si realmente estuviera viendo el original. Recibe también esta denominación la técnica que se emplea para conseguirlo, por ello se habla de un dibujo «en perspectiva».

Existen diferentes formas de perspectiva pero al cámara le interesan únicamente dos de estos sistemas.

5.5.1. Perspectiva geométrica directa

Partamos de un mínimo orificio o punto de mira M, efectuado en una plancha opaca, y un objeto real, tal como un cubo. Intercalemos entre el cubo y el orificio una superficie plana de plástico transparente. Mirando a través del punto de mira y dibujando lo que viésemos sobre la lámina de plástico obtendríamos una representación en perspectiva.

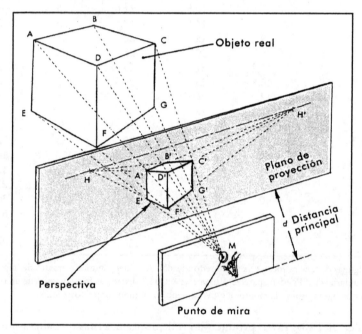

Figura 60. Representación en perspectiva geométrica directa.

En realidad, observando el proceso, apreciaríamos que cada punto del dibujo es la intersección con la superficie de plástico de la recta que une el punto correspondiente del objeto real con el punto de mira. Así, el punto A del objeto determina con el punto de mira la recta AM. Esta recta corta a la superficie en el punto A', que será un punto del dibujo. De la misma forma se obtienen los demás puntos, el B', el C', el D', etc., los cuales, unidos, nos darán la perspectiva final.

Puede afirmarse que el dibujo en perspectiva cumple con las siguientes condiciones:

1. Todas las rectas paralelas entre sí y paralelas al plano de proyección, como las AE, DF y CG, aparecerán también paralelas en la figura.

2. Todas las rectas que aunque son paralelas entre sí en la realidad, no lo sean al plano de proyección, como en el caso de las rectas *AD, EF, BC, DC* y *FG*, se reproducirán en la perspectiva por un haz de rectas que convergerán todas ellas en un mismo punto, llamado *punto de fuga*. En el ejemplo, las rectas *A'B', D'C'* y *F'G'* convergen en un punto de fuga, el *H'*.
3. Los puntos de fuga pueden unirse mediante una recta llamada línea del horizonte (la recta *HH'*).
4. Todas las perspectivas obtenidas sobre planos paralelos, pero que conserven el mismo punto de mira, son geométricamente semejantes. Conforme la distancia entre el plano y el punto de mira va aumentando, aumenta de tamaño la figura pero conservando a la vez una idéntica relación entre sus partes. Se trata, en realidad, de una ampliación proporcional.
5. Las variaciones hacia arriba o hacia abajo, a izquierda o a derecha del punto de mira que conserven siempre el mismo plano de proyección, originan diversas alteraciones en la apariencia del sujeto que, según los casos, resultará alargado o aplastado.

5.5.2. Perspectiva fotográfica

Imaginemos que situamos el plano de proyección de la figura anterior por detrás del punto de mira. En este caso la perspectiva aparecerá invertida en el sentido vertical y horizontal. Este tipo de perspectiva es el que se aplica en la fotografía y en los medios audiovisuales en la captación de la imagen. El punto de mira se sitúa en el centro del objetivo y la película funciona como *plano de proyección*. La distancia existente entre el punto de mira y la película coincide con la distancia focal del objetivo.

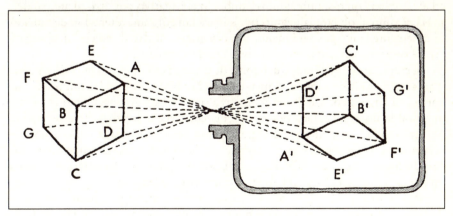

Figura 61. Perspectiva fotográfica.

Todo lo dicho respecto a la perspectiva geométrica es aplicable a la perspectiva fotográfica excepto la posición de la imagen proyectada.

5.5.3. La perspectiva y los objetivos

Imaginemos que tenemos que efectuar la toma de un sujeto *AB* con tres objetivos distintos, un objetivo normal, un gran angular y un teleobjetivo. Colocamos en nuestra cámara un objetivo normal y nos situamos en la posición *P*, desde la que el motivo llena completamente nuestro negativo. El ángulo abarcado por el objetivo será de unos 25 grados.

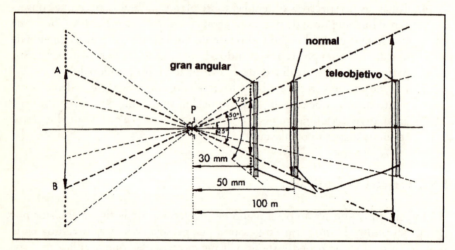

Figura 62. La perspectiva y los distintos objetivos.

Pasemos ahora a emplear un gran angular con una distancia focal que sea justamente la mitad del empleado en la toma anterior y sin movernos del punto *P*. El efecto será como si hubiéramos cambiado el negativo por otro plano paralelo más próximo al objeto; la perspectiva sufrirá tan sólo una alteración de tamaño. Simplemente la imagen será menor y cabrá gran cantidad de escena en el negativo. El ángulo abarcado por el objetivo será de 50 grados.

Si empleamos un objetivo del doble de distancia focal que el normal y sin variar la posición de la cámara, la imagen se agranda y se sale de los límites del negativo. El ángulo abarcado por el objetivo será de 12,5 grados. Como en el caso anterior, la imagen captada por la película conserva una perspectiva semejante.

En realidad, para una correcta percepción de la perspectiva, deberíamos observar estas imágenes a distintas distancias, las tomadas con un objetivo de menor distancia focal a una distancia más próxima que se incrementaría conforme aumenta la distancia focal del objetivo empleado en la toma.

Pero lo más probable es que las tres tomas se contemplen desde una misma distancia de observación. En este punto merece la pena tener en cuenta lo siguiente:

1. Cuando miramos un objeto desde un punto de mira muy próximo (a escasa distancia), los elementos del primer término aparecen muy grandes,

pero las partes restantes disminuyen de tamaño rápidamente conforme se encuentran más apartadas del ojo. En cambio, la perspectiva lejana es mucho más suave, las distancias entre los elementos no se traducen en diferencias de tamaño tan importantes como en la perspectiva cercana.

2. En general, las personas somos más proclives a que nos guste la perspectiva lejana mientras que la cercana nos parece más deformada y violenta, aunque desde un punto de vista geométrico ambas son correctas.

3. Normalmente, tanto en la fotografía como en los medios audiovisuales, observamos las imágenes desde una misma distancia independientemente del objetivo con que hayan sido captadas.

Si tenemos que fotografiar un mismo sujeto con los tres objetivos empleados anteriormente de forma que el sujeto llene siempre la superficie total del negativo tendremos que acercarnos con el gran angular y alejarnos con el teleobjetivo. La imagen obtenida con el gran angular, aun ocupando el mismo espacio de negativo que con el normal, tendrá las características propias de la perspectiva cercana: aumento enorme de los primeros planos y un rápido alejamiento y disminución del tamaño de los fondos. Esta elección tendrá consecuencias expresivas que permitirá obtener impactantes imágenes de motivos con proporciones descomunales del primer plano comparado con el cuerpo.

Si empleamos el teleobjetivo combinamos la ampliación de la imagen con el aspecto agradable de la perspectiva lejana que ya hemos dicho es más suave y armoniosa. Además de emplear estas focales para conseguir captar motivos situados a una cierta distancia nos aprovecharemos de sus cualidades positivas para efectuar retratos en los que la cara del modelo puede llenar toda la pantalla sin que los rasgos presenten las deformaciones inevitables cuando empleamos un gran angular a corta distancia.

Podemos concluir con las siguientes reflexiones:

a) Los objetivos dan siempre una perspectiva correcta desde el punto de vista geométrico independientemente de las consideraciones estéticas.

b) La perspectiva puede parecer en ocasiones poco acorde con las leyes geométricas debido a que el punto de vista del espectador en una proyección cinematográfica o ante la pantalla del televisor es único independientemente de la focal con que haya sido tomada la imagen.

c) Cuando se emplean los diferentes tipos de objetivos a bastante distancia del sujeto el cámara aprovecha la variación de los ángulos de cobertura para incluir más escena (gran angular) o bien para obtener una porción más ampliada de la misma (teleobjetivo).

d) Usando el gran angular desde cerca y el teleobjetivo desde lejos se favorece una perspectiva violenta en el primer caso y muy suave en el segundo, lo que puede ser aprovechado por el cámara para conseguir un campo muy amplio de efectos visuales.

CAPÍTULO 6

LAS EMULSIONES SENSIBLES

El receptor final de todos los trabajos que confluyen en la producción de un filme es la película fotográfica. Conocer su composición, sus características, su proceso de impresión y las diferencias existentes entre unos y otros tipos de emulsiones sensibles es esencial para comprender y dominar los procesos técnicos propios del rodaje y del revelado.

Existe una gran variedad de películas en blanco y negro y en color, negativas e inversibles. En este capítulo vamos a analizar con detenimiento todo este amplio elenco de materiales fotográficos puestos a disposición del cineasta.

6.1. La película

La película fotográfica o cinematográfica está compuesta de dos partes fundamentales: el soporte y la emulsión.

El primer *soporte* que se utilizó fue el vidrio aunque también se emplearon otros para la fotografía siendo el más usual el papel. En los primeros tiempos de la cinematografía se empleaba el *nitrato de celulosa*, también llamado *celuloide*. La celulosa es una sustancia orgánica muy compleja, que se extrae del algodón y de la lana. El nitrato de celulosa se consigue a partir del tratamiento de la celulosa con ácido nítrico. Se obtiene una lámina plástica transparente de buenas características pero que presenta una particularidad peligrosa en extremo, se trata de un material fácilmente inflamable que provoca además, en su combustión, gases tóxicos. Su combustión es inextinguible puesto que no depende del oxígeno de la atmósfera. Estos inconvenientes se multiplican con el transcurso del tiempo. Este soporte se prohibió tras su uso durante muchos años y se pasó a utilizar acetato y posteriormente *triacetato de celulosa*, material que posee una gran estabilidad química y una escasa combustibilidad.

Antes de verter la emulsión, todas las bases se recubren de una capa adherente sin la cual la emulsión no se adheriría. Se trata de una capa compuesta por gelatina y un disolvente del soporte cuyo efecto conjunto es similar a una soldadura. También se extiende por la otra cara un preparado de gelatina mezclada con un colorante negro que, además de evitar el abarquillamiento, tiene un efecto *antihalo* porque evita los reflejos de luz sobre el fondo de la película. Esta última capa se disuelve en el proceso de revelado.

La base de la *emulsión*, la *gelatina*, es un producto de cualidades excepcionales obtenido del cocimiento de pieles y huesos de ganado vacuno en condiciones muy controladas. Sus principales propiedades son las que siguen:

1. Aumenta la sensibilidad a la luz de los haluros de plata (sustancia fotosensible de la película).
2. Es un producto muy permeable, es decir, que puede ser fácilmente atravesado por los distintos productos químicos, lo que posibilita el revelado.
3. Es transparente (con lo que afecta mínimamente a la transferencia de la luz tanto en la impresión como en la proyección).
4. Puede llegar a absorber hasta diez veces su peso en agua, sin disolverse.
5. Las subidas y bajadas de temperatura le afectan reblandeciéndola o endureciéndola pero sin otros efectos secundarios.

Pero a estas cualidades positivas hay que añadir otras características que enumeramos a continuación:

1. Resulta difícil obtener en su proceso de fabricación (cocimiento de huesos y pieles) dos gelatinas que tengan exactamente las mismas propiedades con lo que pueden alterarse otras cualidades de la película como, por ejemplo, la sensibilidad. Aunque se procede a la mezcla de distintas gelatinas para aminorar el problema, existen algunas diferencias que hacen que los directores de fotografía procuren adquirir todas sus latas de película procedentes de un mismo lote para la realización de un filme en concreto. De esta forma no tienen que verse obligados a efectuar algunos ajustes de sensibilidad y de color.
2. En su proceso de envejecimiento se alteran ciertas características que afectan a una reducción del contraste, la gama de grises y la sensibilidad, y en un tiempo determinado se produce un deterioro que impide su empleo. Lo ideal para el mantenimiento de la película antes del revelado es mantenerla a temperaturas muy bajas (incluso congelada a 20 o 30 grados bajo cero).
3. La gelatina tiene una gran propensión a contaminarse de bacterias y hongos por lo que desde su fabricación es preciso añadirle sustancias bactericidas combinadas con medidas de esterilización lo cual no impide que con frecuencia los negativos, incluso revelados, resulten destruidos por una infección.

6.2. La emulsión

La gelatina sirve sencillamente de vehículo aglutinante para que en ella se asienten los productos sensibles a la luz que son los verdaderamente responsables de la formación de la imagen de plata, base de la fotografía.

En torno a la mitad de la producción mundial de plata se destina a la industria fotográfica. Para conseguir el nitrato de plata se diluyen barras metálicas en ácido nítrico que se combina posteriormente con un elemento *halógeno* (generalmente yoduro, bromuro o cloruro en forma de sales alcalinas o *haluros:* yoduro potásico, bromuro potásico o cloruro potásico). Una vez eliminadas las primeras materias, se obtiene un compuesto formado por cristales de *haluro de plata* sensibles a la luz.

Una vez que los productos halógenos se combinan con la plata, suspendidos en la gelatina, aparecen como cristales transparentes. Puede decirse que los haluros de plata cristalizan en la gelatina y sus cristales o granos microscópicos se reparten uniformemente por toda la masa del coloide.

Las cualidades fotográficas de la película tienen mucho que ver con el tamaño y distribución de esos granos o cristales. Los cristales más gruesos son más sensibles a la luz que los pequeños y esta cualidad se aprovechará para fabricar materiales más rápidos, más sensibles, es decir que reaccionen con gran facilidad a la luz o, por el contrario, materiales menos sensibles fabricados con cristales de menores dimensiones.

Una vez que la luz, en la exposición, incide en un cristal, se crean uno o más átomos de plata pura. En el proceso de revelado químico de la película el agente revelador continúa el proceso hasta que transforma todos los haluros de plata expuests en plata metálica pura. De esta forma, progresivamente, cristal a cristal, se forma y surge la imagen definitiva.

En el proceso de fabricación de la película se añaden también otros productos como sensibilizadores, antivelo, endurecedores, bactericidas, etc.

Los *sensibilizadores* tienen la función de ampliar la sensibilidad de los haluros de plata a todo el espectro visible ya que por sí mismos sólo serían sensibles a las luces azul, violeta y ultravioleta. Los llamados *sensibilizadores ópticos* permiten la existencia de las películas *ortocromáticas* sensibles al ultravioleta, violeta, azul, verde y parte del amarillo y no sensibles al color rojo. La incorporación de otros sensibilizadores ópticos hace posible la existencia de las películas *pancromáticas* o sensibles a todos los colores del espectro, que son, por otra parte, las más empleadas en la toma fotográfica y cinematográfica.

Las sustancias *antivelo* retrasan el proceso de descomposición espontánea de los granos de haluro de plata sin que les haya dado la luz que se traduciría en un ennegrecimiento general conocido como *velo*.

Los *endurecedores* tienen la misión de asegurar que la gelatina no se ablande en exceso con las temperaturas habituales de tratamiento en los procesos de revelado.

Los *bactericidas* impiden la proliferación de microorganismos vegetales y animales haciendo posible la perduración de los materiales fotográficos.

Podemos partir de la base de que, en principio, sólo existe un tipo de emulsión, la de blanco y negro, puesto que una película de color, aparte de sus peculiaridades específicas que más adelante explicaremos, combina la información de tres emulsiones que registran en blanco y negro el contenido cromático de la escena. Con posterioridad, la manipulación en el laboratorio de esas tres imágenes originales permite la reproducción del color natural. El funcionamiento de todas las emulsiones tiene muchos rasgos en común.

6.3. Proceso de impresión de la película

En el proceso de exposición el objetivo proyecta la imagen de la escena sobre la película de forma tal que las diferentes luminosidades de la imagen guardan entre sí las mismas relaciones que en la escena.

Cada punto de la emulsión recibe un determinado *nivel de exposición*, variable según dos factores: la luminosidad del punto correspondiente de la escena y el *valor de exposición* que se haya seleccionado para efectuar la impresión.

Una vez que los haluros de plata hayan recibido una mayor o menor profundidad de exposición según los factores anteriores, se producirá, durante el proceso de revelado, una transformación de los haluros de plata en plata metálica de forma proporcional al nivel de exposición recibido, con unos límites mínimos (que no provocarían la aparición de plata por subexposición) o máximos (donde todo aparecería totalmente negro por sobreexposición).

Una vez revelada la película apreciaremos que cada nivel de luminosidad de la escena da lugar a su correspondiente *densidad* o ennegrecimiento proporcional de la emulsión revelada. Como resultado dispondremos de una imagen *nega-*

tiva donde las luces de la escena original se reproducen como grandes densidades y las sombras como densidades mínimas.

En la película, una vez revelada, la densidad que cualquier imagen presente podrá variar entre la transparencia total y la máxima densidad (oscuridad) que la emulsión sea capaz de alcanzar. Las densidades guardan una exacta correlación con los niveles de exposición que recibió la emulsión cuando se hizo la fotografía.

Cualquier película mantiene, en relación con la densidad, tres zonas claramente diferenciadas que podríamos denominar de la forma siguiente:

1. Una zona de *subexposición*, por debajo de la cual la película negativa será transparente (en una diapositiva o película inversible mostraría la máxima densidad) y no recogerá ningún detalle de la imagen o éstos aparecerán como densidades muy tenues y empastadas.
2. Una zona de *sobreexposición*, por encima de la cual la película negativa mostrará una densidad muy fuerte (en una diapositiva o película inversible se verá una mínima densidad o transparencia) donde todas las luminosidades de la escena quedarán también registradas con la máxima densidad, indistinguibles y empastadas.
3. Una zona de *exposición correcta*, situada entre los extremos anteriores donde podremos observar una variedad de densidades que serán proporcionales a las diferentes luminosidades de la escena fotografiada. En esta zona dispondremos de una detallada reproducción de los tonos de la imagen y es obvio que, en la medida de la exposición previa a la realización de la toma, el interés principal del fotógrafo será colocar la parte más significativa de la imagen (o toda la imagen si no ofrece contrastes considerables) en esta zona que garantiza una reproducción perfectamente proporcional.

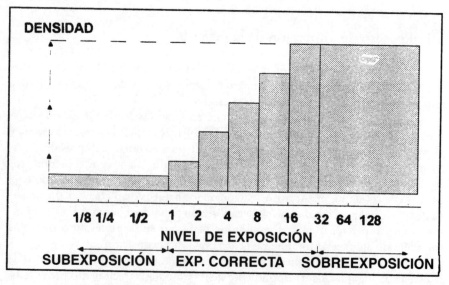

Figura 63. Subexposición, exposición correcta y sobreexposición.

6.4. Sensibilidad o rapidez

La *sensibilidad* o *rapidez* de una película nos indica el nivel de exposición preciso para obtener una densidad de imagen considerada óptima cuando se somete la película a un revelado estándar o normal. Esta densidad óptima se corresponde con los valores a que están calibrados los exposímetros cuando nos indican un nivel de exposición correcto.

La sensibilidad tiene que ver con el tamaño de los cristales de plata extendidos sobre la emulsión en el proceso de fabricación de la película. Unos cristales de mayor tamaño reaccionarán con mayor facilidad (rapidez) a la luz que unos de tamaño mucho menor y por tanto requerirán un nivel de exposición bajo para dar una densidad correcta. En el primer caso se hablará de una película *rápida* o de *alta sensibilidad* y en el segundo de una película *lenta* o de *baja sensibilidad* que requerirá un nivel de exposición alto para dar una correcta densidad. Una película que requiera un nivel de exposición situado entre las dos anteriores se suele denominar de *sensibilidad media*.

La sensibilidad se acompaña de una cifra que indica la rapidez de la emulsión estrictamente de acuerdo con lo que dictan las autoridades internacionales de estandarización. Los sistemas han cambiado en el tiempo y actualmente los fabricantes se rigen por las cifras ISO (International Standards Organisation), que no son sino una combinación de las antiguas cifras americanas ASA y las alemanas DIN.

En el sistema ASA, la sensibilidad sigue una escala aritmética. Una película de 200 ASA es el doble de sensible que una de 100 ASA y la mitad que una de 400 ASA.

La escala DIN es logarítmica, de forma que un aumento de tres unidades supone un incremento de la sensibilidad al doble. Una película de 24 DIN es el doble de sensible que una de 21 DIN y la mitad que una de 27 DIN.

En la escala ISO se integran las dos anteriores en una sola compuesta por dos términos. El primero corresponde a la escala ASA y el segundo a la DIN. De esta forma, una película de sensibilidad media se indicaría: ISO 100/21°. Lo normal, no obstante, en el lenguaje profesional, suele ser nombrar sólo uno de los dos términos.

Equivalencia de unidades empleadas en la medida de la sensibilidad.

ASA	DIN	ISO
8	10	8/10°
10	11	10/11°
12	12	12/12°
16	13	16/13°
20	14	20/14°
25	15	25/15°
32	16	32/16°
40	17	40/17°
50	18	50/18°
64	19	64/19°
80	20	80/20°
100	21	100/21°

ASA	DIN	ISO
125	22	125/22°
160	23	160/23°
200	24	200/24°
250	25	250/25°
320	26	320/26°
400	27	400/27°
500	28	500/28°
650	29	650/29°
800	30	800/30°

Como hemos citado con anterioridad, la cifra que indica la sensibilidad o rapidez de la película está basada en unas condiciones de iluminación estándar y siguiendo unos tiempos de exposición y unos revelados habituales. Hay posibilidades, no obstante, de aumentar o reducir la rapidez de la película durante la exposición si se desea acelerar o ralentizar el proceso de revelado, lo que puede resultar útil para regular el contraste o bien para conseguir incrementar al máximo la sensibilidad de la película permitiendo el trabajo en ambientes de muy baja luminosidad (forzado de la película).

Normalmente existe una relación aplicada a la exposición que es la siguiente:

$$\text{Exposición} = \text{Intensidad luminosa X tiempo}$$

Según esta relación, cuando se somete una imagen a una exposición más larga implica un efecto acumulativo en la formación de la imagen latente similar al de una imagen más luminosa sometida a una exposición más corta. El control de la exposición regulada por los ajustes de abertura del diafragma y cambio en las velocidades de obturación propio de la fotografía está basado en esta relación recíproca que sólo se rompe en algunas circunstancias: cuando las exposiciones son muy largas (más de un segundo) o extremadamente cortas (1/10.000 segundos o menos). Este fenómeno de ruptura de la relación normal se conoce con el nombre de *fallo de la reciprocidad*. No obstante, en la cinematografía no suele afectar este fallo dado que la exigencia de trabajar, normalmente, a una velocidad de obturación fija (24 fotogramas en un segundo) no deja oportunidad para que ese fallo se produzca.

Un elemento que varía según la sensibilidad de la película es el *grano*, que guarda relación con el aspecto más o menos granuloso de la película que apreciaríamos visualmente en la proyección.

Sabemos que las emulsiones están constituidas por millones de microscópicos cristales de haluros de plata que en el proceso de revelado se agrupan en cúmulos de plata a partir de la descomposición de los cristales. El tamaño de estos cúmulos puede considerarse como la unidad mínima de densidad de la imagen (que no olvidemos va a ser aumentada en una elevadísima proporción durante la proyección del filme) con la particularidad de tener un tamaño variable.

Este tamaño variable depende básicamente de tres factores:

1. De la *sensibilidad* de la película. Según la siguiente relación:

Sensibilidad	Tamaño del grano
Baja sensibilidad	Grano fino
Media sensibilidad	Grano normal
Alta sensibilidad	Grano grueso

2. Del *nivel de exposición* y de la *densidad* resultante. El grano es la acumulación de partículas de plata metálica y cualquier aumento del nivel de exposición tendrá una incidencia en la acumulación de grano.
3. Del *tipo de revelado*. Más adelante veremos la importancia que los agentes químicos empleados en el proceso y otras variantes pueden tener en el aumento del grano.

6.5. Latitud de exposición

Dado que, en la película, existe un límite de subexposición (por debajo del cual la emulsión no recoge ni traduce adecuadamente en densidad las variaciones de luminosidad del motivo) y un límite de sobreexposición (por encima del cual tampoco se produce una adecuada traducción), existe también una zona en la que hay un intervalo de niveles de exposición para los cuales podremos registrar imagen con una correcta traducción luminosidad-densidad que denominaremos *latitud de exposición*.

Este intervalo de luminosidades que podemos abarcar con perfecto detalle en una fotografía es variable de una a otra película y es uno de los aspectos principales que valoraremos a la hora de elegir una u otra emulsión. No obstante, hay dos consideraciones que debemos efectuar en relación con este aspecto:

1. Cuando la escena que queremos recoger presenta un alto contraste, es decir, una extrema diferencia entre sus zonas más oscuras y sus zonas más iluminadas, es muy posible que no nos «quepa» tal diferencia de luminosidades en el intervalo de niveles de exposición de la película que estemos empleando. Es probable que ni siquiera tengamos la posibilidad de cambiar a una película con una latitud de exposición más amplia puesto que ninguna película es capaz de recoger el intervalo de luminosidades que, en cambio, percibe perfectamente el ojo humano. Tendremos, en este caso, que optar entre dar prioridad a las sombras, lo que significa que aparezca un perfecto detalle entre las zonas con escasa iluminación, empastando, por el contrario, los detalles de las luces o zonas más iluminadas, o bien lo contrario, que exista un perfecto detalle en las luces empastando y perdiendo matices y detalles de las zonas poco iluminadas.

2. Si estamos trabajando con una emulsión de alto contraste, lo que significa una escasa latitud de exposición o intervalo de luminosidades que podemos abarcar con detalle, deberemos ser muy cuidadosos en la medida de la exposición, que no es otra cosa que el esfuerzo y la técnica de hacer que el nivel de exposición de la escena que estamos fotografiando «encaje» en la mayor medida posible en la parte de la película en que se produce un nivel correcto de exposición, es decir, una proporcionalidad entre las luminosidades de la escena y su traducción en densidad de plata tras el proceso de revelado.

6.6. El contraste

Podríamos definir el contraste de una imagen en blanco y negro como la mayor o menor diferencia de densidad entre sus zonas o, dicho de otro modo, como la diferencia existente entre las luces y las sombras de una imagen. Las imágenes contrastadas, de *alto contraste*, se caracterizan por presentar zonas de densidades muy marcadas con blancos y negros puros, sin apenas matices de gris. Las imágenes poco contrastadas, de *bajo contraste*, presentan muchas modulaciones de grises, sin grandes diferencias de densidad entre sus zonas y sin que, en consecuencia, aparezcan blancos y negros puros.

La tendencia general del director de fotografía es la de conseguir un *contraste normal*, lo que no siempre es fácil de conseguir dado que depende de diversos factores. Enumeramos por el siguiente orden:

1. *El contraste de la escena original.* La diferencia entre las zonas iluminadas y las zonas en sombra de una escena es muy variable y, aunque la mayor parte de los motivos no exceden de una relación que pueda tener cabida en la latitud de exposición de la película, existen escenas que sobrepasan con creces el intervalo de luminosidades que pueden introducirse. Baste pensar en una escena situada en el interior de una estancia en la que aparece una ventana abierta hacia un exterior con luz radiante donde está sucediendo una acción que debe ser recogida en el mismo plano.

2. *El contraste del negativo revelado.* Según el proceso químico elegido para proceder al revelado de un negativo puede verse afectado el contraste del mismo. Existen reveladores de grano grueso, muy activos y rápidos, y también de grano fino y ultrafino que minimizan al máximo los efectos de incremento del grano que pueden tener incidencia sobre la mayor o menor nitidez de la imagen. Por otro lado, las condiciones de tiempo de permanencia en contacto con el agente revelador y la variación de la temperatura de revelado pueden incidir en más y en menos en la aparición de un mayor o menor contraste del negativo.

No obstante, si partimos de la existencia de un revelado normal, estas diferencias pueden minimizarse dado que los laboratorios de revelado estandarizan sus procesos para conseguir un contraste «normal». Más significativo resulta el *contraste característico de la emulsión* que está relacionado con la capacidad de la emulsión de presentar un incremento de la densidad proporcionalmente igual, mayor o menor a la luminosidad de la escena fotografiada.

Si la respuesta de la película es proporcional al aumento en el nivel de exposición, la relación existente entre las luminosidades originales (el contraste de la escena) es igual al que guardan las distintas densidades del negativo. En ese caso podemos decir que el contraste no ha variado y que, por tanto, el contraste característico es *normal*. Podemos asociarlo a un factor igual a 1.

Cuando el aumento en la densidad es proporcionalmente mayor que lo que incrementamos la exposición se aprecia que el contraste del negativo es mayor que el de la escena (desaparecen matices de gris), lo que significa que el contraste característico es *alto* y su factor mayor que 1.

Si el aumento en la densidad es proporcionalmente menor que el incremento de la exposición, el contraste de la escena es mayor que el del negativo, lo que significa que el contraste característico es *bajo* y su factor menor que 1.

Observado el comportamiento de las películas de blanco y negro después de fotografiar una misma escena con diferentes tipos de películas apreciaríamos que existe una relación entre el contraste característico de la emulsión y la *sensibilidad*.

Dada la relación existente entre latitud de exposición y contraste podemos recoger en la tabla siguiente las relaciones existentes:

Sensibilidad de la película	Contraste característico	Latitud de exposición
Baja	Alto	Estrecha
Media	Normal	Normal
Alta	Bajo	Amplia

3. *El tratamiento del contraste en el paso a copia positiva.* Dado que toda película cuenta con un contraste característico determinado, en el proceso de copiado a positivo puede emplearse una película que incremente o reduzca el contraste presente en la película negativa original.

6.7. La película de color

La emulsión de color está compuesta de muchas capas aunque las más importantes son las tres siguientes:

1. La capa *exterior* que es sensible únicamente a la luz azul formada por haluros de plata sin ningún sensibilizador óptico.
2. La capa *intermedia*, de emulsión ortocromática y, por tanto, sensible al azul y al verde.

3. La capa *interna*, o *inferior*, la más cercana al soporte que es sensible a la luz de color rojo aunque en realidad conserva alguna sensibilidad al verde.

Tras el revelado, la capa exterior dará una imagen de color amarillo; la intermedia, magenta, y la interna, cian. Por ello, se las nombra directamente como capa amarilla, magenta y cian, respectivamente.

En los procesos fotográficos de color, los negativos reproducen el color *complementario* del color que reciben (son complementarios aquella pareja de colores que sumados, es decir, proyectadas sus luces sobre una pantalla, dan el color blanco). Por ello puede decirse a modo de memorándum lo siguiente:

— La capa exterior impresiona la luz azul y da lugar en el negativo a una imagen amarilla.
— La capa intermedia impresiona la luz verde y da lugar en el negativo a una imagen magenta.
— La capa interna impresiona la luz roja y da lugar en el negativo a una imagen cian.

Es preciso incorporar, no obstante, otras capas auxiliares, protectoras, adhesivas y correctoras.

Como *capa protectora* se coloca en último lugar gelatina pura que protege a la emulsión de arañazos y abrasiones.

Las *capas adhesivas* se extienden, a modo de cola, entre las diferentes capas de emulsión y entre ésta y el soporte para que el conjunto quede fijado con solidez.

Como capas *correctoras* se colocan dos capas que actúan como filtros: un filtro amarillo y un filtro rojo. Con anterioridad, cuando nos referíamos a la sensibilidad hacia los colores de las diferentes capas que conforman la película, hemos visto que la capa intermedia, ortocromática, es sensible al color verde y también al azul. La interposición entre la capa exterior y la intermedia de un *filtro de color amarillo* garantiza que no atraviese la luz de color azul a la que también es sensible la capa intermedia. El filtro amarillo se encarga de retener la luz azul que alteraría la reproducción cromática de la escena. Entre la capa intermedia y la capa interna se sitúa un *filtro de color rojo* que garantiza que no atraviese la luz de color verde a la que también es sensible la capa interior. El filtro rojo retiene el color verde y de esta forma se mejora la reproducción cromática de la escena. Estos filtros se disuelven y desaparecen tras el revelado sin dejar rastro.

Finalmente, la capa *antihalo*, también correctora, suele situarse, como en los materiales de blanco y negro, entre la emulsión y el soporte, o sobre la cara no emulsionada de éste. Está formada por gelatina teñida con plata coloidal que desaparece durante el revelado en el proceso de blanqueo, ya que este baño elimina toda la plata de la película. En la figura puede apreciarse una estructura típica de una película de color. El número de capas es muy variable según las marcas pero es suficiente para que apreciemos el difícil proceso de fabricación de la película dado que en un espesor de dos o tres centésimas de milímetro es preciso situar, homogéneamente repartidas, entre 10 y 20 capas distintas, lo que da idea de la complejidad tecnológica necesaria.

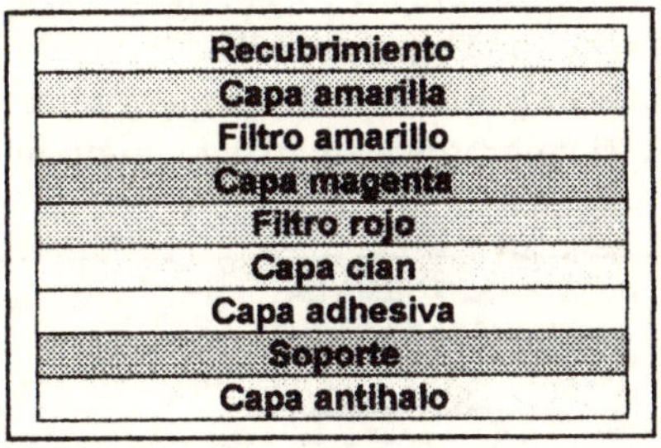

Recubrimiento
Capa amarilla
Filtro amarillo
Capa magenta
Filtro rojo
Capa cian
Capa adhesiva
Soporte
Capa antihalo

Figura 64. Estructura de una película de color.

En la película de color, los colores (o colorantes) se forman durante el proceso de revelado gracias al establecimiento de una reacción química que tiene lugar entre unos elementos que normalmente incorpora la película, los *copulantes*, y los productos en que el revelador se transforma cuando se agota por un proceso de reacción química.

En el proceso de revelado cromógeno (de color) la plata desaparece. Los colores se forman gracias a los copulantes que son sustancias químicas complejas, diferentes según el colorante que se desee formar, que se incorporan casi siempre a la emulsión salvo algunos casos en ciertos materiales inversibles en los que están incluidos en la fórmula de los reveladores. Los copulantes reaccionan con algún producto originado por el agotamiento químico del revelador. El revelador se agota y se transforma en otros productos químicos secundarios que son los que realmente reaccionan con los copulantes para dar lugar al colorante correspondiente. Esta reacción química se conoce con el nombre de *reacción de copulación*.

6.8. El proceso de impresión de una película de color

El proceso de impresión de una película de color mantiene algunas similitudes respecto al proceso de impresión de una película de blanco y negro, especialmente en lo que se refiere al papel de los haluros de plata y su relación con la sensibilidad de la emulsión. No obstante, vamos a reseñar las diferencias que introduce el color.

Para ello, vamos a imaginar un proceso completo de impresión. Utilizaremos un ejemplo sencillo que incluya dos colores primarios y un color secundario. En la realidad, las escenas captadas por el objetivo de la cámara impresionan a cada una de las capas de la película según el diferente componente de color que poseen.

Supongamos que fotografiamos un objeto formado por tres bandas de color. En la parte superior una franja de color rojo; en la parte media una franja de color magenta y, finalmente, una franja inferior de color azul.

Durante la impresión, la luz roja formará una imagen latente en la capa cian; la luz magenta originará imágenes latentes en las capas amarilla (la componente azul del magenta) y cian (la componente roja del magenta). Finalmente, la luz azul formará una imagen latente en la capa amarilla.

Tras el revelado aparecerán los respectivos colorantes y si observamos el negativo por transmisión, el colorante cian actuará como un filtro que sólo dejará

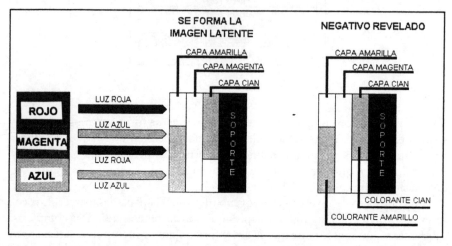

Figura 65. Proceso de impresión de una película.

pasar la luz de su propio color, reproduciendo el complementario del color rojo; la zona donde se impresionaron simultáneamente las capas amarilla y cian se verá de color verde, ya que ambas capas actuarán como filtros superpuestos. Por último, el colorante amarillo actuará como un filtro que dejará pasar tan sólo el amarillo.

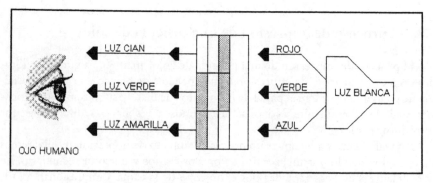

Figura 66. El negativo visto por transmisión.

Aunque la observación del negativo reproducirá el color complementario del color original fotografiado, al observarlo apreciaremos un color amarillo rojizo que se superpone sobre toda la película y que se debe a la existencia de unas *máscaras automáticas* o teñido de los colorantes para conseguir una absorción uniforme de los colores de la escena. Los filtros incorporados en la película para reducir la sensibilidad de las capas a los tres colores primarios se destruyen durante el proceso de revelado. Existirán también, con plena seguridad, otras dominantes o alteraciones cromáticas homogéneas en diferentes capas que hacen prácticamente imposible enjuiciar con el ojo humano el cromatismo de un negativo. No obstante, en líneas generales, el proceso es tal como aquí se ha expuesto.

La película negativa de color ha de positivarse, es decir, ha de ser convertida en un positivo, normalmente mediante su impresión en otra película virgen en la que se produce el proceso a la inversa.

Si partimos del negativo del ejemplo anterior, la zona cian impresionará las capas amarilla (por el componente azul del cian) y magenta (por la componente verde del cian); la zona verde (capas amarilla y cian impresionadas simultáneamente) impresionará sólo la capa magenta, por último, la zona amarilla impresionará las capas amarilla (por el componente azul del magenta) y cian (por el componente rojo del magenta).

Tras el revelado, se formarán los correspondientes colorantes y al observar la copia por transmisión (o por reflexión cuando se proyecta sobre la pantalla de

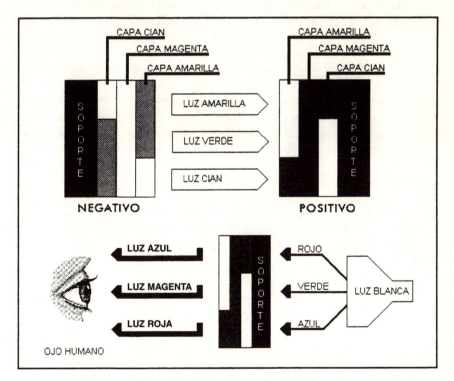

Figura 67. Impresión en el positivado.

cine) apreciaremos los colores originales. A través del amarillo y magenta pasará sólo la luz roja, a través de la capa magenta pasará la luz magenta y, finalmente, a través de las capas magenta y cian pasará la luz azul. Tendremos, de esta forma, los colores reales del objeto que hemos fotografiado.

6.9. Emulsiones inversibles y usos profesionales

Son emulsiones que dan directamente un positivo sin necesidad de pasar previamente por un negativo. Son llamadas también películas positivas y son las que en lenguaje fotográfico sirven para obtener *diapositivas*. En cine se emplean casi con exclusividad en usos de aficionado. Los profesionales no suelen utilizarlas en el cine de 16 mm y mucho menos en el de 35 mm.

Las características de estas películas son:

1. Dan imágenes con una elevada resolución.
2. Su latitud de exposición es muy corta hasta el punto de que se debe ser extremadamente riguroso en la medición de la luz puesto que un diafragma por encima o por debajo del preciso puede invalidar la toma (las películas negativas tienen, por lo general, una latitud de exposición más amplia). Ha de tenerse en cuenta que las películas negativas, además de contar con una latitud mayor, se positivan sobre otra película de características similares y en este proceso de transferencia pueden introducirse algunas correcciones que no pueden hacerse en las inversibles dado que, en éstas, tras la exposición, sólo resta efectuar un proceso de revelado mecánico en el que nada puede cambiarse.
3. Permiten obtener duplicados a partir del original, lo que es interesante en los trabajos profesionales para preservar la película original. Una vez seleccionado el material válido puede hacerse una copia de trabajo con la que efectuar el montaje y la sonorización para, una vez finalizado, retomar la película original y siguiendo al pie de la letra el montaje efectuado en la copia de trabajo, realizar la copia definitiva.

Las películas inversibles de blanco y negro son de concepción anticuada y prácticamente no se emplean. Tuvieron relativo interés en los años sesenta y setenta cuando las noticias pasadas en televisión eran filmadas antes de la generalización de la televisión en color y del vídeo en su modalidad ENG (periodismo electrónico).

Tipos comerciales de emulsiones inversibles de blanco y negro

Marca	*Kodak*	*Kodak*	*Kodak*
Código	7276	7278	7277
Sensibilidad ISO	50/18°	200/24°	400/27°

LAS EMULSIONES SENSIBLES

Así como en la industria fotográfica las emulsiones inversibles gozan de gran aceptación y son muy empleadas por los profesionales, las emulsiones inversibles de color están pasando, como en el caso del blanco y negro, a ser progresivamente abandonadas. Su uso ha quedado relegado prácticamente a usos domésticos (en el caso del Súper 8 y el Single 8) y pedagógicos, puesto que en estas utilizaciones resulta prácticamente imposible la manipulación en el laboratorio.

Tipos comerciales de emulsiones inversibles de color (16 mm)

Marca	Kodak	Kodak	Agfa	Agfa	Agfa	Agfa	Fuji	Fuji
Código	7240	7250	700	710	720	732	8427	8428
Sensibilidad								
Iso	160/23°	400/27°	80/20°	125/22°	166/23°	400/27°	125/22°	500/28°

Como prueba del poco interés que suscitan este tipo de emulsiones basta con decir que no se emplean películas en formato de cine de 35 mm dedicadas a la filmación (sí para trabajos de laboratorio).

6.10. Emulsiones negativas y usos profesionales

Son las empleadas corrientemente en el cine profesional y su comportamiento es el que hemos explicado en el proceso de impresión. La película expuesta, una vez revelada, se convierte en el negativo a partir del cual se tirarán las copias positivas. A ellas son aplicables todas las características estudiadas con anterioridad y que son comunes a la mayoría de las emulsiones. En su uso cinematográfico destacan por:

1. Una gran latitud de exposición, especialmente si las comparamos con las películas inversibles, variable en relación con el contraste característico de la emulsión.
2. Cuentan con grandes posibilidades de *etalonaje* en laboratorio (posibilidad de igualar el color de las copias mediante el uso de filtros), especialmente en el formato de 35 mm.
3. Cuando se trata de tirar muchas copias, su precio es muy inferior al tiraje sobre película inversible.

Las películas negativas de blanco y negro son cada vez menos empleadas lo que conlleva un problema importante no sólo por la dificultad de conseguir los materiales sino, sobre todo, porque resulta difícil encontrar laboratorios que dispongan de la posibilidad de revelar la película e incluso de personal capacitado para controlar correctamente su proceso.

Tipos comerciales de emulsiones negativas de blanco y negro (16 mm y 35 mm)

Marca	Formato	Tipo	N°	Sensibilidad Iso
Kodak	16	XT	7220	25/15°
Kodak	16	PLUS X	7231	80/20°
Kodak	16	DOUBLE X	7222	250/24°
Kodak	16	4 X	7224	500/28°
Agfa	16	GEVA 30	1. 66	80/20°
Agfa	16	GEVA 36	1. 95	250/24°
Kodak	35	XT	5220	25/15°
Kodak	35	PLUS X	4231	80/20°
Kodak	35	DOUBLE X	5222	250/24°
Kodak	35	4 X	5224	500/28°
Agfa	35	GEVA 30	1. 66	80/20°
Agfa	35	GEVA 36	1. 95	250/24°

La mayoría de las emulsiones utilizadas en la industria cinematográfica son negativas en color las cuales han evolucionado mucho más que las de blanco y negro y se caracterizan, en la actualidad, por un incremento muy considerable en la sensibilidad de las películas que posibilitan el *forzado* (técnica que consiste en subexponer el negativo para compensarlo con un revelado muy intenso, lo que permite filmar en condiciones de muy baja luminosidad) sin que se resienta en exceso la calidad de la imagen. Exponemos, a continuación, sin ánimo de ser exhaustivos, algunas emulsiones negativas de color que pueden conseguirse en el mercado.

Tipos comerciales de emulsiones negativas de color (16 mm y 35 mm)

Marca	Kodak	Kodak	Fuji	Fuji	Agfa
Código 35 mm		5294	8511	8514	682
Código 16 mm	7291	7294	8521	8524	682
Temperatura de color °K	3200 °K	3200 °K	3200 °K	3200 °K	3200 °K
Sensibilidad ISO	100/21°	320/26 °K en 16mm 400/27 °K en 35 mm	125/22°	500/28°	100/21°

6.11. Elección de una emulsión

La elección de uno u otro tipo de emulsión está relacionada con el formato de trabajo y con la sensibilidad.

En la actualidad, la producción cinematográfica ha situado en roles perfectamente diferenciados a los distintos formatos existentes de tal forma que el 16 mm

LAS EMULSIONES SENSIBLES

ha pasado a ser un formato semiprofesional (no nos atrevemos a llamar *de aficionado* porque la producción de cine implica desembolsos económicos muy considerables que se suelen escapar de la «pura afición»). Es el formato en que se inician muchos de los futuros profesionales de la cinematografía y suele emplearse en la producción de cortometrajes una vez que el vídeo lo ha desplazado en la filmación de noticias y realización de documentales (las series dramáticas de televisión y la publicidad de calidad se filman, en un buen porcentaje, en cine de 35 mm, con un progresivo uso del vídeo).

El formato Súper 16 mm se emplea cada vez más en usos semiprofesionales cuando existe el interés de «*inflarlo*» a 35 mm para su proyección en salas comerciales de exhibición cinematográfica. El interés de usar el Súper 16 mm viene motivado porque las proporciones del negativo se corresponden con las proporciones del 35 mm con lo que en el proceso de ampliación del negativo no se producen las pérdidas de imagen propias del paso de 16 mm a 35 mm, que mantienen proporciones distintas.

En los usos estrictamente profesionales (largometrajes, series y publicidad de calidad) es donde se sitúa el terreno exclusivo del formato de 35 mm.

Como muchas de las producciones cinematográficas son sometidas a cambios de formato bien para ser proyectadas en otros estándares de cine o para su pase por televisión, indicaremos las compatibilidades existentes:

- De una película de 35 mm pueden tirarse copias de 16 mm y copias en formatos de vídeo tras el proceso de telecinado. La calidad de una copia de 35 mm reducida a 16 mm es superior a la que puede conseguirse directamente usando el 16 mm.
- De una película de 16 mm pueden tirarse copias en vídeo. Sólo cuando el original es perfecto (si se ha utilizado una cámara de la máxima calidad que haya asegurado una absoluta parada del fotograma mientras se procedía a la exposición, objetivos profesionales y que nunca haya sido proyectada para asegurar que no exista ninguna rayadura) podrá *inflarse*, es decir, ampliarse a una copia de 35 mm. En este caso, la calidad dependerá en mucho de la cualificación profesional de los técnicos. Si se trata de Súper 16 son aplicables las mismas exigencias con la ventaja ya avanzada de que se mantendrán mejor las proporciones de la imagen. En cualquier caso la nueva película ampliada jamás tendrá la definición de una película original de 35 mm.
- Muchas películas de color bajan mucho su calidad al transferirlas al formato vídeo. El proceso de telecinado no es automático y la calidad dependerá fundamentalmente de los técnicos que controlen el proceso.
- Las proporciones de los negativos de cine no se corresponden con las de la pantalla televisiva, por lo que cualquier título o esquema que ocupe toda la pantalla (y, por supuesto, la imagen) se verá recortada en su copia de vídeo. Es evidente que los *formatos panorámicos* de cine no podrán ocupar toda la pantalla televisiva, por lo que deberá optarse, o bien por recortar una parte muy significativa de la imagen cinematográfica, llenan-

do toda la pantalla de televisión, o ver toda la imagen en la televisión incluyendo dos franjas negras por encima y por debajo de la imagen proyectada.

La elección de la sensibilidad depende fundamentalmente de la luminosidad del tema que hemos de registrar: más sensibles o rápidas para trabajar en condiciones de escasa luminosidad y menos sensibles o lentas en condiciones contrarias. Como norma general conviene utilizar la sensibilidad más baja que nos posibilite obtener una imagen en buenas condiciones. La elección de sensibilidades más altas que las necesarias dificulta la toma de imágenes porque obliga continuamente a «rebajar» la luminosidad de la escena interponiendo filtros neutros (que restan por igual a los tres componentes cromáticos de la luz blanca), o interponiendo gelatinas en los proyectores de iluminación para reducir su luminosidad. La elección de la sensibilidad debe hacerse, además, procurando no utilizar diferentes tipos de película en un mismo filme.

Antes de comenzar el rodaje de un filme conviene disponer de todo el negativo que previsiblemente se vaya a utilizar. Hay que asegurarse, además, de que se haya fabricado el mismo día puesto que de remesa en remesa pueden existir notables diferencias de comportamiento respecto a la reproducción cromática. Es frecuente llegar a acuerdos con el fabricante para que reserve en stock una parte de negativo de la misma emulsión que se está empleando en el rodaje para resolver posibles contingencias que puedan surgir durante el proceso de registro.

6.12. Normas de conservación de los materiales fotográficos

Enumeramos, a continuación, algunas normas que merece la pena cumplir para conservar los materiales sensibles:

1. Guardar las películas cerradas herméticamente en un lugar seco y frío. Antes de usarlas, las películas frías han de pasar un tiempo de aclimatación o incluso descongelación para evitar la condensación de humedad atmosférica.
2. Debe evitarse el calor que en cuestión de horas puede acabar con los materiales, especialmente con las emulsiones de color.
3. La película debe ser utilizada antes de su fecha de caducidad, que se indica en cada lata de película. A partir de esa fecha el riesgo aumenta si las condiciones de conservación no han sido adecuadas. Aparece un velo químico que atenúa el contraste y, si es en color, aparecen dominantes o tonalidades de color que afectan a toda la copia de forma que prácticamente la convierten en inutilizable.
4. Conviene alejar las películas de la humedad y guardarlas en lugares secos.
5. Hay que prestar especial atención a los rayos X que pueden velar nuestras películas por lo que debe tenerse cuidado con los aeropuertos ya que el

contenido de los bolsos y paquetes (si se trata de envíos por correo aéreo) suele hacerse con este tipo de radiaciones.

6. La imagen latente (impresionada pero sin revelar) es más inestable que la película virgen. Por ello, lo mejor es mantenerla congelada a 30 grados bajo cero y revelarla lo más rápidamente posible.

7. Ciertas emanaciones químicas pueden causar velo por lo que resulta aconsejable asegurarse de que no existan sustancias volátiles en las proximidades.

Capítulo 7

EL DISEÑO DE LA ILUMINACIÓN

Ya sabemos que la luz es la materia prima del cine y de la televisión, como lo es también de la fotografía. La imagen está constituida por esta mágica energía que se nos manifiesta a través de nuestro sensor visual: el ojo. Pero mucho antes de existir la fotografía, por no decir el cine, la televisión o el vídeo que vinieron algo más tarde, la luz, o mejor dicho el efecto de su manipulación, la iluminación, era un aspecto muy considerado en otros ámbitos como el teatro, o en cualquier otro sistema de representación dramática incluso anterior al teatro tal como lo conocemos hoy en día.

7.1. La evolución de la iluminación

La iluminación es uno de los elementos que crea, o al menos ayuda a crear, el ambiente y la atmósfera necesarios para narrar historias. El primer tipo de iluminación que existió fue el fuego, que actualmente aún resulta atractivo en muchas ocasiones. Crea un ambiente cálido que resulta acogedor para hablar y contar historias a su alrededor. La luz del fuego se asocia mentalmente a la sensación de seguridad, de bienestar, de calor, de calidez, de protección, de naturaleza. Atrae a las personas que lo rodean y crea un centro de atención que evita que la gente se distraiga. Como afirma Blain Brown: «Nace de la oscuridad y empieza con fuerza, brillante y tembloroso, cambiando gradualmente su aspecto, y luego se apaga hasta oscurecerse en el momento en que la audiencia se retira».

A medida que el teatro se iba formalizando y empezaba a tomar la conciencia de espectáculo, con libretos escritos, escenografía y mayor audiencia, se hacía necesaria la luz de día para poder ver a todos los personajes de la escena. Los griegos representaban sus actos en festivales que empezaban al amanecer y se desarrollaban durante todo el día hasta agotar las últimas luces. Aun en tiempos de Shakespeare, las actuaciones a la luz del día eran bastante populares. Tenían lugar en sitios cerrados o en casas de nobles que se iluminaban con antorchas y velas cuando empezaba a caer la luz del sol, creando un aspecto espectacular, único y poderoso.

Los franceses se colocaron al frente del desarrollo de los sistemas de iluminación de espacios teatrales hacia finales del siglo XVIII gracias al químico Lavoisier, quien sugirió añadir reflectores móviles a las lámparas de aceite. Desde hacía tiempo se gestaba el dilema de utilizar una iluminación simple, sólo para hacer visible la representación, o bien ofrecer una luz más desarrollada, creativa y mucho más expresiva.

El primer paso en el avance tecnológico de la iluminación llegó con la incorporación de la luz de gas, más segura y con menos humo que la procedente de las lámparas de aceite. Después llegó la luz de cal, que quemaba gas natural y oxígeno en un filamento de óxido de calcio. Este tipo de iluminación creaba un efecto de luz cálida que aún hoy en día es conocido como el «efecto de luz de cal». En esta misma época se empezó a añadir a los proyectores una lente simple planoconvexa y reflectores esféricos. Este hecho proporcionó el fundamento de uno de los elementos más importantes del control de la iluminación moderna: unidades direccionales con control de enfoque.

Adphe Appia fue el primero en asegurar que las sombras son tan importantes como las luces. Fue uno de los primeros en usar la luz como elemento de expresión. Junto con David Belasco incorporaron el expresionismo en la pues-

Figura 68. El teatro Globe de Shakespeare.

ta en escena, llegando a afirmar, incluso, que los actores eran secundarios respecto de la iluminación (1902). Su técnica consistía en crear efectos realistas para profundizar el aspecto dramático. Por otra parte, Louis Hartmann, eléctrico de Belasco, es reconocido por muchos como el inventor de la luz incandescente, base de la mayoría de fuentes de iluminación actuales. Ambos introdujeron también las luces difusas cenitales, que contrarrestaban las duras sombras teatrales.

A principios de 1849, los proyectores de arco de carbón, conocidos como «arcos» y que utilizaban electrodos de carbón para producir un haz de luz intenso, comenzaron a emplearse en aplicaciones teatrales. Su uso se extendió rápidamente como proyectores de seguimiento de alta intensidad.

El cine llegó oficialmente el 28 de diciembre del año 1895, de la mano de los hermanos August y Louis Lumière, que lo presentaron al mundo en el Salón Indien de los sótanos del Gran Café de París. El «cinematógrafo» fue el nombre del invento, una cámara que también cumplía la función de proyector y que revolucionó el mundo abriendo esa ventana infinita al mundo entero para los ojos de todo ciudadano.

Paralelamente, el americano Thomas Edison investigaba sobre el mismo tema y casi se pueden considerar a todos ellos como cocreadores de la primera tecnología cinematográfica. A Edison debemos la primera cámara de vistas en movimiento, el «kinetoscopio» (1890). Este aparato tenía el inconveniente de que sólo podía ver la imagen un único espectador ya que no se podía proyectar. Fue este invento el que abrió los ojos a los Lumière para construir lo que más tarde sería el cinematógrafo.

Las primeras emulsiones cinematográficas eran tan lentas y poco sensibles que sólo podían ser impresionadas y tener una exposición aceptable en exteriores, con la luz del sol. Edison aportó a este respecto el «Black María», un espacio donde se rodaba, abierto por la parte superior y orientable al sol.

Figura 69. El «Black María».

Estableceremos, a continuación, una relación de aquellos aspectos que supusieron un paso adelante en el desarrollo de la iluminación creativa en el mundo del cine y que más tarde ha adoptado la TV.

- En los primeros estudios cinematográficos, el único control de la luz era las muselinas que permitían suavizar la luz y controlar el contraste. La poca intensidad de luz, la poca sensibilidad de la película y una economía débil eran algunos de los problemas que tenían como consecuencia una iluminación plana y poco expresiva.
- Los primeros proyectores de luz artificial utilizados por el cine fueron los de vapor de mercurio, Cooper-Hewitt (1905).

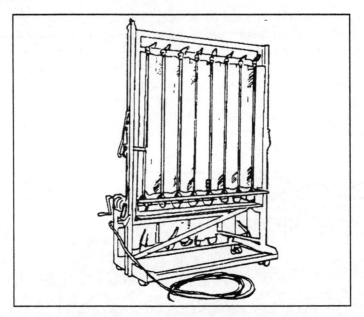

Figura 70. Lámparas de vapor de mercurio.

- Les siguieron los primeros proyectores de arco voltaico, los arcos de carbón, que eran puras adaptaciones de las farolas de la época, con mucha más potencia.
- Una adaptación para la industria del cine de estos primeros arcos fueron los «arcos de llama blanca» denominados también «*broadsides*», que tienen un rendimiento mayor y producen una luz más fría, parecida a la luz de día.
- Hasta el año 1927, las emulsiones eran en blanco y negro y ortocromáticas, es decir, insensibles al color rojo. Por esta razón, no se utilizaban demasiado las lámparas de tungsteno ya que tienen una gran parte de componente rojo que quedaba registrado como negro. La llegada de la película pancromática, sensible a todos los colores incluido el rojo, propició un gran cambio en las necesidades de iluminación. Esta emulsión permitía el uso del proyector de tungsteno, que ofrecía muchas ventajas, entre las que destacaba una reducción de costos y más comodidad de trabajo. La primera película rodada íntegramente con luz de tungsteno fue *Broadway* (1929). Otro punto negativo para el proyector de arco voltaico fue la llegada del sonoro, ya que producía mucho ruido y planteaba dificultades en la grabación con sonido directo.
- Uno de los pasos más significativos en el desarrollo de la iluminación fue la introducción del «*fresnel*» en 1934, que era un proyector que permitía dirigir y controlar el haz de luz. Este proyector, que debe su nombre a su inventor, es la fuente más utilizada actualmente en iluminación de cine.

- La llegada de las emulsiones en color (Technicolor) supuso otro cambio en las necesidades de iluminación y puso de nuevo en marcha el arco de carbón, que proporcionaba un espectro cromático más óptimo y próximo a la luz diurna natural, con una intensidad más elevada. Los arcos de llama blanca se mejoraron insonorizándolos e incorporando una lente fresnel. La utilización de la luz de tungsteno suponía tener que filtrar perdiendo entonces mucha luz y transformando el estudio en un horno. En este momento se utilizaba en TV (que por aquel entonces era en blanco y negro) y en filmes en blanco y negro. La llegada del color supuso, técnicamente, muchos problemas y restricciones y marcaba un reto para técnicos, directores de fotografía y realizadores.

Figura 71. Proyector Fresnel.

- En 1951 aparecía la película en color equilibrada para luz artificial (3.200 °K), que volvía a poner en escena al proyector de tungsteno que se filtraba, en este caso, cuando se rodaban exteriores. La guerra técnica y comercial entre tungsteno y arco voltaico continuaba y este último lanzaba al mercado el «arco de llama amarilla», equilibrado para luz de tungsteno, que lo hacía compatible con las emulsiones para luz incandescente. Aunque se sigue rodando mayoritariamente con película de luz artificial, recientemente algunos fabricantes han introducido alguna emulsión equilibrada para luz del día.
- En los años sesenta, las lámparas incandescentes se mejoraron notablemente con la introducción del tungsteno halógeno (cuarzo), con una vida más larga y con la garantía de que la temperatura de color no se deteriora como es el caso del filamento de tungsteno normal. Las lámparas halóge-

nas son mucho más pequeñas, lo que reduce también el tamaño y el peso de los proyectores haciendo más cómodo el trabajo de iluminación.

- Otro paso revolucionario fue la aparición del HMI (High Metal Incandescent), equilibrado a 5.600 °K (luz de día), de rendimiento y potencia mucho mayor que los fresnel. Suponía fuentes de luz más potentes con menor consumo eléctrico lo que significaba generadores más pequeños y menos cables. Los proyectores HMI de 12 ó 18 KW tienen una intensidad igual o superior a los arcos de mayor potencia.
- El último desarrollo en las técnicas de iluminación son las fuentes de fluorescencia, que incorporan unas lámparas de consumo muy bajo y un gran rendimiento. Últimamente se ha mejorado mucho su resolución cromática y se están introduciendo con gran fuerza en los estudios de cine y de TV.

7.2. Objetivos de la iluminación

Una iluminación eficaz no debe limitarse sólo a hacer visible la imagen o a pretender que sea posible grabar o rodar con la suficiente cantidad de luz. Cuando la iluminación es deficiente, el espectador se da cuenta rápidamente aunque sea de una forma inconsciente. Si es correcta, discreta o simplemente natural, pasa desapercibida. La iluminación debe satisfacer unas finalidades que pueden ser incluso conflictivas. Vamos a ver algunos de los objetivos que debe cumplir para ser considerada una buena iluminación:

- Tiene que dar la sensación de tridimensionalidad, es decir, dar volumen y profundidad a la imagen con el fin de hacerla más visible. Hay que tener en cuenta que el cine, la fotografía o el vídeo son sistemas de representación bidimensionales. La tercera dimensión, la profundidad, habrá que representarla mediante la luz y la sombra.
- Otro objetivo es que debe potenciar los valores de todos aquellos elementos que forman parte de la composición.
- Es un elemento esencial para crear el ambiente y la atmósfera necesarios para producir sensaciones, emociones o simplemente reacciones en el espectador (calidez, miedo, angustia, cariño, romanticismo, etc.).
- Ha de ser un elemento determinante para crear o potenciar el centro de interés de la imagen, destacando unos elementos o enmascarando otros.

Además, ha de cumplir con una serie de características entre las cuales destacan:

- Ha de ser creíble, es decir, tiene que dar la sensación de naturalidad y no confundir al espectador.
- Tiene que producir un impacto visual atractivo y realzar el motivo.
- Puede sugerir la hora del día o las condiciones climatológicas.
- En decorados realistas ha de ser natural y no artificial.

- Tiene que proporcionar al operador de cámara la posibilidad de crear varias composiciones más o menos pictóricas o, al menos, interesantes y operativas en cuanto a composición.
- Ha de ajustarse al máximo a la idea e intencionalidad del realizador.
- Tiene que ser uniforme y adecuada al punto de vista de la cámara. En el caso de la técnica de captación con diferentes cámaras tiene que permitir la misma calidad técnica y la misma intensidad de luz para todas las cámaras y todos los puntos de vista.
- Para producir imágenes de gran calidad es necesario que el nivel de luz sea el apropiado a la sensibilidad de la película. De otra forma puede ser un problema el mero hecho de enfocar o de conseguir la profundidad de campo suficiente.
- La iluminación no puede permitir que el espectador se percate de posibles errores de decorado como arrugas del ciclorama, uniones, sombras de cables o micrófonos, reflejos demasiado fuertes en algún punto del encuadre, etc.
- Una buena iluminación debe consistir, sencillamente, en controlar la intensidad y la calidad de la luz mediante el ajuste del ángulo de incidencia y el grado de cobertura.

7.3. Luz principal y luz secundaria

La utilización de la luz solar como única luz en el momento de rodaje, o la utilización de la luz ambiente en el caso de interiores, es realmente algo poco frecuente, o debería serlo. Es habitual, cuando se crea una iluminación para una escena o un espacio en un proyecto audiovisual, utilizar más de una fuente de luz. Desde el momento en que tenemos más de una ya podemos afirmar que entre ellas existe cierto orden de importancia, cierta jerarquía. En este capítulo vamos a hablar de estos diferentes grados de importancia determinando sus principales características. Básicamente hablamos de estos dos tipos:

1. Luz principal.
2. Luces secundarias.

1. *Luz principal*

Es la luz dominante del sujeto y no por eso la más brillante (más intensa) de la escena. Modela, da forma y define al motivo. Obviamente si sólo hay una, ésa es la principal.

- Es la primera que hay que decidir y determinar, las demás irán siempre en función de esta luz principal.
- Puede haber una sola luz principal para toda la escena donde se desarrolla la acción o bien una para cada sujeto, o una combinación entre ellas.
- En una escena donde hay movimiento o en el caso de que el personaje se

desplace y sitúe la acción en diferentes lugares del espacio escénico, pueden coexistir varias luces principales, una para cada punto donde tiene lugar la acción.

2. *Luces secundarias*

Cualquier luz que ayude y equilibre la luz principal se denomina luz secundaria o, a veces, de relleno, aunque en este caso puede prestarse a confusión ya que la luz de relleno es un tipo concreto de luz secundaria. A menudo se dice que la luz secundaria es suave pero hay que tener en cuenta que puede ser incluso más brillante que la principal. Debe cumplir una función inexcusable: estar siempre al servicio de ésta.

Las funciones de las luces secundarias podríamos resumirlas de esta manera:

- Reducir o eliminar completamente una sombra demasiado intensa producida por la luz principal.
- Reducir un contraste demasiado grande provocado por una luz muy dura.
- Puede ayudar a la luz principal haciendo más creativo o interesante el motivo.
- Dar carácter e intencionalidad a la imagen.

Algo a tener en cuenta es el peligro de que una luz secundaria provoque alguna sombra injustificada y con ello un efecto de falta de credibilidad en la imagen.

7.4. Dirección de la luz

La luz puede dirigirse al motivo desde diferentes posiciones. Teniendo en cuenta el punto de vista de la cámara (llamado también angulación) y según la posición que ocupe la fuente de luz respecto al motivo hablamos de los siguientes tipos de luz:

Luz frontal
Viene en la misma dirección que la cámara y más o menos desde el mismo punto de vista.

- Es relativamente poco utilizada ya que crea una imagen muy plana al no potenciar el contraste ni el volumen del motivo.
- Su uso se limita al género de reportaje en vídeo en tomas de noticias cuando se utiliza una antorcha sobre la propia cámara y se emplea muy poco en cine. Siempre que sea posible es mejor rebotar la luz de la antorcha hacia el techo o una pared para evitar precisamente ese efecto de luz plana o, al menos, para suavizar algo el efecto.
- En el caso de incidir sobre una superficie muy reflectante, puede que rebote directamente sobre la lente de la cámara provocando un reflejo intolerable sobre la imagen.

Figura 72. Luz frontal.

Luz lateral

Proviene de uno de los lados de la cámara, al margen de su angulación.

- Modela al motivo y le proporciona tridimensionalidad, sensación de volumen.
- Es la más utilizada como luz principal. Normalmente se usa una luz lateral algo más dura o más intensa en uno de los lados y se utiliza la otra como luz secundaria. Si no es así, se convierte en una luz plana al estar el motivo igualmente iluminado por los dos lados, perdiendo el efecto de modelado y profundidad.
- La luz lateral funciona muy bien para resaltar la textura del motivo ya que crea un contraste y una sombra lateral que resalta el relieve, imposible de representar con una luz frontal.

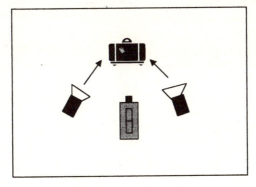

Figura 73. Luz lateral.

Contraluz

Llamamos contraluz a aquella que proviene de la dirección completamente opuesta a la cámara (detrás del motivo).

- Cuando el contraluz cae demasiado verticalmente sobre el sujeto se convierte en una luz cenital (de cielo, perpendicularmente de arriba abajo).

- Su utilización es muy variada y discutida. Algunos no la utilizan nunca por considerar que es una luz posterior y poco natural. Otros, en cambio, la utilizan en todos sus esquemas de iluminación por pura rutina. Podemos decir que, en cine, el contraluz necesita una justificación para que parezca natural. En programas de TV puede resultar muy útil para resaltar objetos y personajes y no necesita justificación ninguna.
- También es muy utilizado en publicidad como luz secundaria.
- Algo a tener en cuenta con el contraluz es que el haz no penetre en el objetivo creando un reflejo. La solución es cortar la luz con viseras o banderas o lateralizar ligeramente su angulación para que no llegue a la cámara.
- El contraluz puede servir para:
  — Separar el objeto del fondo.
  — Modelar la luz principal.
  — Crear un contraste entre el objeto y el fondo.
  — Dar impacto visual y transparencia a un objeto translúcido.

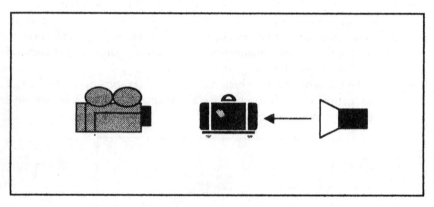

Figura 74. Contraluz.

Luz cenital
La fuente luminosa está situada justo encima del motivo.

- Es el tipo de luz al que más habituados estamos ya que la luz solar es, durante la mayoría del tiempo, cenital y en muchos casos la iluminación artificial de los hogares y edificios en general suele estar situada en el techo.

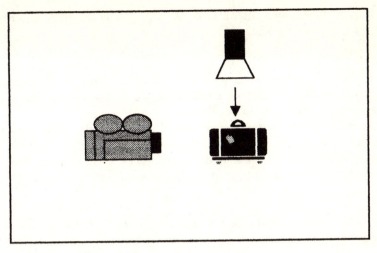

Figura 75. Luz cenital.

7.4.1. Angulación de la luz

La angulación hace referencia al ángulo que forma la luz respecto del motivo y la cámara. En la práctica la angulación determina la altura de la fuente luminosa sobre el motivo en referencia a la cámara. Hablamos de tres tipos de ángulo o de luz:

1. *Ángulo o luz normal*: la fuente luminosa está situada a la misma altura que el motivo.
2. *Luz picada*: fuente luminosa por encima del motivo y en cualquier dirección.
3. *Luz contrapicada*: fuente luminosa situada por debajo del motivo y en cualquier dirección.

Habitualmente se combina la dirección con el ángulo de incidencia de las fuentes luminosas, teniendo en este caso muchas posibilidades: luz lateral picada, contraluz lateral, contrapicado frontal, etc. La experiencia, habilidad, imaginación y, sobre todo, la capacidad de creación del iluminador aportarán una determinada calidad y dimensión a la iluminación y por lo tanto a la imagen.

7.4.2. Otros tipos de luz

Luz ambiente

También denominada *luz de fondo*, es la que conforma el ambiente o el contexto que rodea al sujeto. Es la luz general a partir de la cual se ilumina. En un exterior puede ser la luz reflejada por el cielo y en un interior la luz de relleno general que se obtiene mediante una luz cenital, o por la acción de hacer rebotar una luz sobre un techo blanco.

Perfilado y contorno

Los dos términos equivalen al mismo tipo de luz dependiendo del motivo a iluminar. El perfilado («kiker») se utiliza cuando se trata de personas y el contorno («rim») cuando se trata de objetos.

El perfilado se confunde a menudo con el contraluz y de ahí que se denomine «contraluz de 3/4». De hecho, no deja de ser un contraluz aunque muy oblicuo de manera que se extiende por la cara del personaje. En el caso del contorno, la luz está situada detrás, oblicuamente, de forma que se ilumina el objeto lateralmente.

Luz de ojos

Se utiliza cuando añadimos luz específicamente para reforzar los ojos del personaje que a menudo pueden quedar más oscuros por estar algo hundidos en la cara.

Se suele conseguir con pequeños proyectores («inkies») de forma puntual y dirigida sólo a la parte de los ojos. Otra solución para conseguir la luz de ojos es el «obie», proyector que se coloca sobre la misma cámara. Puede actuar como luz principal, secundaria o de relleno, según la importancia respecto a las otras luces de la escena.

7.5. Calidad de la luz: dureza y suavidad

En el lenguaje técnico es frecuente oír hablar del término «cantidad de luz» para referirse a la potencia de la fuente luminosa. También se dice «calidad de la luz» para expresar algunas de las características inherentes a los manantiales luminosos. Muchas veces, esta expresión hace referencia a la dureza o suavidad de la luz.

La luz directa del Sol, en un cielo despejado, produce violentas sombras que se traducen en grandes diferencias de contraste entre las zonas más y menos iluminadas. En el extremo opuesto, un cielo nublado dispersa la luz solar proporcionando una iluminación sin sombras. El primer caso corresponde a una *luz dura* mientras que el segundo ejemplifica una iluminación de carácter *suave*.

En la iluminación artificial, la luz dura se obtiene con la utilización de focos muy direccionales asociados a fuentes de iluminación puntuales. Esta luz recorta vigorosamente los perfiles de los objetos y, dado que los rayos luminosos irradiados por este tipo de fuentes siguen una trayectoria paralela, su intensidad decrece exactamente en relación al cuadrado de la distancia respecto al foco productor (este comportamiento de los proyectores de luz puntual se ha dado en denominar *ley del cuadrado inverso*). La iluminación dura plantea inconvenientes tales como un aumento en el contraste de los motivos iluminados pues aparecen fuertes sombras, resalta en exceso la textura de las superficies y ocasiona sombras múltiples cuando se emplean varios focos de las mismas características.

La iluminación artificial con luz suave se consigue con el empleo de fuentes luminosas de amplia cobertura, también mediante la tamización de la luz proveniente de focos de luz dura o, simplemente, dirigiendo una luz dura a superficies difusoras que al reflejar la luz han cambiado su dureza original por una luz suavizada. Este tipo de iluminación es idóneo para la reproducción de las gradaciones tonales intermedias. Como una de las características de esta iluminación es que no provoca sombras, se emplea como atenuadora de las fuertes sombras originadas por los focos de luz dura. Sus inconvenientes: la dificultad en el recorte de la luz, el escaso realce de las texturas y, con frecuencia, el dar lugar a imágenes planas que suprimen la belleza de la forma. La amplia dispersión de este tipo de iluminación marca el rápido decrecimiento de su intensidad luminosa con el incremento de la distancia al foco luminoso. A estos proyectores no se les puede aplicar la ley del cuadrado inverso.

Reflectores especulares y reflectores difusos

- La luz especular es muy direccional. En términos de superficies reflectantes, un reflector especular es aquel que refleja rayos luminosos que son iguales que los rayos incidentes. El ejemplo más claro sería un espejo.
- Un reflector difuso es aquel que refleja una luz diferente a la luz incidente. La superficie difusora dispersa el haz de luz en todas direcciones y el ángulo de reflexión es distinto al incidente.
- Tradicionalmente, la luz especular se considera dura y la difusa, suave.

La luz suave se utiliza en muchos casos como luz secundaria de relleno, pero también se utiliza como técnica de iluminación en publicidad, sobre todo en bodegones.

Para obtener luz suave se emplean básicamente algunas de las siguientes soluciones:

1. Luz filtrada. La obtenemos al interponer algún material translúcido que actúa como filtro. Si éste tiene un color determinado, la luz adquirirá esa misma tonalidad.

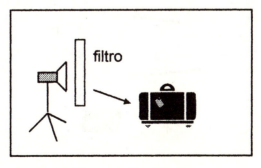

Figura 76. Luz filtrada.

2. Luz reflejada. La obtenemos rebotando la luz en alguna superficie reflectora antes de llegar al motivo. Si esta superficie es coloreada, se cambiará el color de la luz.

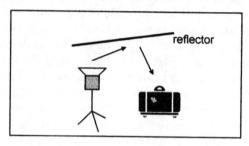

Figura 77. Luz reflejada.

3. Luz reflejada-filtrada. Esta combinación proporciona un alto grado de difusión.

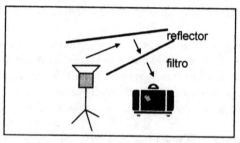

Figura 78. Luz reflejada-filtrada.

4. Luz filtrada-reflejada. Igual que la anterior es muy difusa. Ambas son muy utilizadas en iluminación de productos publicitarios.

Para acentuar la dispersión de la luz, a menudo se construyen cajas blancas de reflexión donde la luz rebota en sus paredes interiores obteniendo una especial calidad muy apropiada en determinados casos.

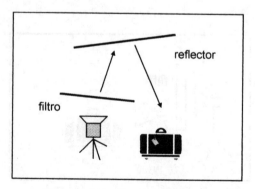

Figura 79. Luz filtrada-reflejada.

CAPÍTULO 8

ILUMINANTES Y ACCESORIOS

La manipulación de la luz para conseguir efectos expresivos o comunicativos ha generado una pléyade de iluminantes y accesorios que se ponen a disposición del profesional para su utilización en la realización de filmes o programas.

En este capítulo vamos a exponer las principales fuentes de luz así como los elementos principales que configuran su entorno técnico: reflectores, difusores, banderas, viseras, atenuadores, etc.

La extensa gama de posibilidades y de accesorios existentes da una medida de la capital importancia que la iluminación juega en la producción cinematográfica profesional.

8.1. Fuentes de luz para cine y televisión

Dado que el equipo de iluminación tiene que adaptarse a las exigencias y necesidades expresivas y técnicas que cada programa requiere, es preciso prestar atención especial a sus características diferenciales. Deben valorarse aspectos tales como los que siguen:

- *Calidad de luz*: tipo de luz que proporciona la fuente, ya sea dura, suave o muy difusa.
- *Intensidad*: cantidad de luz que emite la fuente.
- *Rendimiento*: relación de salida de luz respecto a la energía que consume.
- *Dispersión*: cobertura máxima de la fuente de luz.
- *Control*: facilidad para restringir y controlar la salida de luz.
- *Tamaño y peso*: maniobrabilidad, estabilidad física de los equipos, almacenamiento, facilidad de transporte...
- *Tipo de montaje*: sistema de sujeción con el soporte (parrilla, trípode, plataforma...).
- *Adaptabilidad*: posibles aplicaciones.
- *Dispositivos auxiliares*: posibilidad de accesorios (portafiltros, difusores...).
- *Dureza*: según el tipo de trabajo el equipo debe soportar situaciones difíciles. En general es importante que sea lo suficientemente robusto.
- Etc.

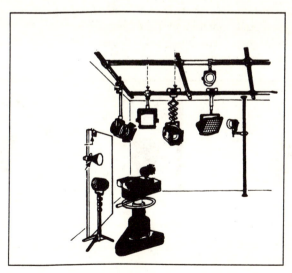

Figura 80. Materiales de iluminación y fuentes de luz.

Aunque cualquier iluminante emite luz en todas direcciones, en la iluminación creativa hay que dirigir esta luz hacia una zona concreta según nuestras necesidades. Por este motivo, todos los proyectores disponen de un *reflector* detrás de la lámpara que contribuye, además, a aumentar la efectividad de salida del haz de luz. Como consecuencia, la luz emitida por el conjunto de reflector y lámpara es, en parte directa (directamente desde la lámpara) y, en parte, reflejada (por el reflector). Según sea la superficie de este reflector afecta muy directamente a la naturaleza de la luz.

Dependiendo de la forma y naturaleza de su superficie, el reflector podrá reunir, dirigir y concentrar la luz emitida por la fuente y aumentar así su rendimiento. Vamos a estudiar ahora los diferentes tipos de reflectores:

Según la naturaleza de su superficie:
— *Reflector especular*: si se utiliza un material tipo espejo metálico pulido, reflejará una luz muy brillante y direccional. Concentrará la luz en zonas determinadas.
— *Reflector difuso / disperso*: si el reflector tiene una superficie mate o rugosa, proporcionará una luz más suave y difusa.

Según la forma:
— *Reflector esférico*: se utiliza básicamente en proyectores tipo fresnel y «scoops» (proyector enfocable en el que según la posición de la lámpara cambia el grado de difusión de la luz). Según sea la distancia entre la lámpara y el reflector, el haz será más abierto (más disperso) o más cerrado (más concentrado).
— *Reflector parabólico*: produce unos rayos de luz paralelos. Se utiliza en una iluminación localizada y distante (tipo proyector de cañón). Algunos equipos de luz suave combinan reflectores parabólicos y esféricos para reunir y después controlar el haz de luz.
— *Reflector elíptico*: tiene dos puntos focales. Permite centrar la luz en un punto determinado del motivo.

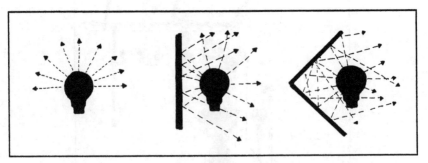

Figura 81. Tipo de reflector según la naturaleza de la superficie.

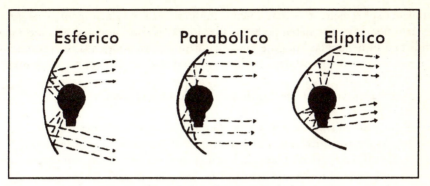

Figura 82. Tipo de reflector según la forma.

Aunque en principio se puede utilizar cualquier tipo de luz para obtener imágenes, aquí vamos a estudiar las principales fuentes de iluminación empleadas profesionalmente. Salvo en el caso de las lámparas de tungsteno incandescentes, todas ellas mantienen una característica común que las sitúa en esta categoría «profesional»: su temperatura de color se mantiene desde el primer momento hasta el final y por lo tanto la luz que emiten todas las fuentes de luz y lámparas profesionales tiene una garantía respecto al espectro cromático o a la respuesta de color que son capaces de transmitir.

Exponemos a continuación una relación de las fuentes de luz profesionales para cine y vídeo más empleadas cuyas características y aplicaciones describiremos.

1. Fotolámpara incandescente de tungsteno.
2. Fresnel: proyector de luz incandescente.
3. Cuarzo: proyector abierto de tungsteno-halógeno.
4. Softlight: proyector de luz suave.
5. HMI: proyector de luz de día.
6. Arco de carbón: proyector de arco voltaico.
7. Proyector de luz ambiente.
8. Proyector de ciclorama.
9. Fuente de luz portátil: el flash continuo.
10. Proyector de seguimiento.
11. Proyector de fluorescencia.

8.1.1. Fotolámpara incandescente de tungsteno

Se trata de lámparas de filamento de tungsteno similares a las empleadas en los hogares con la peculiaridad de que están *sobrevoltadas*, es decir, que se las somete a un voltaje superior al que teóricamente estarían diseñadas para durar. De esta forma se consiguen dos efectos, aumenta su temperatura de color hasta hacerla compatible con las emulsiones que se emplean profesionalmente y además aumenta sobremanera su rendimiento luminoso. El principal inconveniente de estas lámparas es que su temperatura de color no es constante y va bajando a medida que aumentan las horas de funcionamiento, por lo que cada vez proporciona una tonalidad más cálida. El sobrevoltado de las mismas acorta, en gran medida, su vida útil.

Algunas de sus ventajas más destacables son las siguientes:

- Son del mismo tamaño y aspecto que las lámparas domésticas.
- Tienen rosca E27 y se pueden utilizar en portalámparas normales.
- Se utilizan para simular la luz de una lámpara doméstica, con la ventaja de que tienen mucha más intensidad.
- Algunas de las más conocidas son la Nitrophot de 250 W, la Photoflood de 500 W y la Photospot de 500 W que, a diferencia de las anteriores, concentra más el haz luminoso que emite.
- Hay de dos tipos según su temperatura de color:
Tipo B (3.200 °K)
Tipo S (3.400 °K), algo más fría.

8.1.2. Fresnel: proyector de luz incandescente

Es el proyector más conocido y utilizado. Se puede considerar como el proyector cinematográfico por excelencia.

Su característica principal, y de ahí su gran importancia en el desarrollo de los sistemas de iluminación, es que incorpora un sistema para concentrar y dirigir el haz de luz mediante el desplazamiento de la lámpara. El control del haz de luz hace que sea un proyector idóneo para la iluminación creativa.

Emplea a modo de condensador una *lente fresnel* (el nombre es debido a su inventor, en 1934) que aporta una calidad característica a la luz que emite. Posteriormente, la lente tipo fresnel, así como el diseño del propio proyector, se han

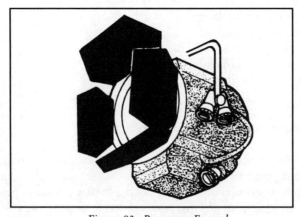

Figura 83. Proyector Fresnel.

aplicado al diseño del HMI, aunque la luz que emite éste es completamente distinta, como veremos más adelante.

Utiliza una lámpara incandescente con filamento de cuarzo encerrada en una atmósfera de un gas halógeno. La temperatura de color es de 3.200 °K.

Se fabrican en dos versiones: estudio y ligero, este último es, obviamente, de un tamaño inferior. Un 5 KW ligero equivale en tamaño a un 2 KW estudio.

La lámpara está fijada a un reflector de metal esférico y se desplaza mediante un mando exterior. Cuando la lámpara se aproxima a la lente, el haz de luz tiene un ángulo aproximado de 60° que se reduce a unos 10° cuando se aleja. La intensidad de la luz puede variar según el grado de concentración del haz entre cinco y treinta veces.

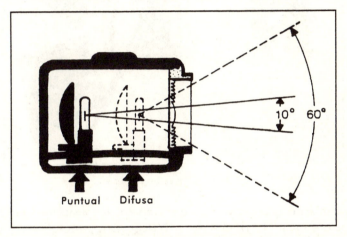

Figura 84. Desplazamiento de la lámpara.

Las potencias disponibles de los proyectores fresnel son:

— 250 W, denominado más comúnmente «inkie» o «baby». Se utiliza como luz secundaria para crear pequeños efectos.
— 500 W, cada vez más utilizado ya que, gracias a las emulsiones cada vez más sensibles, puede sustituir muchas veces al 1.000 W (es mucho más ligero).
— También existen proyectores de 1.000 W, 2.000 W, 5.000 W y 10 KW denominado también, este último, «big eye».
— En la actualidad se asiste a una sustitución paulatina de los proyectores de más potencia (5 KW y 10 KW) por los HMI.

8.1.3. Cuarzo: proyector abierto de tungsteno-halógeno

Es quizás el proyector más ligero y el más utilizado para reportaje de vídeo en equipos de toma de noticias, en vídeo industrial o en pequeñas producciones de vídeo y cine. Su precio es también de los más económicos. Debido a su poco peso puede ser transportado muy fácilmente.

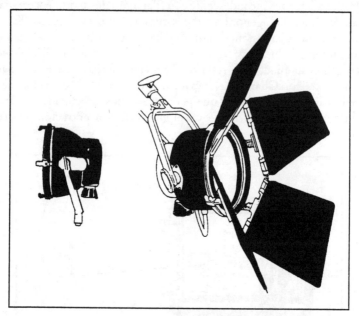

Figura 85. Proyector de cuarzo.

Se lo conoce como «proyector de cuarzo» o, simplemente, «cuarzo». Los más conocidos son los fabricados por IANIRO, MIKE-MOLE o LOWELL.

Su temperatura de color es de 3.200 °K y utiliza una lámpara de cuarzo-halógena, muy compacta y de un alto rendimiento con potencias que oscilan entre los 650 W-1.000 W y los 2.000 W. Permiten una mínima apertura o cerramiento del haz de luz mediante un mando que se encuentra en la parte posterior, aunque no se le considera un proyector «spot» (de haz concentrado).

Se puede utilizar como luz directa dura o como luz suave rebotándolo en una pared o en el techo y dispone, generalmente, de unas viseras que recortan suavemente el haz de luz aunque no permiten recortar las sombras de una forma enfocada y nítida. También pueden incorporar filtros mediante pinzas, que algunos modelos llevan ya incorporados.

Dado que estos proyectores se mueven con suma facilidad, merece la pena prestar especial atención a los golpes y al movimiento del proyector mientras la lámpara está encendida o muy caliente. De lo contrario, es fácil que se rompa el filamento.

Brutos y minibrutos

En ocasiones se precisa iluminar grandes espacios durante la noche y, en estos casos, es frecuente la agrupación de proyectores de cuarzo de 650 W o 1.000 W. Cuando se agrupan en formaciones de 4 hasta 9 proyectores reciben el nombre de «*minibrutos*». Si los grupos son algo mayores, de 12 hasta 24, se denominan «*brutos*».

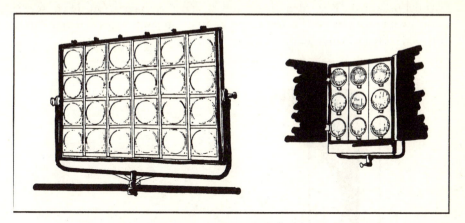

Figura 86. Brutos y minibrutos.

En estas agrupaciones, cada una de las lámparas se puede conectar y dirigir independientemente dentro del grupo. El conjunto del proyector puede incorporar como accesorio una gran visera que permite recortar el haz de luz.

Se suelen colocar a bastante altura y proporcionan en general un tipo de luz dura. En ocasiones se puede incorporar una pantalla reflectora para suavizar y crear una luz más difusa. Con frecuencia, estos conjuntos llevan las denominadas lámparas *PAR* («*Parabolic Aluminised Reflector*»).

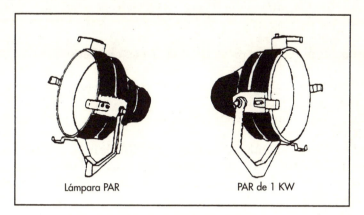

Figura 87. Lámpara PAR.

8.1.4. Softlight: el proyector de luz suave

El *softlight* es un proyector diseñado para proporcionar una luz difusa y suave y, por lo tanto, sin sombras. Su especial diseño hace que la luz se refleje en su interior de tal manera que salga al exterior dispersa en todas direcciones. Esta reflexión interna se consigue de diferentes formas dependiendo de las características del proyector. Recordemos que la luz suave también se puede conseguir mediante un proyector de luz dura rebotándolo sobre una superficie reflectante difusora, o bien situando un filtro difusor delante de la fuente.

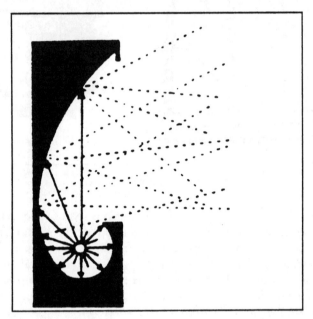

Figura 88. Reflexión interna dentro del proyector de luz suave.

Este tipo de proyectores presenta las siguientes características:

- La reflexión interna de las lámparas de cuarzo tubulares produce una luz difusa de gran intensidad.
- En general es una fuente de luz pesada y voluminosa, por lo que se suele utilizar en estudios.
- El problema del softlight reside en que el haz de luz es prácticamente incontrolable debido a su dispersión. Aun así, suelen disponer de unas viseras que permiten recortar algo la luz. Cuanto mayor es el grado de cobertura, mayor es el grado de difusión.
- El rendimiento del proyector es bajo ya que al dispersar la luz en todas direcciones el resultado es una intensidad reducida aunque se trate de un proyector potente.
- Habitualmente se utilizan como luz secundaria de relleno o para reducir las sombras provocadas por una luz principal demasiado dura.

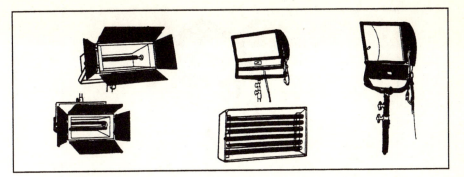

Figura 89. Diferentes diseños de proyectores de luz suave.

8.1.5. HMI: el proyector de luz de día

El *HMI* («*Halogen Metal Iodide*») se caracteriza por ser una fuente de luz de día, es decir, por tener una temperatura de color de 5.600 °K (temperatura media diurna) y poseer, además, una gran intensidad de luz. Hay que tener en cuenta que una lámpara HMI proporciona entre tres y cinco veces más luz que una lámpara de tungsteno-halógeno de igual potencia, y el calor se reduce en un 80%. El ahorro se realiza, entonces, en energía directamente y también en aire acondicionado del estudio.

Este tipo de proyectores presenta las siguientes características:

- Se utiliza sobre todo en exteriores para ayudar a la luz de día o para crear el efecto de luz de día (por ejemplo para simular el sol que entra por una ventana). Existe también la versión 3.200 °K aunque su uso no es demasiado habitual. El HMI ha sustituido al «arco de carbón» como fuente de luz de gran intensidad.
- La carcasa exterior y el aspecto es el mismo del proyector fresnel normal, ya que incorpora una lente fresnel. La diferencia es que lleva un accesorio además del propio proyector, el *balasto* (se trata de una lámpara de descarga de gas) y el tipo de lámpara es, obviamente, distinto. En ocasiones se le denomina «*sirio*» debido a que fue la primera marca que lo fabricó.
- Tiene un gran rendimiento, resultado de tener una fuente productora de luz muy pequeña (arco de gas) y una lente (lente fresnel) que enfoca el haz de luz. Las sombras que produce son muy definidas gracias a la naturaleza de la luz que genera al ser una fuente de luz puntual muy compacta.
- Un inconveniente a tener en cuenta es que trabaja a una frecuencia de 50 Hz y esto hace que en cine se tenga que rodar a 25 fotogramas y no a 24 para eliminar el efecto de parpadeo. Los últimos modelos de HMI incorporan un balasto libre de parpadeo que reduce la frecuencia a 48 Hz. Otro inconveniente es el precio. Tanto el proyector en sí como las lámparas HMI tienen un precio prohibitivo.

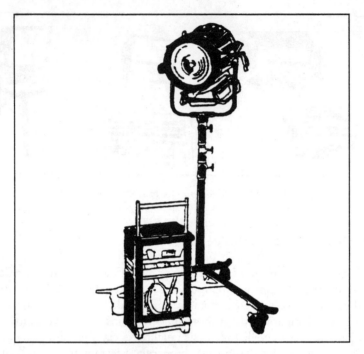

Figura 90. Proyector HMI.

- Las potencias más habituales son:

  — 2,5 KW y 4 KW: hacen las funciones del 5 KW y 10 KW de tungsteno.
  — 6 KW y 8 KW: muy versátil (sustituye al 10 KW «*big eye*»).
  — 12 KW y 18 KW, como las versiones más potentes.
  — Las versiones más portátiles y reducidas: 575 W y 1.200 W.

8.1.6. Proyector de arco voltaico

También llamado de «*arco de carbón*» o simplemente «*de arco*», este proyector fue diseñado por Humphrey Davi en el año 1801. El arco fue la primera luz de gran intensidad. Su primera utilidad fue para el teatro pero rápidamente el cine lo adaptó y lo incorporó ya que era la única fuente de luz capaz de impresionar las primeras emulsiones cinematográficas, que eran muy poco sensibles y precisaban de gran cantidad de luz para ser impresionadas. El arco era por entonces la única alternativa de luz artificial a los estudios de cristal y al cielo abierto. Si bien durante muchos años ha sido el proyector más grande y más potente, actualmente su uso se ha visto restringido y prácticamente no se utiliza, siendo sustituido por el HMI.

Figura 91. Proyector de carbón.

En este tipo de proyectores la luz se produce creando un arco entre dos electrodos de carbón que se queman y se van consumiendo. La distancia entre estos dos electrodos ha de ser constante y por lo tanto hay que mantenerla aproximando dichos electrodos a medida que se consumen. Los arcos modernos realizan esta función automáticamente mediante un motor.

El arco emisor de luz es pequeño y esto hace que la luz sea muy puntual, nítida y especular, de una calidad muy envolvente.

La temperatura de color es de 5.600 °K, aunque también existe la versión para 3.200 °K (arco de llama amarilla) y se utiliza en exteriores como refuerzo a la luz del sol, o bien de noche. También para crear el efecto «luz de día» a través de una ventana.

Entre sus inconvenientes destacan:

— Provoca algo de humo en los primeros instantes de su funcionamiento.
— Funciona con corriente continua y necesita, por tanto, un transformador.
— Genera mucha radiación ultravioleta que habrá que filtrar con gelatinas cálidas.
— Este tipo de proyector precisa la atención especial de un operador lo que encarece la producción.
— Genera una gran cantidad de calor debido a su gran potencia.

8.1.7. Proyector de ambiente

Se utiliza, tal como su nombre indica, para crear luz ambiente que servirá de fondo o de luz base de relleno en la escena. Actúa como una luz secundaria que ayuda a la principal. También se puede utilizar como luz suave, utilizando filtros difusores, gelatinas, etc.

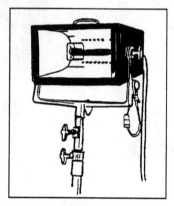

Figura 92. Proyector de ambiente.

El proyector de ambiente dispone de un reflector directo y corto, y va equipado con una lámpara de cuarzo de filamento lineal (forma tubular). La potencia oscila entre los 1.000 W y los 5 KW. Suele incorporar viseras como accesorio que permiten controlar mínimamente el haz de luz, aunque en general es muy abierto para cubrir precisamente el máximo del área de la escena.

8.1.8. Proyector de ciclorama

Se emplea para iluminar cicloramas, zonas bajas del decorado o planos de perfil.

Son, básicamente, proyectores abiertos de potencias que oscilan entre los 650 W, 1.000 W y los 1.250 W. Pueden ir individuales o en grupos de 2, 3, 4 o más proyectores.

Se colocan directamente en el suelo situados en el interior de unas cajas especiales, o bien colgados en el techo, o en una parrilla de iluminación.

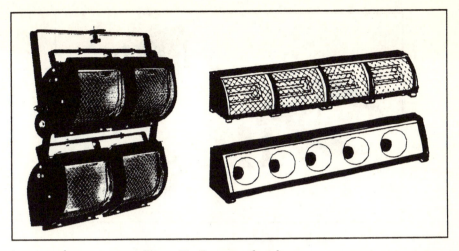

Figura 93. Proyector de ciclorama.

Emiten una luz que se puede colorear mediante *gelatinas* de colores. Normalmente van en grupos de tres, cada uno con una gelatina de un color diferente y un *atenuador*, con lo que es posible crear efectos muy creativos de mezcla de colores.

Un inconveniente es que no permiten el control del haz de luz de ninguna manera.

8.1.9. Fuente de luz portátil: el flash continuo

Aunque en cine no es demasiado frecuente, existen ocasiones en las que no es posible tomar imágenes, ya sea porque la luz ambiente o la natural es insuficiente para hacerlo en las condiciones técnicamente adecuadas, o bien porque no es posible iluminar con fuentes de luz habituales, también a causa del género o la propia naturaleza de la situación. En estas condiciones hay que recurrir a las fuentes de luz portátiles. Éstas tienen la particularidad de ir fijadas en la propia cámara, y por lo tanto ambas se desplazan simultáneamente, o bien las sujeta directamente un segundo operador. Es el caso del reportaje televisivo y la toma de noticias.

Este tipo de luz es también denominado «*antorcha*» o «*flash continuo*» ya que recuerda al flash de las cámaras fotográficas con la particularidad de que en este caso la luz que emite es continua y no pulsatoria.

Como particularidades podemos mencionar:

- Generalmente va alimentada con baterías autónomas de corriente continua (CC) a 12 V o 30 V.
- Estas baterías suelen ser de tipo cinturón o en forma de paquete para la espalda. En este caso su autonomía es cuatro veces superior aunque son mucho más pesadas y voluminosas.

Figura 94. Antorcha o fuente de luz portátil.

Figura 95. Alimentación mediante cinturon de baterias.

- La autonomía suele ser de unos 15 a 20 minutos aproximadamente, dependiendo de la potencia de la lámpara.
- Algunos modelos de gran potencia incorporan un sistema de ventilación.
- Existe también la versión HMI equilibrada a 5.600 °K, con un rendimiento más elevado y con más autonomía.
- Las potencias más habituales son:

    Tungsteno: 100 W, 250 W, 300 W, 650 W.
    HMI: 125 W, 275 W, 1.200 W.

- Los equipos portátiles generalmente pueden alimentarse directamente con corriente eléctrica mediante un adaptador / transformador de CA (corriente alterna).

8.1.10. Proyector de seguimiento

Es un proyector de grandes dimensiones, de forma alargada, que se utiliza cuando se precisa seguir al personaje a través del escenario o del decorado donde tiene lugar la acción.

Se utiliza frecuentemente como recurso de iluminación para la escenografía teatral pero se emplea asimismo en ciertos géneros televisivos y en secuencias cinematográficas donde tienen lugar actuaciones en un escenario. También en espectáculos de tipo concurso o teatrales, cuando un personaje se mueve dentro de un espacio escénico en el que hay que mantener la atención en su persona y dejar el resto del decorado más oscuro.

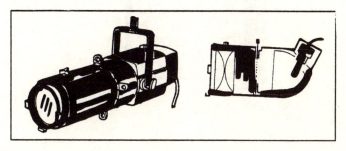

Figura 96. Proyector de seguimiento.

Como particularidades y características podemos decir que:

- Se sitúa a gran distancia del sujeto.
- Necesita siempre un operador que lo controle constantemente.
- Precisa de gran potencia y de un sistema de lentes para enfocar y dirigir el haz de luz.
- Cuenta con una especie de iris interno que controla el tamaño de haz y un segundo iris que controla la cantidad de luz para dar la exposición adecuada.
- Incorpora dos obturadores que pueden restringir o recortar la luz en la parte superior e inferior del haz.
- Incorpora filtros de colores para efectos cromáticos y filtros correctores para equilibrar su temperatura de color con la de otras fuentes de luz.
- Permite suavizar el contorno del haz para que no sea tan duro el recorte de luz.
- Incorpora también ciertos mecanismos de control para que el operador pueda encuadrar el área a iluminar antes de abrir el proyector.

8.1.11. Proyector de fluorescencia

Es el último paso en el desarrollo de la tecnología de sistemas de iluminación de estudio.

La principal particularidad es que utiliza fluorescentes como fuentes de luz. Los proyectores llevan siempre más de una lámpara, según el modelo y la potencia.

La denominación de «*luz fría*» se debe a que la temperatura de color de las lámparas es de 5.600 °K (luz de día), aunque existe la versión de 3.200 °K que no necesita filtraje cuando combinamos estas fuentes con otros proyectores de luz artificial.

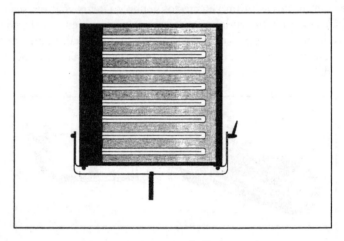

Figura 97. Proyector de fluorescencia.

Características:

- Un proyector de 6 tubos de 55 W (330 W en total), por ejemplo, equivale a un proyector de 1.500 W de tungsteno-halógeno normal. El ahorro energético es significativo.
- La irradiación de calor es insignificante comparada con la iluminación tradicional. Aparte del ahorro energético directo también presenta un ahorro en aire acondicionado de las instalaciones.
- El precio de compra es más caro pero la vida útil de las lámparas es muy superior. Para tener una idea, una lámpara de estas características tiene una vida media de unas 10.000 horas y una lámpara incandescente tradicional de unas 100.
- Hay que tener presente que no podemos comparar este tipo de proyector con el fresnel ya que por su diseño y características no es una fuente puntual sino de luz suave. Su aspecto es similar a algunos proyectores softlight.

8.2. Soportes para las fuentes luminosas

Para iluminar con precisión hay que situar en cada lugar las fuentes de luz. Existen diferentes posibilidades en cuanto al soporte a utilizar y deberemos aplicar la más adecuada en cada caso según nuestras necesidades y disponibilidades. Cada opción implica ventajas e inconvenientes que se deberán valorar en cada momento.

La forma de sujeción de los proyectores no afecta directamente al esquema de iluminación, ni al tipo de luz, pero sí a la comodidad de trabajo, a la rapidez y a la eficacia del proceso del trabajo de la iluminación.

Podemos establecer la siguiente clasificación según el lugar que ocupa el soporte y la fuente. Básicamente hablamos de dos tipos:

1. Cuando se apoyan de alguna manera en el suelo:
   — Baterías de suelo.
   — Trípodes.
2. Cuando se encuentran en suspensión (en el aire):
   — Parrillas.
   — Pantógrafos.
   — Vías.
   — Pasarelas.
   — Otros.

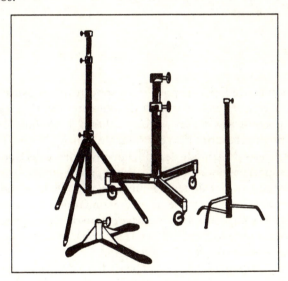

Figura 98. Sistemas de soporte de iluminación.

8.2.1. Sistemas de sujeción sobre el suelo

1. *Baterías de suelo*

Se aplican a cualquier fuente luminosa que se coloca directamente en el suelo o sobre un soporte muy bajo (abrazadera, trípode de tipo araña, pinza, etc.). Se utiliza en los casos siguientes:

- En unidades de iluminación en filas (proyectores de ciclorama) para iluminar partes bajas del decorado, del fondo o del ciclorama.
- Para iluminar objetos cuando la cámara tiene un punto de vista muy bajo.
- Para crear cierto tipo de luz ambiente, como por ejemplo un brasero.
- Para crear algún efecto dramático sobre un personaje a través de una luz muy contrapicada (punto de vista muy bajo). Sería el caso de crear una sensación de terror en la cara de un personaje.

Este tipo de iluminación puede solucionar estas situaciones que acabamos de mencionar pero también puede acarrear algunos problemas tales como:

- Puede crear ciertas sombras indeseadas en las partes bajas y de media altura del fondo o del decorado.
- Puede manchar de luz o de sombra el suelo y si éste entra en campo puede ser un problema.
- Puede sobreiluminar las partes bajas de la escena.
- Las personas que se sitúan frente a las fuentes de iluminación, o que pasan por delante de ellas, pueden sufrir una sobreiluminación en la parte baja de las piernas.

2. *Trípodes*

Como su nombre indica, el trípode es un soporte que consta de tres pies. La fuente de iluminación se sujeta al trípode de diferentes maneras según el peso, el tamaño y las características del proyector y del tipo de trípode. Existen adaptadores y todo tipo de accesorios para dar solución a cualquier tipo de situaciones.

Las características del trípode dependerán obviamente del tipo de proyector que tenga que soportar, sobre todo en lo que al peso y tamaño se refiere. A mayor peso, más robusto y pesado tendrá que ser el trípode. El sentido común será un factor importante a tener en cuenta en el momento de determinar el tipo de trípode en cada caso, dependiendo también del tipo de terreno y las condiciones de trabajo pero, sobre todo, pensando en la seguridad del proyector y del equipo humano que forma parte de la producción.

Los soportes y trípodes ligeros están pensados y diseñados para exteriores o bien para soportar poco peso. Son compactos y se pueden almacenar y transportar con facilidad.

Los trípodes más pesados llevan incluso ruedas para facilitar el desplazamiento. Además, una vez dispuesto en el sitio adecuado, habrá que fijar perfectamente el conjunto mediante sacos de arena o cuñas que inmovilicen el soporte.

Los trípodes de mayor tamaño son capaces de soportar proyectores y dispositivos muy pesados, como focos de 10 KW por ejemplo, arcos de carbón, grandes proyectores de ambiente, etc. Generalmente disponen de una columna central que puede ser hidráulica o incluso pueden incorporar un motor. La altura puede llegar hasta los cuatro metros.

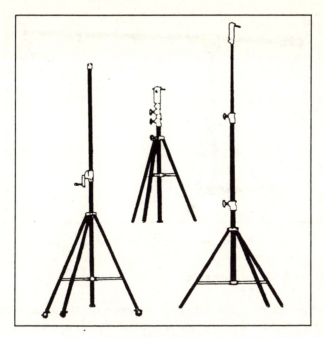

Figura 99. Trípodes ligeros.

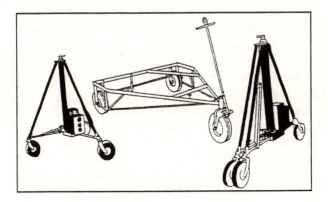

Figura 100. Trípodes pesados con ruedas.

El trípode puede disponer también de accesorios como: tubos de extensión, jirafas, brazos de desplazamiento, soportes multicabeza (para más de una fuente de luz).

La *jirafa* es una barra suspendida sobre un gran trípode que en un extremo tiene un contrapeso para equilibrar y en el otro la fuente de luz. Se utiliza para crear una luz completamente cenital cuando no se dispone de una parrilla de iluminación ni de ningún otro tipo de sistema para suspender el proyector justo sobre el motivo.

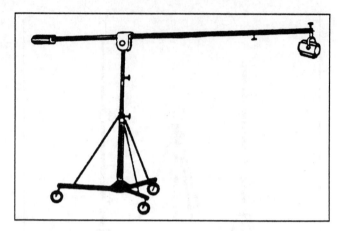

Figura 101. Trípode con jirafa para iluminación cenital.

8.2.2. Sistemas de suspensión aérea

En estudios de cine y platós de TV, la forma más habitual de iluminación es mediante sistemas de suspensión aérea, que permiten la suspensión de las fuentes luminosas fijadas en estructuras lo suficientemente elevadas.

Los sistemas de suspensión aérea presentan ventajas frente a los sistemas de suelo:

- Las fuentes de luz, los trípodes y los cables no se encuentran en el escenario donde tiene lugar la grabación o el rodaje. Este espacio está lo suficientemente ocupado por todo aquello que tiene que ver con la acción (decorados, equipo humano de producción, personajes...), además de las jirafas de sonido y las cámaras.
- El hecho de que la distancia entre la fuente y el motivo a iluminar sea mucho mayor hace que la cobertura de luz sea también mayor.
- Se necesitan menos fuentes de iluminación pero más potentes.

Los estudios de cine y grandes platós de TV disponen de una galería o pasarelas entre el techo y la parte superior de las paredes por las cuales se puede circular y manejar directamente el equipo de iluminación, aunque también se puede hacer desde el suelo mediante unas largas pértigas (para acabar de ajustar la orientación de los proyectores). Normalmente, las fuentes se fijan en estructuras tubulares en las pasarelas.

Las instalaciones de los equipos de iluminación deben ser bastante polivalentes para adaptarse a múltiples situaciones y necesidades de los diferentes géneros y sistemas de registro y grabación.

Los sistemas de suspensión más comunes son:

- *Suspensión en un solo punto*: consta de un soporte fijado directamente al techo del estudio. Es el sistema menos flexible.

- *Parrilla tubular fija*: es el sistema más económico y sencillo. La estructura, el tamaño y complejidad de la parrilla dependerá de las necesidades de cobertura de la iluminación.
- *Parrilla móvil:* permiten la movilidad total de los puntos de luz a través de unas guías transversales que se deslizan sobre dos carriles. Los proyectores van fijados a unos «carros» que se deslizan a través de estas guías. Las parrillas móviles se suelen utilizar en estudios fotográficos y pequeños estudios de grabación de TV y vídeo.

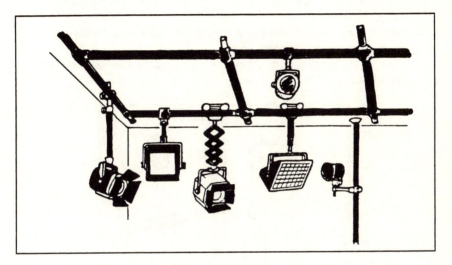

PARRILLA TUBULAR FIJA

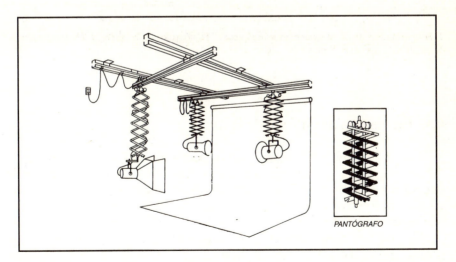

PARRILLA MÓVIL

Figura 102. Sistemas de suspensión: en un solo punto/ parrilla tubular fija/ parrilla móvil.

Exponemos, a continuación, los soportes básicos más usuales empleados en los sistemas en suspensión:

1. *Barra telescópica con pinza deslizante.*
2. *Monopértiga telescópica.*
3. *Pantógrafo*: permite sostener la fuente de luz en el punto deseado pudiendo bajar o subir una cierta distancia.
4. *Trombón.*
5. *Abrazadera en «C»*: es el sistema más común de sujeción para las estructuras tubulares
6. *Soporte de pared o techo*: permite fijar directamente la fuente pero no tiene ningún margen de movimiento.
7. *Ventosa de succión*: es una ventosa que se puede fijar en superficies más bien lisas.

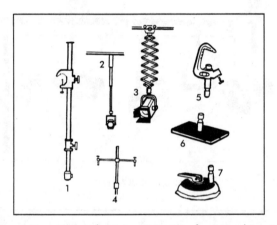

1. Pértiga deslizante; *2.* Monopértiga telescópica; *3.* Pantógrafo; *4.* Trombón; *5.* Abrazadera «C»; *6.* Soporte de pared; *7.* Ventosa de succión.

Figura 103. Soportes de sistema en suspensión.

8.3. Elementos de control de la luz

El sentido común, la imaginación y la perspicacia del operador de cámara, del director de fotografía o del iluminador serán decisivos en el momento de controlar y conducir la luz para conseguir un determinado efecto en la imagen. Al margen de esta consideración previa, disponemos de diferentes recursos y elementos para controlar la luz.

Una vez situada la fuente de luz en su posición y angulación adecuadas, habrá que ajustar la cobertura del haz de luz.

- Según el tipo de proyector podremos variar más o menos el grado de concentración y dispersión de la luz, y por lo tanto el grado de cobertura. Ven-

drá dado por la naturaleza de la propia fuente o de los accesorios que pueda incorporar.
- Podremos también atenuar la intensidad de la luz si resulta demasiado intensa mediante un *regulador*, también llamado *reostato*, *atenuador* o *potenciómetro*.
- Se pueden utilizar reflectores para reducir la intensidad, con la contrapartida de que la luz será más suave y dispersa.

Los accesorios y recursos técnicos más habituales para poder controlar la luz una vez ha salido del proyector son los siguientes:

Viseras.
Nido de abeja.
Banderas.
Negros.
Gasas.
Sedas o difusores.
Puntos y dedos.
Anillo de dispersión.
Parasol cónico.
Reguladores de luz.

1. *Viseras*

Es el recurso más utilizado y la mayoría de los proyectores incorporan este accesorio o permiten incorporarlo.

Consta de un bastidor con dos o cuatro hojas o solapas de metal negro que se ajustan individualmente para recortar la luz. Normalmente el bastidor puede girar para permitir la angulación de las viseras.

La nitidez del recorte de luz puede variar entre suave y más o menos dura dependiendo del tamaño y forma de la visera. Cuanto mayor sea la visera más definición tendrá el recorte (ya que mayor será la distancia entre la lámpara o la fuente de luz y el final de la visera) y viceversa.

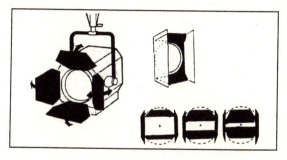

Figura 104. Viseras.

Entre otras aplicaciones las viseras sirven:

- Para recortar la luz en un área específica.
- Para iluminar un fondo sin que afecte al motivo o viceversa.
- Para corregir sombras no deseadas.
- Para crear sombras en el decorado.
- Para proteger la cámara de la luz cuando el haz penetra en el objetivo y crea un reflejo sobre la lente.

2. Banderas / negros

Son, básicamente, limitadores de luz. Existen en diferentes formas y tamaños pero esencialmente constan de un trozo de una tela negra completamente opaca denominada «*dubetyne*» montada sobre un bastidor destinada a ir sujeta en un trípode.

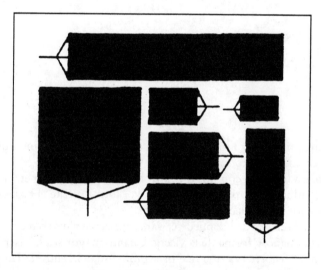

Figura 105. Banderas / negros.

Se utilizan para crear sombras sobre el decorado, restringir o limitar la luz y para controlar el haz de luz.

El recorte de luz es más definido que en el caso de las viseras ya que la bandera se encuentra normalmente más lejos del proyector.

Hay dos tipos de banderas que se diferencian por la forma:

- «*Flag*»: de forma más cuadrada y de tamaños: 12" × 18", 18" × 24", 24" × 36" y 48" × 48".
- «*Cuter*»: más largas y más estrechas. Los tamaños más habituales son: 10" × 42", 18" × 48", 24" × 72".

Una de las reglas fundamentales es que tienen que estar situadas lo más lejos posible de la fuente de iluminación (tanto como permita el encuadre de la cámara) para conseguir un corte de luz muy definido.

Cuanto más abierto esté el proyector, más definido será el corte de luz y viceversa.

Podemos modelar trozos de cartulina negra y añadirlos a la bandera sujetos mediante pinzas, con el fin de conseguir formas de sombra determinada sobre el sujeto.

Cualquier elemento que interpongamos entre la luz y el motivo actúa como limitador de luz

3. Gasas

Tienen una forma similar a la de la bandera pero el material del que está construida es el «*bobbinet*», una especie de gasa que reduce la cantidad de luz sin alterar su calidad (básicamente su temperatura de color). También va montada sobre un bastidor aunque en este caso es abierto por uno de los lados para que el propio soporte no proyecte sobre el decorado y, por lo tanto, con el fin de que no se vea.

Existe la gasa simple y la doble. La simple reduce la luz en medio punto y la doble en un punto.

Cuanto más lejos está la gasa de la fuente de luz, más duro y definido será el corte o la frontera de luz.

La función de la gasa es reducir la intensidad de luz en una parte del motivo, sin que afecte o se note en el resto de la imagen.

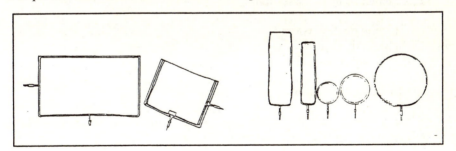

Figura 106. Gasas y sedas.

4. Sedas o difusores

Se encuentran en los mismos tamaños y formas que las gasas y las banderas y están recubiertos de un material difusor de color blanco sedoso. Originalmente se utilizaba seda natural y de ahí su nombre pero actualmente están construidas de nilón, más fácil de manejar y que no amarillea con el tiempo, evitando así un cambio en la temperatura de color de la luz que transmite.

Las sedas suavizan la luz y la reducen en un punto de diafragma.
Cuando los tamaños son muy grandes se denominan *«palios»* o *«butterflies»*.

5. Puntos y dedos

En el argot profesional, son los *«dots»* y *«fingers»* y en realidad son las gasas y las sedas sólo que con un tamaño más bien pequeño.

Cuando tienen una forma redonda se denominan *puntos* y se encuentran en tamaños de 3", 6" y 10". Cuando son muy alargados reciben el nombre de *dedos* y el tamaño oscila entre 2" x 12" y 4" x 14".

Se utilizan para crear pequeñas sombras sobre un motivo. Su uso tiene lugar más bien en bodegones o en trabajos muy afinados de iluminación con motivos de reducidas dimensiones.

Existen puntos y dedos de gasa, doble gasa, seda y negro.

6. Elementos para concentrar la luz

Como sabemos, existen proyectores de luz que permiten concentrar la luz como el fresnel o, mejor incluso, los proyectores *«spot»* que están especialmente diseñados para este efecto, pero existen también en el mercado una serie de accesorios que permiten la concentración de la luz y que pueden ser usados en proyectores normales o combinados con proyectores del tipo *«spot»* para incrementar el efecto de concentración del haz. Se emplean, por ejemplo, para aislar una parte del motivo con la ayuda de la luz, para crear manchas de luz, para crear un centro de interés dentro de la imagen, etc.

Los elementos más usuales son:

a. El anillo de dispersión.
b. El panel de abeja.
c. El parasol cónico: el cono.

a) Anillo de dispersión

Son una serie de anillos concéntricos, poco profundos, que se colocan delante de la lámpara y restringen y concentran la luz.

Figura 107. Anillo de dispersión.

b) Panel de abeja

Es un accesorio en forma de panel de abeja que según su densidad concentrará más o menos el haz luminoso.

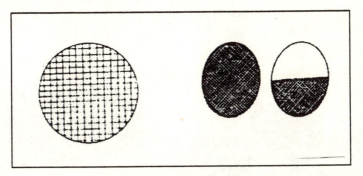

Figura 108. Panel de abeja.

c) Parasol cónico: el cono

Es un soporte en forma de cono que se sitúa delante de la fuente para dirigir la luz. La suavidad del contorno varía con el enfoque del proyector, con la profundidad y el diámetro del cono

Figura 109. Cono de luz.

7. *Reguladores de luz: el «dimmer»*

El regulador de luz, también llamado *atenuador* o *«dimmer»*, sirve para controlar la intensidad de luz de un grupo de fuentes luminosas. Puede controlar cada lámpara independientemente o bien por grupos. El dimmer ajusta la salida de luz de cada lámpara de acuerdo a unas necesidades técnicas o estéticas y permite un control de toda la iluminación muy fácil y cómodo que se realiza desde una mesa de control situada a cierta distancia.

El cine ha utilizado reguladores portátiles e interruptores automáticos de contacto para controlar la iluminación. La televisión, en sus inicios, usaba una combinación entre los equipos cinematográficos y las consolas de regulación estándar del teatro. A medida que las producciones televisivas iban evolucionando, las necesidades de iluminación eran mayores y se evidenció la necesidad de equipos más flexibles y que cumplieran con las tareas más específicas de la tecnología televisiva. Los reguladores han evolucionado y en estos momentos es en el cine y el teatro donde más se utilizan.

Figura 110. Reguladores de luz.

Los dimmers permiten en los platós de cine y television:

- Encender y apagar una sola lámpara.
- Encender y apagar un grupo de lámparas.
- Encender unas lámparas determinadas sin afectar a otras.
- Ajustar la intensidad de luz de cualquier lámpara.
- Hacer fundidos, de abertura o de cierre, de cualquier lámpara o grupo de lámparas con velocidades variables.
- Hacer fundidos, de abertura o de cierre, de unas lámparas y abriendo o cerrando otras.
- Etc.

Los reguladores modernos y de altas prestaciones tienen mecanismos para guardar en memoria los detalles de conmutación y atenuación de las diferentes preparaciones y configuraciones de iluminación realizadas. Esto evita tener que ajustar manualmente cada vez las posiciones de cada fuente de iluminación. En TV esto es muy importante ya que la inmensa mayoría de los programas se repiten periódicamente y una vez configurada la iluminación definitiva, solamente habrá que elegir una configuración cada vez que se tenga que preparar la iluminación del programa para recuperar la preparación guardada en memoria.

Existen reguladores con distinto número de canales (6-12-24-48-60 o incluso más). Cada uno de estos canales soporta un máximo de potencia (que suele ser de 2 KW) a través de una o más conexiones. Cada conexión equivale en la práctica a una fuente de luz.

En estudios donde las necesidades de iluminación son muy grandes, de doscientas o más lámparas y con cambios de configuración muy frecuentes, se han desarrollado equipos de regulación con sistemas controlados informáticamente a través de un ordenador que permiten memorizar y controlar multitud de configuraciones, conexiones e intensidades de luz.

El dimmer consta de dos partes: una caja de conexiones donde se conectan las fuentes de luz y una mesa de control donde se configuran las diferentes preparaciones. Cada aparato tendrá sus peculiaridades dependiendo de las características técnicas.

Cada canal dispone de un conmutador independiente y un control («*fader*»). Además hay un fader general para cada preparación de luz que permite controlar un grupo de lámparas. Las mesas incorporan entre otras muchas cosas un conmutador de fundido que permite fundir, abriendo o cerrando toda una preparación permitiendo, incluso, un retraso en el fundido controlado mediante un temporizador.

CAPÍTULO 9

LOS FILTROS EN LA CINEMATOGRAFÍA

A pesar de las sucesivas mejoras que se han introducido en el rendimiento cromático de las emulsiones fotográficas no existe una exacta correspondencia entre lo que la película registra y lo que el ojo humano ve.

Para resolver estas diferencias o, simplemente, por otras razones relacionadas con la posibilidad de manipular las imágenes obtenidas, se recurre al uso de muy diversos tipos de filtros en la toma cinematográfica.

En el estado actual de la tecnología no es concebible una cinematografía sin el uso de filtros en la toma. El director de fotografía debe conocer sus características para elegir el más adecuado en cada momento.

9.1. Los filtros

Podemos definir los filtros como láminas transparentes y en muchos casos coloreadas cuyas propiedades ópticas se aprovechan extensamente en fotografía. Normalmente son de vidrio y van unidos a una montura adaptable al parasol o directamente al objetivo.

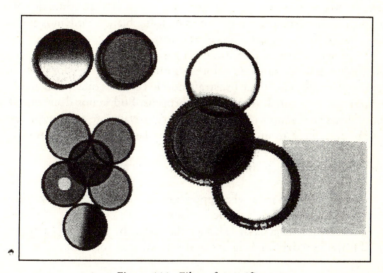

Figura 111. Filtros fotográficos.

En su proceso de fabricación se le añaden al vidrio los colorantes adecuados. También se fabrican de gelatina o plástico teñidos.

Existen muchas utilizaciones de los filtros pero una de las más usuales en blanco y negro es la de corregir las deficiencias de las películas en la reproducción de los colores. En color no suelen emplearse filtros coloreados salvo para efectos especiales o como elementos conversores o correctores de las diferencias existentes entre las características de la emulsión y las condiciones de cromatismo de la escena. En color, es bastante usual emplear filtros no coloreados como el anti-ultravioleta y los polarizadores.

Las actuales películas de blanco y negro han mejorado mucho respecto a las de hace unas décadas en la reproducción cromática de los colores (en la traducción a densidades de plata de los colores). Era muy común recurrir al uso de filtros en la filmación sólo para que los materiales reprodujeran los colores, por supuesto en matices de gris, de forma similar a como los percibía el sistema visual humano.

Pero antes de pasar a describir los diferentes tipos de filtros existentes merecerá la pena dedicar un tiempo a comprender el proceso de transmisión de la luz.

9.2. Comportamiento de los filtros

Un *filtro de color* es una lámina coloreada que, interpuesta en un haz de luz blanca, absorbe uno o varios componentes de esa luz, dejando pasar los restantes. Ya sabemos que la luz blanca está compuesta de rojo, verde y azul. Si en el camino de un haz de luz blanca interponemos un filtro de color azul, por ejemplo, las porciones roja y verde son absorbidas y sólo el componente azul pasa a su través. Justo por este comportamiento apreciamos el filtro como de color azul ya que absorbe los restantes componentes de la luz blanca. Podemos afirmar que los filtros llevan siempre a cabo una cierta sustracción o resta de luces.

Si interponemos más de un filtro en el paso de la luz blanca no podemos hablar, en ningún caso, de suma de colores ya que cada uno de ellos efectuará una absorción o resta de la luz inicial sustrayendo los colores que le son ajenos y dejando pasar tan sólo aquellos que le son propios. Podríamos decir que se están sumando filtros en el sentido de reunirlos o exclusivamente de superponerlos sin hacer referencia al efecto que introducen sobre las características cromáticas de la luz.

Los filtros de colores primarios actúan de la forma siguiente:

1) El filtro rojo deja pasar el componente rojo de la luz blanca y absorbe los componentes verde y azul de la misma.
2) El filtro verde deja pasar la luz verde y absorbe el rojo y el azul.
3) El filtro azul deja pasar la luz azul y absorbe el rojo y el verde.

En resumen, cada filtro coloreado deja pasar las radiaciones de su propio color y absorbe en mayor o menor medida los colores que le son ajenos (su complementario). Un filtro de color verde aclarará los verdes de la escena y oscurecerá el magenta, o lo que es lo mismo, el azul y el verde de la misma escena.

Si tenemos que teñir una luz de un determinado color no es aconsejable emplear filtros de colores primarios si el método a emplear va a ser el sustractivo.

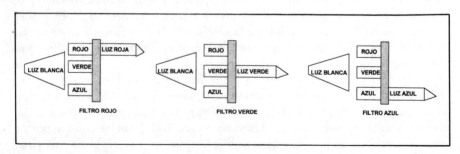

Figura 112. Comportamiento de los filtros de colores primarios.

En efecto, para lograr el rojo, verde y azul, bastará con superponer filtros de color rojo, para conseguir luz roja; verde, para conseguir luz verde, y azul, para conseguir luz azul. Pero... ¿y si queremos conseguir luz amarilla, magenta, cian o cualquier otro color intermedio? Para conseguir el cian deberemos eliminar el componente rojo de la luz blanca, y dejar pasar el color verde y azul y esto es imposible de conseguir con ningún filtro de color primario ni con ninguna combinación de este tipo de filtros. No quedará más remedio, como veremos, que recurrir a filtros de colores secundarios.

Los filtros de *colores secundarios* por estar compuestos de la suma de dos primarios dejan pasar dos componentes de la luz blanca, reteniendo el tercero. Podemos decir que los filtros de colores secundarios actúan de la forma siguiente:

1) El filtro amarillo (rojo más verde) deja pasar los componentes rojo y verde de la luz blanca y absorbe el componente azul de la misma.
2) El filtro magenta (rojo más azul) deja pasar el rojo y el azul y detiene el verde.
3) El filtro cian (verde más azul) deja pasar el verde y el azul y detiene el rojo.

Podemos decir, en resumen, que el comportamiento es idéntico a los filtros de colores primarios salvo que al superponer dos filtros de colores secundarios pasará únicamente una porción de la luz blanca, aquella del color común a ambos. Si empleamos simultáneamente un filtro amarillo y uno cian, del rojo y el verde transmitido por el primero sólo pasará a través del filtro cian el verde, ya

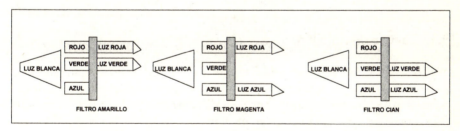

Figura 113. Comportamiento de los filtros de colores secundarios.

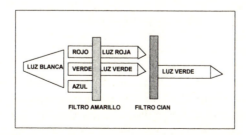

Figura 114. Interposición de dos filtros de colores secundarios.

que el rojo quedará detenido. Pasará tan sólo el color que estaba presente en los dos filtros, el color común a ambos, el verde.

No todos los filtros del mismo tono tienen la misma *saturación*. En el mercado existe una extensa gama de filtros de distintos colores que van desde las tonalidades más claras de un mismo color hasta las más intensas. La saturación del filtro está relacionada con la *densidad* de forma que a mayor densidad mayor saturación.

Un filtro de poca densidad no absorbe por completo los colores que le son ajenos, solamente los reduce en parte, dejando pasar el resto. Conforme aumenta la densidad y el color del filtro se vuelve más intenso, aumenta la absorción de manera que un filtro muy saturado apenas deja pasar una mínima parte de los colores que le son ajenos (de su color complementario) aunque el color propio se transmite sin ninguna dificultad. En realidad, siempre existe una cierta pérdida del color propio que, en la práctica, podemos considerar como despreciable.

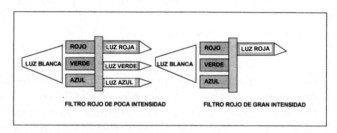

Figura 115. Resultado en la transmisión del aumento de la densidad de un filtro.

9.3. Factor de un filtro

Todos los filtros absorben una determinada cantidad de luz y están asociados a un número, su *factor*, que nos indica la compensación necesaria en el nivel de exposición para obtener una imagen de densidad correcta. Se llama factor de un filtro al número de veces que debe incrementarse la exposición (por ejemplo abriendo el diafragma) para compensar la pérdida luminosa que el filtro provoca.

Un filtro que reduzca la intensidad de luz a la mitad está asociado a un factor que puede venir expresado como «-1» (equivalente a aumentar la exposición en un valor), o como «2x» multiplicar por 2 el valor de exposición. En general, este valor acompaña a casi todos los filtros salvo aquellos en los que la pérdida de luz es tan mínima que no merece la pena ni expresarla.

El factor de un filtro interesa conocerlo, sobre todo, cuando empleamos un sistema de medición externo a la cámara, mediante un exposímetro independiente, ya que si la cámara dispone de algún sistema de medición automática respecto a la luz que le llega a través del objetivo, el factor del filtro será tenido en cuenta por el sistema de medición que se verá afectado por la disminución en la entrada de luz consecuente con la densidad del filtro empleado.

El factor de un filtro viene indicado por el fabricante, sobre la montura del mismo, en el exterior o en alguna nota que acompaña a las instrucciones de uso.

Una vez explicada esta generalidad de funcionamiento de los filtros hemos de ampliar la información diciendo que no siempre el factor puede considerarse una constante. En realidad, el coeficiente indicado por el fabricante varía con las distintas emulsiones porque el rendimiento cromático de éstas no es constante. Así, por ejemplo, el coeficiente de absorción o factor de un filtro de color verde no será el mismo con una emulsión pancromática normal que con una emulsión superpancromática extremadamente sensible a la luz de color rojo.

En términos profesionales, la determinación exacta del coeficiente de absorción de un filtro es preciso someterla a pruebas rigurosas partiendo de las indicaciones del fabricante. Conviene saber, además, que la acción de un filtro puede verse disminuida o incrementada por la subexposición o la sobreexposición.

9.4. Filtros para blanco y negro

La emulsión de blanco y negro es generalmente pancromática (sensible a todos los colores) y la luminosidad o brillo de cada color se registra en términos de grises. En una determinada escena, las diferentes zonas se diferencian por su luminosidad y color. Como en blanco y negro no se reproducen los colores, es posible que el contraste de la copia se diferencie netamente de lo que estamos viendo. Podemos fotografiar zonas de diferente color e igual luminosidad que podrían ocasionar imágenes de blanco y negro en las que apenas se apreciase diferencia entre las distintas zonas.

Existen variadas razones para aconsejar el uso de filtros en la cinematografía de blanco y negro entre las que no se excluye la posibilidad de manipular las imágenes, realzar unas zonas con respecto a otras, disminuir una luminosidad ambiental excesiva, efectuar ciertos efectos especiales, etc. Por ello, estudiaremos a continuación las características de los filtros más comunes empleados.

9.4.1. Filtros de corrección

Podríamos decir que se trata de filtros destinados a corregir *las deficiencias cromáticas propias de las películas pancromáticas*. El ojo humano tiene una sensibilidad máxima al color verde-amarillo, lo que quiere decir que estos colores los vemos con la máxima brillantez, muy claros si los comparamos con el azul o el rojo. La película pancromática (a pesar de las sucesivas mejoras experimentadas en su composición) se comporta de forma distinta, es muy sensible al azul y rojo, que impresionan fuertemente el negativo y, en cambio, las partes amarillo-verdosas del motivo producen una imagen latente débil que ocasiona en la copia positiva de proyección unas zonas rojas o azules demasiado claras y un cierto oscurecimiento de las zonas verde-amarillentas del motivo. Sucede justamente lo contrario de lo que el ojo humano percibe.

Los *filtros de corrección* son de color amarillo-verdoso y se caracterizan porque retienen mucho azul y algo de rojo, con lo que disminuyen la fuerte incidencia con que estos colores impresionan la película pancromática. Estos filtros son especialmente adecuados cuando fotografiamos un cielo azul con nubes blancas para resaltar las nubes del cielo. Sin filtro de corrección, la tendencia a sobreimpresionar el azul del cielo haría que en la fotografía apenas se distinguiesen las nubes del cielo (ya que el cielo azul habría impresionado tanto a la película como el blanco de las nubes). Si interponemos un filtro de corrección amarillo verdoso conseguimos que pase menos cantidad de azul y así el cielo impresionará menos a la película que las nubes blancas y habremos conseguido registrar una imagen que se asemeja a lo que el ojo humano realmente percibe: en la proyección (copia positiva) se mostrará un cielo más oscuro, sobre el que destacarán las nubes blancas. Muchos profesionales denominan este filtro como *filtro de cielo*.

Aunque este filtro equilibra también la reproducción del resto de colores, no debe olvidarse que cada vez las películas pancromáticas se aproximan más a la percepción del ojo humano y sólo son recomendables cuando se trata de aclarar los verdes o en el caso de diferenciar las nubes del cielo. Si bien algunos manuales recomiendan llevarlo puesto de forma fija, no debe olvidarse que su factor es bastante elevado (entre 2 y 3) lo cual dificulta la toma de imágenes en ciertas condiciones de escasa luminosidad.

Tampoco debemos olvidar que si iluminamos con lámparas de incandescencia (las habituales de uso doméstico y también las halógenas) las condiciones cromáticas de esas fuentes luminosas difieren mucho de las de la luz solar: tienen un exceso de rojo que puede alterar (aunque en blanco y negro y, por tanto, en términos de gris) la reproducción de los colores; en estos casos se emplea también el filtro amarillo-verdoso o, cuando se precisa una corrección más intensa para detener el exceso de rojo, se emplea un filtro cian (verde-azulado).

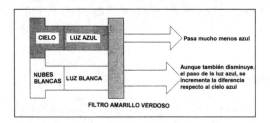

Figura 116. Efecto de un filtro de corrección sobre el cielo.

9.4.2. Filtros de contraste

Estos filtros se emplean, como su nombre indica, para marcar claramente diferencias entre colores que la película pancromática prácticamente no distinguiría una vez traducidos en tonos de gris. Este efecto es particularmente apreciable en el caso de los colores rojo y verde, que en muchas ocasiones se confunden.

LOS FILTROS EN LA CINEMATOGRAFÍA

Los *filtros de contraste* se caracterizan porque en las copias positivas de proyección aclaran las partes de su propio color mientras oscurecen las restantes. Así, un filtro rojo oscurece, hasta llegar al negro según su densidad, el azul y el verde, y aclara las partes rojas de la escena.

La selección que efectúan los filtros de contraste es mucho más enérgica que la de los filtros de corrección. No dejan pasar nada o casi nada de los colores que le son ajenos.

Los más usados son:

- El *filtro amarillo intenso*. Absorbe los rayos ultravioleta, el azul y el violeta. Su factor es cercano a 2 y sus principales efectos son: exagerar la diferencia entre cielo y nubes; eliminar el velo atmosférico en zonas de alta montaña o en el mar, aclarar el azul, etc. Como efecto negativo puede dar un aire cadavérico en primeros planos.
- El *filtro naranja*. Absorbe los rayos ultravioleta, el azul, el violeta y parte del verde. Su factor es muy alto, cercano a 4 y exagera los efectos del anterior de tal manera que las nubes sobre un cielo azul pueden dar una sensación de tormenta.
- El *filtro rojo*. Absorbe los rayos ultravioleta, el azul, el violeta y el verde. Los rojos quedan muy claros en el positivo. Su factor se extiende entre 5 y 8 y varía según el tipo de emulsión empleada. Mediante su uso puede simularse la noche en pleno día.

Siempre que sea posible es recomendable efectuar una prueba sin filtro, porque las actuales películas pancromáticas tienen un gran poder de separación de los colores y puede que ciertos efectos se consigan directamente, sin necesidad de recurrir a ningún filtraje.

Registro de los colores en tonos de gris según el filtro empleado

Filtro	Rojo	Verde	Azul	Amarillo	Magenta	Cian
Rojo	Muy claro	Oscuro	Oscuro	Claro	Claro	Muy oscuro
Verde	Oscuro	Muy claro	Oscuro	Claro	Muy oscuro	Claro
Azul	Oscuro	Oscuro	Muy claro	Muy oscuro	Claro	Claro
Amarillo	Claro	Claro	Muy oscuro	Muy claro	Claro	Oscuro
Magenta	Claro	Muy oscuro	Claro	Claro	Muy claro	Oscuro
Cian	Muy oscuro	Claro	Claro	Oscuro	Oscuro	Muy claro

Filtros Kodak-Wratten para blanco y negro

Código	Descripción
n° 0	No coloreado, generalmente empleado como protector del objetivo.
n° 1	Absorbe los rayos ultravioleta.
n° 3	Amarillo muy suave. Penetra la calima.

Código	Descripción
n° 6	Amarillo suave.
n° 8	Amarillo medio. Corrige la desviación pancromática.
n° 9	Amarillo oscuro.
n° 11	Amarillo verdoso (con predominio del amarillo).
n° 13	Amarillo verdoso (con predominio del verde).
n° 15	Amarillo muy intenso. Aclara los tonos de piel.
n° 21	Naranja claro.
n° 22	Naranja.
n° 72B	Naranja.
n° 23A	Rojo suave.
n° 25	Rojo.
n° 29	Rojo oscuro. Crea un contraste extremo. Los tonos azules (cielos) se vuelven negros.
n° 56	Verde muy suave.
n° 52	Verde suave.
n° 53	Verde medio.
n° 54	Verde oscuro.
n° 58	Verde muy oscuro.
n° 47	Azul.
n° 87	
n° 88ª	
n° 89B	Para utilización exclusiva cuando se trabaja con película sensible al infrarrojo.

9.4.3. Filtros especiales

Bajo esta categoría englobamos:

a) Antiultravioleta (U.V.)

Pueden aplicarse sin riesgo a las películas de color puesto que, generalmente, son transparentes. Estos filtros absorben las longitudes de onda inferiores a 400 nanómetros, es decir, a la radiación ultravioleta que el Sol lanza en grandes cantidades aunque es absorbida mayoritariamente por la atmósfera. La luz ultravioleta es invisible para el ojo pero impresiona las emulsiones sensibles al azul. Esta radiación es perjudicial en la toma fotográfica porque hace perder definición a las tomas de blanco y negro y además produce tonos azules en las tomas de color. Esta radiación es muy abundante en las zonas de alta montaña y en aquellos lugares donde existen grandes superficies que la reflejan, como el mar, la nieve y la arena. Su uso es muy recomendable aunque puede conseguirse en blanco y negro un efecto parecido con el uso de filtros amarillos. Los filtros U.V. absorben una pequeña parte de luz azul.

b) Infrarrojo

Se emplean muy excepcionalmente con las emulsiones especialmente sensibles al infrarrojo y absorben todas las radiaciones de longitud de onda inferior a 700 nanómetros.

c) Gris neutro (N. D.)

Llamados comúnmente *filtros neutros* o de *densidad neutra*, son filtros grises que reducen la intensidad de la luz sin alterar el rendimiento cromático. Normalmente producen una cierta rebaja del contraste de la escena.

Los filtros N. D. se necesitan cuando debemos hacer frente a una gran intensidad de luz que resulta excesiva para el valor más alto accesible de nuestra cámara. También son precisos cuando debemos trabajar con diafragmas abiertos que produzcan una reducida profundidad de campo en condiciones de luminosidad elevada que hacen imposible trabajar con esos diafragmas, o cuando la película que llevamos es de alta sensibilidad y el exceso de luz nos impide trabajar en un diafragma adecuado. En todos estos casos, los filtros neutros restan por igual los tres componentes de la luz blanca y se limitan a oscurecer la imagen que capta el objetivo en mayor o menor grado según su densidad.

Hay que tener en cuenta que en la filmación cinematográfica resulta aconsejable, en condiciones normales, trabajar con diafragmas medios (4 o 5,6), que aseguran una mejor calidad de la imagen. En las cámaras que no disponen de obturador regulable resulta imprescindible disponer de una gama variada de este tipo de filtros.

Estos filtros pueden ser empleados tanto en blanco y negro como en color.

Características de los filtros neutros

Filtros	Factor	Nº de diafragmas	Transmisión
ND 0,1	1,3	1/4	80 % de la luz
ND 0,2	1,6	1/2	63 % de la luz
ND 0,3	2	1	50 % de la luz
ND 0,4	2,5	1,1/4	40 % de la luz
ND 0,5	3,1	1,1/2	32 % de la luz
ND 0,6	4	2	25 % de la luz
ND 0,7	5	2,1/4	20 % de la luz
ND 0,8	6,3	2,1/2	16 % de la luz
ND 0,9	8	3	13 % de la luz

d) Polarizadores

Como en el caso del antiultravioleta, también pueden aplicarse sin riesgo a las películas de color por ser transparentes.

La luz se propaga normalmente en todos los planos. Se dice que la luz está polarizada cuando está reflejada por una superficie brillante no metálica que produce en el rayo de luz el efecto de eliminar la ondulación en alguno de sus planos (polarización). Al no propagarse en todos sus planos sino solamente en uno, produce reflejos.

Un *filtro polarizador* actúa como una rendija óptica que sólo transmite la luz que vibra en el plano de esa rendija. La intensidad de la luz ya polarizada puede regularse girando el filtro sobre su propio eje.

La utilización de este tipo de filtros es frecuente cuando debemos tomar imágenes de superficies no metálicas en las que aparezcan fuertes reflejos o para regular la intensidad de la luz del cielo con película de color. En todos los casos, el filtro consta de dos superficies de vidrio que es preciso girar hasta que visualmente, sobre el visor, apreciamos que, en esa concreta posición, se ha conseguido el efecto deseado (desaparecer o aminorar los reflejos o bien aclarar u oscurecer la intensidad de un cielo).

Estos filtros, que pueden ser usados tanto en blanco y negro como en color, plantean dificultades en la toma cinematográfica para determinar la correcta exposición dado que su efecto sobre la luz que entra en el objetivo es variable y, en el cine profesional, la medición nunca se toma a través de la luz que pasa por el objetivo como en las cámaras fotográficas o en el cine *amateur*. Cuando sea posible, es preferible polarizar las fuentes luminosas para lo cual existen filtros que se sitúan *delante de los proyectores de iluminación* que permiten un control real de los reflejos.

e) Difusores

Se trata de filtros que introducen una cierta pérdida de definición de la imagen producida de forma artificial para «rejuvenecer» los rostros de actores que no desean que se aprecien en pantalla los efectos propios del envejecimiento.

Profesionalmente son muy utilizados y, desde los primeros tiempos del cine, se han empleado todo tipo de recursos para conseguir el *efecto flou*. Es un difuminado de la imagen que puede introducirse para simular un efecto de bruma o de niebla y también con otros efectos expresivos como el sueño de un protagonista o un recuerdo lejano. Sirven para blanco y negro y para color.

f) Filtros para ventana

Se trata de filtros que no se colocan en la cámara sino sobre todo tipo de ventanas (de casas, barcos, aviones, coches, trenes, etc.). Adoptan la forma de hojas acrílicas de gran tamaño que pueden acoplarse a los vidrios o sencillamente que pueden situarse sobre el exterior y que producen efectos de reducción de la luz procedente del exterior para, por ejemplo, equilibrar el interior de una habitación con el paisaje exterior que se aprecia detrás de una ventana.

LOS FILTROS EN LA CINEMATOGRAFÍA

g) Filtros para proyectores de iluminación (gelatinas)

En ocasiones puede ser más interesante filtrar la luz que proviene de la fuente de iluminación que situar un filtro ante la cámara. Para ello existen diferentes tipos de filtros que se sitúan ante los proyectores de iluminación con los que puede teñirse la escena de un determinado color o, como es muy usual, reducir las sombras, creando un efecto difusor que puede paliar el excesivo contraste de determinados proyectores.

9.4.4. Filtros de efectos

Existen algunos filtros que se emplean para producir «efectos especiales» entre los que destacamos:

a) Efecto noche

Para conseguir transmitir al espectador la sensación de noche registrando la escena durante el día (con las considerables ventajas de producción que ello reporta) se ha recurrido tradicionalmente en el cine de blanco y negro al empleo de la técnica denominada *noche americana*. Consiste en asociar un filtro rojo *nº 23 A* a un filtro verde *nº 56* junto con una fuerte subexposición. Con esta combinación se consigue oscurecer la imagen como si fuera de noche sin una afectación de las tonalidades de la tez de los personajes protagonistas. Es preciso, además, rodar con un cielo azul y jugar con el contraluz.

La aparición de emulsiones de alta sensibilidad así como la posibilidad de recurrir al *forzado de la sensibilidad* (exponer como si la sensibilidad fuera muy alta para después prolongar el proceso de revelado incrementando el tiempo o la temperatura, forzando el proceso) hacen aconsejable trabajar los efectos noche con luz artificial durante la noche.

b) Efecto niebla

El rodaje con efecto de niebla puede conseguirse mediante la combinación de un filtro difusor con un diafragma muy abierto.

c) Degradados, de estrella

Los filtros *degradados* son filtros en los que una parte está coloreada con un gris neutro mientras que la otra parte es transparente. Sirven para equilibrar los paisajes haciendo que la luminosidad del cielo pueda ser «rebajada» mientras que la tierra no se ve afectada. Estos filtros hacen imposible el movimiento de cámara, que alteraría el equilibrio entre cielo y tierra.

Los filtros *de estrella* transforman los puntos de luz presentes en la escena en estrellitas rutilantes de mayor o menor tamaño.

9.5. Temperatura de color de las fuentes luminosas

Este concepto es fundamental para conseguir una perfecta reproducción cromática y es aplicable a todas las *fuentes luminosas*.

En el lenguaje corriente se acostumbra a hablar de luces frías (predominio de azules y verdes), o de luces cálidas (predominio de rojos). Desde un punto de vista técnico cuando nos referimos a los valores cromáticos que irradian las fuentes luminosas estamos hablando de su *temperatura de color*.

Todos los cuerpos calientes emiten luz siendo la longitud de onda de la radiación emitida más corta cuanto más alta es la temperatura del cuerpo. Para determinar el concepto de temperatura de color de una fuente luminosa nos referiremos a un experimento de laboratorio consistente en calentar un supuesto *cuerpo negro,* capaz de absorber toda la luz que incide sobre su superficie. Se observa que, a una determinada temperatura medida en *grados Kelvin* (tomando los -273 grados centígrados como 0 absoluto), el cuerpo comienza a irradiar luz de color rojizo. Al aumentar la temperatura que se le aplica se aprecia un desplazamiento del color de la luz emitida por el cuerpo hacia el azul.

De esta experiencia se extrae que, cuanto más alta es la temperatura aplicada al cuerpo, las radiaciones que emite son de menor longitud de onda, más azuladas, y son rojizas, de longitud de onda más larga, cuando la temperatura es inferior. En un estadio más bajo de calentamiento, el cuerpo negro emitirá luz infrarroja, invisible para el ojo humano.

Dado que la emisión de radiaciones por el cuerpo negro, en este experimento de laboratorio, es constante, cuando queramos conocer con exactitud el color de la luz de cualquier fuente luminosa, bastará con saber cuál es la temperatura a la que debe calentarse el cuerpo negro tomado como patrón para que éste emita una radiación de las mismas características cromáticas que la luz analizada.

La temperatura de calentamiento del cuerpo negro medida en grados Kelvin será la temperatura de color de la fuente luminosa analizada.

Recapitulando: el color que percibimos depende de las características cromáticas de las fuentes luminosas que iluminan la escena observada, es decir, de la temperatura de color de las mismas. Cuanto más elevada sea la temperatura de color de una luz mayor porcentaje de radiaciones azules contendrá. Las luces de baja temperatura de color, por el contrario, tendrán un alto porcentaje de radiaciones rojas.

Mientras que el ojo humano tiene una extraordinaria capacidad para asignar un determinado cromatismo a las escenas iluminadas por fuentes luminosas con espectros de radiación cromática diferentes, los sistemas de captación y registro de la imagen (fotografía, cine y vídeo) funcionan de una forma mucho más lineal y las diferencias de temperatura de color de las fuentes de luz que iluminan la escena pueden dar lugar a cambios sustanciales en el color de las imágenes registradas. Las cámaras electrónicas están diseñadas para que entreguen una correcta salida cro-

LOS FILTROS EN LA CINEMATOGRAFÍA

mática al trabajar con luces de unas determinadas temperaturas de color (normalmente 3.200° Kelvin para luces de tungsteno y halógenas y 5.600-6.000° Kelvin para luz del día). La respuesta colorimétrica no se altera por ligeras derivas de esas temperaturas de color siempre y cuando sean reequilibradas, con filtros, o electrónicamente actuando sobre el balance de blancos de la cámara de vídeo.

9.5.1. Los mired

La temperatura de color se ha medido tradicionalmente en grados Kelvin y el empleo de esta escala permite una perfecta comprensión de las características cromáticas de las fuentes luminosas. No obstante, a la hora de comprender y explicar el comportamiento de los filtros empleados en el color, es preferible recurrir a otro sistema de expresión: los *mired* (*micro reciprocal degrees*).

En la práctica, el empleo exclusivo del concepto de grados Kelvin aplicado a los filtros produce algunos inconvenientes ya que éstos no ejercen una acción igual sobre todas las longitudes de onda del espectro visible. No puede decirse, con propiedad, que un filtro en concreto resta o añade determinados grados Kelvin. Veamos un ejemplo utilizando el mismo filtro:

2.800 °K + filtro 82C = 3.200 °K / afecta 400 °K
2.950 °K + filtro 82C = 3.400 °K / afecta 450 °K
4.650 °K + filtro 82C = 6.000 °K / afecta 1.250 °K

O sea que con cambios iguales de temperatura de color no se dan, necesariamente, cambios iguales de color. Un cambio de 50 °K, por ejemplo, de 2.000 °K a 2.050 °K representará una diferencia de color notable. En cambio, para apreciar un cambio semejante a 5.500 °K, se deberá variar la temperatura de color en 150 °K y, si queremos hacerlo a 10.000 °K, deberemos variar alrededor de 500 °K.

Para simplificar la acción de los filtros, se representa su acción por un valor fijo que modifica una relación variable: el *mired*. Esta unidad de medida es la inversa de la millonésima de Kelvin según la siguiente fórmula:

Valor mired = 1.000.000 / 3.200 = 312 mired

Si se quiere, por ejemplo, transformar la luz de 2.800 °K en 3.200 °K precisaremos un filtro de 45 mired resultado de:

357 mired – 312 mired = 45 mired

La tabla editada por Kodak nos indica que debemos usar el filtro 82 C. Una vez conocida la fórmula o principio de conversión:

Mired = 1.000.000 / Temperatura de color de la luz en grados Kelvin

Podemos convertir a Mired cualquier temperatura de color. Así, por ejemplo:

7.000 °K = 143 Mired ya que 1.000.000 / 7.000 = 142,85

Correspondencia grados Kelvin/Mired

Kelvin	Mired	Kelvin	Mired
2.000	500	6.000	167
2.500	400	7.000	143
2.800	357	8.000	119
3.200	312	9.000	111
4.000	250	10.000	100
5.000	200	15.000	66
5.600	179	25.000	40

9.5.2. Termocolorímetros

Si queremos registrar imágenes cinematográficas con un perfecto equilibrio cromático deberemos efectuar continuas medidas de la temperatura de color de las distintas fuentes luminosas que, en las diferentes localizaciones o decorados de nuestro filme, iluminen las escenas. Según las características de equilibrio cromático de la emulsión utilizada y los datos obtenidos en la medición de la temperatura de color de la luz, efectuaremos los filtrajes oportunos.

Para medir la temperatura de color de las fuentes luminosas se emplea el *termocolorímetro*. Se trata de un instrumento que analiza, mediante comparación, la cantidad de luz azul y de luz roja proveniente de los proyectores de iluminación (o del sol, en exteriores) y establece un valor en grados Kelvin que emplea el operador para introducir en la toma los filtros oportunos.

En la actualidad, los exposímetros se han perfeccionado y definen el color en dos escalas: rojo/azul y magenta/verde.

La mayor parte de los termocolorímetros dan dos lecturas, una para la escala de los cálidos/fríos y otra para la escala del magenta/verde (se los llama tricolores porque miden los componentes rojo, verde y azul). Los más completos indican, también, la corrección precisa en Mired.

Temperaturas de color de fuentes de luz artificial

Fuente de luz	Mired	°K	Valor en Mired con películas de luz artificial
Luz de una vela	588	1.700	+ 276
Lámpara de uso doméstico de 40 w, sobre 12 lúmenes por vatio	377	2.650	+ 65
Lámpara de uso doméstico de 75 w, sobre 15,5 lúmenes por vatio	353	2.820	+ 41

Fuente de luz	Mired	°K	Valor en Mired con películas de luz artificial
Lámpara de uso doméstico de 100 w, sobre 17,5 lúmenes por vatio	345	2.900	+ 24
Lámpara de 1.000 w para teatro o cine de blanco y negro	334	2.990	+ 22
Lámpara de estudio equilibrada para tomas en color	312	3.200	0
Arco solar de alta intensidad	181	5.500	- 131
HMI	178	5.600	- 134

Temperaturas de color con luz de día

Fuente de luz	Mired	°K	Valor en Mired con películas de luz artificial
Sol, al salir o al ponerse	500	2.000	+ 188
Sol, una hora después de salir	285	3.500	- 27
Sol, toda la mañana, sobre 2,30 a 3 horas después de salir	232	4.300	- 80
Sol, después del mediodía	232	4.300	- 80
Sol, rayos directos en verano	172	5.800	- 140
Sol, cielo azul sin nubes	166	6.000	- 146
Sombra ligera con cielo azul	140	7.100	- 142
Sombra más densa	125	8.000	- 187

9.6. Filtros para color

En blanco y negro, el resultado de la utilización de los diferentes filtros estudiados se aprecia en variaciones de matices de gris, pero en la fotografía de color el problema es muy distinto puesto que existe lo que puede denominarse como un *equilibrio correcto de los colores*. Para conseguir este equilibrio es preciso que el color de la luz que ilumina la escena sea de las mismas características para las que la emulsión está equilibrada. Es preciso, también, que el nivel de exposición se encuentre dentro de los límites de exposición correctos (que se ajuste con la latitud de exposición de la película y que las luminosidades de la escena «quepan» en el denominado «nivel de exposición correcta»). Cualquier variación que se produzca entre las diferencias cromáticas de las fuentes luminosas y las características de equilibrio cromático a las que está preparada la emulsión se traducirá en la aparición de *dominantes de color* o tonalidades no deseadas de color que afectan a todo el negativo.

El director de fotografía y el cámara deben tener en consideración, en todo momento, la consecución de un equilibrio perfecto. En color, existen emulsiones negativas e inversibles, siendo estas últimas más delicadas en cuanto a su nivel de exposición y consecución del equilibrio cromático porque, como se ha explicado con anterioridad, el proceso de revelado se hace de una sola vez, sin procedimientos intermedios para conseguir la copia positiva, como sucede cuando empleamos material negativo. Independientemente del carácter de negativo o inversible, las emulsiones en color están equilibradas básicamente para conseguir copias cromáticamente correctas cuando se trabaja con fuentes luminosas de *3.200 grados Kelvin* de temperatura de color (312 Mired) –en cinematografía son las mayoritariamente empleadas, llamadas de «luz artificial»—, o bien otro tipo de emulsiones equilibradas para dar un rendimiento cromático perfecto cuando las fuentes luminosas *tienen 5.400 grados Kelvin* (185 Mired) –llamadas de «luz del día», muy poco empleadas en el cine.

El conocimiento de la teoría de color y el funcionamiento de los filtros es indispensable para obtener copias correctas desde el punto de vista cromático. Mediante el uso de filtros, una vez conocidas las características cromáticas de las fuentes luminosas que iluminan la escena gracias a su medida con el termocolorímetro, podemos introducir dominantes que pueden:

a) Alterar una situación de equilibrio.
b) Contrarrestar una dominante no deseada.
c) Aumentar todavía más el desequilibrio.

Describiremos, seguidamente, los diferentes tipos de filtros empleados en la toma cinematográfica.

9.6.1. Los filtros de corrección y de conversión

Los filtros *correctores* transforman la calidad cromática de las fuentes de luz permitiendo obtener imágenes más azules (frías), o más rojizas (cálidas). Las luces que se emplean en cinematografía difieren en sus proporciones de rojo y azul, que se sitúan en las zonas extremas del espectro, respecto al verde, que está en la zona central, por lo que puede convertirse una luz de una temperatura de color determinada en otra de una temperatura de color superior o inferior.

Para conseguir modificar la temperatura de color se emplean dos tipos de filtros: los de color ámbar o anaranjado que la reducen (serie 85) o bien los de color azulado que la aumentan (serie 80). Los más empleados son los de la serie 85 pues lo habitual en el cine es trabajar con película equilibrada para luz artificial (3.200 grados Kelvin o 312 Mired). Existen tres tipos del mismo: el 85 ordinario, el 85B y el 85C. El filtro 85B tiene un tinte naranja más fuerte que el 85 normal y da mayor calidez a la escena. El filtro 85C, por el contrario, tiene un naranja más pálido y deja la escena algo más azulada.

El filtro 85 es necesario siempre que trabajamos en exteriores con película de luz artificial, porque la luz del día tiene un elevado componente azul que se compensa con la utilización de este filtro de color ámbar que detiene en parte el componente azul de la luz solar.

LOS FILTROS EN LA CINEMATOGRAFÍA

Si se trabaja con película equilibrada para luz del día (5.400 grados Kelvi.. o 185 Mired) y estamos filmando con luz artificial deberemos recurrir al empleo de filtros de la serie 80 que funcionan siguiendo el mismo principio. En filmación en interiores con luz artificial existe un predominio del rojo y una escasez de azul que haría que la escena se viera con una fuerte dominante rojiza. Este exceso de rojo se compensa con el empleo de filtros de color azulado que detienen el exceso de rojo.

Normalmente se utiliza el filtro 80A. El filtro 80D es un azul más fuerte, y el filtro 80C es un azul más débil que deja la escena con más calidez y que produce un efecto muy similar al empleo de un filtro 85B en exteriores. El 80B es un intermedio muy próximo al 80A.

En la tabla adjunta de filtros Kodak se incluyen algunos filtros de corrección del color (serie 81) que sirven para compensar diferencias de cromatismo de menor intensidad que la que efectúan los filtros de la serie 85. En el otro extremo se sitúan los filtros de corrección del color (serie 82) que sirven para compensar, también, diferencias de cromatismo de menor intensidad que la que efectúan los filtros de la serie 80.

No debe olvidarse que todos los filtros restan luz al objetivo por lo que será preciso actuar sobre la exposición, normalmente abriendo diafragmas, hasta compensar la absorción de luz según el factor de cada filtro en particular.

Filtros Kodak de corrección y conversión de color

Filtros de color anaranjado			Filtros de color azulado		
Filtros ámbar	Valor Mired	Incremento de la exposición	Filtros ámbar	Valor Mired	Incremento de la exposición
85B	+131	2/3	80A	-131	2
85	+112	2/3	80B	-112	1,2/3
85C	+81	1/3	80C	-81	1
81EF	+53	2/3	80D	-56	1/3
81D	+42	2/3	82C	-45	2/3
81C	+35	1/3	82B	-32	2/3
81B	+27	1/3			
81A	+18	1/3	82A	-18	1/3
81	+10	1/3	82	-10	1/3

9.6.2. Los filtros de compensación del color

Mientras que los filtros de corrección del color simplemente modifican la distribución energética de una fuente luminosa de una temperatura de color a otra, los *compensadores de color* absorben una parte específica del espectro visible.

Los filtros de compensación del color se emplean cada vez menos gracias a las mejoras experimentadas en los materiales negativos que permiten una gran

196 MANUAL BÁSICO DE TÉCNICA CINEMATOGRÁFICA

corrección en el balance de color de la imagen durante el copiado en el laboratorio.

Estos filtros se emplean según los datos obtenidos del termocolorímetro que mide el balance de color de las fuentes de luz. Una vez medida la escena, se inserta el filtro adecuado para compensar cualquier exceso de rojo, verde, azul, amarillo, magenta o cian.

Están numerados de acuerdo con su intensidad. El cámara selecciona el filtro correspondiente con el número que indica el termocolorímetro. Pueden ser utilizados en combinación entre sí o con otros aunque no conviene pasar de tres porque la nitidez de la imagen podría verse afectada.

Se definen por las letras CC seguidas de un número que define (en centésimas de unidad) la densidad del filtro. Una inicial indica el color en iniciales inglesas:

Y = Amarillo
M = Magenta
C = Cian
R = Rojo
G = Verde
B = Azul

Un filtro CC 50C significa compensador de color cian de densidad 0,50.
Filtros Kodak de compensación de color

Filtro amarillo (absorbe el azul)	Acción sobre el diafragma	Filtro magenta (absorbe el verde)	Acción sobre el diafragma	Filtro cian (absorbe el rojo)	Acción sobre el diafragma
CC.025Y	-	CC.025M	-	CC.025C	-
CC05Y	-	CC05M	+ 1/3	CC05C	+ 1/3
CC10Y	+ 1/3	CC10M	+ 1/3	CC10C	+ 1/3
CC20Y	+ 1/3	CC20M	+ 1/3	CC20C	+ 1/3
CC30Y	+ 1/3	CC30M	+ 2/3	CC30C	+ 2/3
CC40Y	+ 1/3	CC40M	+ 2/3	CC40C	+ 2/3
CC50Y	+ 2/3	CC50M	+ 2/3	CC50C	+ 1

Filtro rojo (absorbe el cian)	Acción sobre el diafragma	Filtro verde (absorbe el magenta)	Acción sobre el diafragma	Filtro azul (absorbe el amarillo)	Acción sobre el diafragma
CC.025R	-	CC.025G	-	CC.025B	-
CC05R	+ 1/3	CC05G	+ 1/3	CC05B	+ 1/3
CC10R	+ 1/3	CC10G	+ 1/3	CC10B	+ 1/3
CC20R	+ 1/3	CC20G	+ 1/3	CC20B	+ 2/3
CC30R	+ 2/3	CC30G	+ 2/3	CC30B	+ 2/3
CC40R	+ 2/3	CC40G	+ 2/3	CC40B	+ 1
CC50R	+ 1	CC50G	+ 1	CC50B	+ 1 1/3

9.6.3. La luz fluorescente

Con frecuencia podemos encontrarnos con localizaciones iluminadas con luz fluorescente. Este tipo de iluminantes causan problemas puesto que se caracterizan por no dar un *espectro de luz continuo* (sus radiaciones no son lineales y dan exceso de luz en ciertas longitudes de onda o, por el contrario, en otras longitudes apenas dan luz) y normalmente producen dominantes de color verde.

La utilización de una emulsión equilibrada para luz del día (o una emulsión de 3.200 °K = 312 Mired más un filtro 85) da unos resultados ligeramente mejores aunque no satisfactorios.

Por este motivo, normalmente no queda otro remedio que recurrir al empleo de filtros compensadores de color que pueden colocarse en la cámara o en los mismos tubos. En cualquier caso, siempre es preciso efectuar pruebas dado que existen muchas clases de tubos fluorescentes con diferentes espectros cromáticos. Además, las luces de espectro discontinuo no suelen ser apreciadas correctamente por la mayor parte de los termocolorímetros y su lectura puede estar, con frecuencia, algo falseada.

Hay que cuidar también que la velocidad de filmación no supere con estas luces los 25 fotogramas por segundo, pues pueden producirse alteraciones de brillo y de color durante la filmación si se dan exposiciones inferiores a 1/50 segundos (guarda relación con la frecuencia de la red eléctrica propia de Europa: 50 Hz).

Aunque existen filtros específicos para ser empleados con tubos fluorescentes, expondremos a continuación una tabla experimentada que garantiza buenos resultados. Utilizaremos las denominaciones americanas por ser las más comunes. Los filtros, en cualquier caso, dependen del tipo de tubos cuyas especificaciones o constan grabadas en algún lugar de su superficie o deben consultarse con el fabricante.

Filtros de cámara empleados en el trabajo con fluorescentes de espectro discontinuo

Tipo de tubo	Películas luz de día		Películas A 3.200 °K	
	Filtros	Exposición	Filtros	Exposición
DAYLIGHT	40M + 30Y	+ 1	85B +30M +10Y	+ 1
WHITE	20C + 30M	+ 1	40M + 40Y	+ 1
WARM WHITE	40C + 40M	+ 1 1/3	30M + 20M	+ 1
WARM VHITE «Deluxe»	60C + 30M	+ 1 2/3	10Y	+ 1/3
COOL WHITE	30M	+ 2/3	50M + 60Y	+ 1 1/3
COOL WHITE «Deluxe»	30C + 20 M	+ 1	10M + 30Y	+ 2/3

Un fabricante (LEE) produce algunos filtros para acomodarse a diferentes tipos de tubos fluorescentes partiendo de luz de tungsteno (3.200 °K):

198 MANUAL BÁSICO DE TÉCNICA CINEMATOGRÁFICA

Filtros para tubos fluorescentes de espectro discontinuo

Filtro	*Efecto*
Filtro fluorescent 5.700	Convierte la tempertura de color de tungsteno a tubos de 5.700 °K blanco frío/ luz de día
Filtro fluorescent 4.300	Convierte la temperatura de color de tungsteno a tubos blancos (4.300 °K)
Filtro fluorescent 3.600	Convierte el tungsteno a tubos blancos cálidos (3.600 °K)

Cuando no queda más remedio que trabajar con luz fluorescente convencional es muy aconsejable rodar una escala de grises para darle al laboratorio un punto de referencia para el etalonaje (proceso de igualación del color en las copias).

En el capítulo referido a la iluminación se ha hecho referencia a los tubos fluorescentes llamados *de luz fría* equilibrados para poder ser empleados tanto en la cinematografía como en los estudios de vídeo y televisión y que no precisan el uso de filtros (son de *espectro continuo*). Se trata de iluminantes de alta rentabilidad por su elevado rendimiento y larga vida que suman, además, las ventajas de no añadir calor al estudio. Se emplean como proyectores de luz difusa.

9.6.4. El filtraje de las fuentes luminosas

En la práctica cinematográfica es muy corriente recurrir al filtraje de las fuentes luminosas para los casos siguientes:

A) Conversión de luz de día en luz artificial

Es la operación que se efectúa con más normalidad cada vez que se trabaja con película equilibrada para luz artificial (3.200 °K o 312 Mired) y se ilumina el interior con luces de estas mismas características cuando aparecen ventanas por las que se ve el exterior. En estos casos, el exterior tendrá un color fuertemente azulado.

La solución consiste en situar láminas coloreadas de color ámbar que filtran la luz de la ventana y que igualan las características de la luz solar exterior con la luz artificial empleada en el interior.

En muchas ocasiones no se efectúa un ajuste total y está bastante admitida la existencia de una ligera dominante azulada sobre el paisaje exterior. No obstante, teniendo en cuenta las diferentes variaciones de temperatura de color que experimenta la luz solar a lo largo del día, existe una gama diferente de tonalidades que puedan garantizar, en la toma, una constante cromática del paisaje exterior. Los principales filtros son:

Tipo	Luz de día convertida a:	Longitud	Características
ROSCOSUN 85	312 Mired	1,46 m	Filtro estándar
ROSCOPLUS 85 CTO*	322 Mired	1,22 m	Dominante más cálida
ROSCOLITE 85 1/2 CTO*	263 Mired	1,22 m	Dominante ligeramente azulada
ROSCOHALF 85 1/4 CTO*	222 Mired	1,22 m	Dominante azulada más intensa

* Todas las series CTO están disponibles en hojas de 50 x 60 cm.

B) Conversión de luz de día en luz artificial más reducción

En la práctica cinematográfica se da con frecuencia el caso de rodar una escena como la descrita en el ejemplo anterior a la que se superpone la dificultad de que la luminosidad propia del exterior sea muy superior al nivel de luz existente en el interior de la habitación objeto de encuadre. Si las diferencias son elevadas, la emulsión no podrá registrar convenientemente una gama tan amplia de contraste. En este caso suele recurrirse al empleo de filtros conversores combinados con la reducción de luminosidad que provocan los filtros neutros.

Existen dos tipos de filtros con las mismas características que los ROSCO-SUN, es decir, que convierten la luz del día a 312 Mired. Son:

- ROSCOSUN 85 N3 - Absorbe 1 diafragma.
- ROSCOSUN 85 N6 - Absorbe 2 diafragmas.

C) Reducción de la luz de día

Existen también gelatinas que simplemente, a modo de filtros neutros, reducen la cantidad de luz solar que entra en la escena sin afectar a la proporción de rojo, verde y azul, o sea, sin variar el componente cromático de la luz. Son:

- ROSCOSUN N3 - Absorbe 1 diafragma.
- ROSCOSUN N6 - Absorbe 2 diafragmas.
- ROSCOSUN N9 - Absorbe 3 diafragmas.

D) Conversión de la luz artificial en luz de día

También puede darse la necesidad de transformar la luz artificial en luz de día elevando la temperatura de color de la fuente luminosa si se trabaja con material equilibrado a 5.600 °Kelvin. Para ello existe una extensa gama de filtros recogidos en la siguiente tabla:

Tipo	Acción sobre la luz de 312 Mired	Longitud	Características
TOUGH TD 25	- 146 Mired	0,68 m	Luz de día fría. Se usa para equilibrar luz incandescente con luz HMI
TOUGH BLUE 50: CTB	- 146 Mired	0,68 m	Filtro estándar
TOUGH BOOSTER BLUE: 1/2 CTB	- 62 Mired	0,68 m	Enfría la luz
TOUGH 1/2 BOOSTER BLUE: 1/4 CTB	- 35 Mired	0,68 m	Enfría la luz
TOUGH 1/4 BOOSTER BLUE: 1/8 CTB	- 27 Mired	0,68 m	Enfría la luz

CAPÍTULO 10

LA FOTOMETRÍA

La fotometría es una parte de la óptica que se ocupa de la medición de las intensidades luminosas referidas tanto a los focos productores de luz como a la superficie que dichos focos iluminan.

Este tema ha presentado problemas para su enfoque dado que las unidades de medida empleadas han sido en muchos casos diferentes. Aquí, no obstante, utilizaremos las normas establecidas por la CII (Comisión Internacional de Iluminación).

El operador de imagen tiene que conocer las normas básicas de la fotometría dado que todo su trabajo tiene relación con la luz. Sin luz no podríamos percibir y mucho menos registrar la imagen independientemente de trabajar en tecnología cinematográfica o televisiva.

10.1. Concepto de intensidad luminosa

La potencia de una fuente luminosa permite la utilización de tres conceptos muy estrechamente relacionados entre sí. La *intensidad luminosa*, el *flujo* y la *eficacia* o *rendimiento*. Estos tres conceptos miden realmente lo mismo aunque desde distintos puntos de vista.

La potencia de una lámpara se refiere a la cantidad de radiación visible que emite y cuyos efectos podemos apreciar al impresionar una película fotográfica o al afectar el «target» o mosaico fotosensible de un tubo o CCD de una cámara electrónica. Cuanto más alta es su potencia mayor es la capacidad de impresionar la película o mayor será la corriente eléctrica generada por el sistema de captación de la cámara electrónica.

La medida directa de la potencia de una lámpara se efectúa mediante la comparación de su *intensidad luminosa* con la de otra fuente que se toma como patrón. El patrón empleado es un «cuerpo negro» calentado a la temperatura de fusión del platino (1.768° C ó 2.041° Kelvin). Cuando se deja una abertura de 1/60 cm^2 = 1,66 mm^2 se permite el paso de una *candela* que es la unidad internacional de intensidad luminosa. Así, una abertura de 1 cm^2 dejaría pasar 60 candelas. Originalmente, el patrón internacional de emisión luminosa se basaba en una bujía de cera que ardía en unas condiciones muy determinadas. De aquí nació el nombre de *bujía internacional* o *candela* que se dio a la unidad de iluminación.

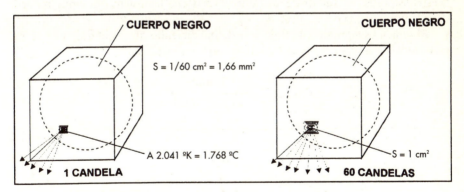

Figura 117. La candela, unidad de intensidad luminosa.

La candela fue adoptada en 1937 y constituye la valoración más directa de la potencia de un manantial luminoso. De esta forma, una luz que atraviese un orificio de 1,66 cm^2 dejando pasar, por ejemplo, una intensidad cuádruple que la patrón, se dirá que tiene cuatro candelas.

Si medimos la intensidad luminosa por unidad de superficie (por mm², cm², m², etc.) se obtiene otro valor denominado *brillo*. Con una simple regla de tres podremos obtener el brillo, por cm², de la fuente patrón.

$$1 \text{ candela} \longrightarrow 1/60 \text{ cm}^2$$
$$\times \text{ candelas} \longrightarrow 1 \text{ cm}^2$$

$$x = \frac{1 \times 1}{1/60} = \frac{1}{1/60} = \frac{60}{1} = 60 \text{ candelas/cm}^2$$

La intensidad luminosa y el brillo se refieren a la potencia de la lámpara *en sí misma*, sin considerar su radiación o emisión de luz por el espacio.

10.2. Flujo

Si queremos valorar la cantidad de luz que un foco luminoso emite en una *cierta dirección*, tendremos que medir el *flujo luminoso*. Nos referimos a la intensidad luminosa por unidad de ángulo sólido, es decir, por *estereorradián*. Imaginemos que queremos medir el flujo del foco luminoso «F» en la dirección AB (conviene especificar la dirección puesto que el flujo puede variar según la posición que ocupe el observador dado que la lámpara eléctrica no ilumina igual en todas direcciones).

Si situamos el centro de una esfera de radio unidad (1 cm² por ejemplo) en la anteriormente citada dirección AB, y construimos un cono cuyo ángulo sólido valga un estereorradián (para lo que la superficie de la esfera interceptada por el cono debe medir 1 cm²), el flujo luminoso será de 1 *lumen* (lm) si en el centro de la esfera se sitúa una fuente de luz puntual (es decir, de dimensiones muy reducidas) de una candela de intensidad.

El lumen es la unidad de flujo y se define diciendo que es el flujo que emite una candela a través del ángulo sólido de un estereorradián.

$$1 \text{ lumen} = \frac{1 \text{ candela}}{1 \text{ estereorradián}}$$

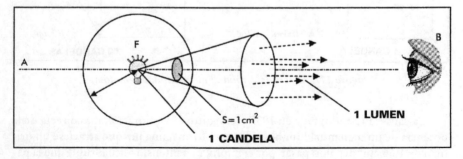

Figura 118. Medida del flujo luminoso.

Si por un estereorradián pasaran 25 candelas, se diría que el flujo sería de 25 lúmenes. Si por un ángulo de 4 estereorradianes se emitieran 64 candelas, el flujo sería:

$$\frac{64}{4} = 16 \text{ candelas/estereorradián} = 16 \text{ lúmenes}$$

10.3. Eficacia

Es un concepto que relaciona la luz emitida por una lámpara con su consumo. La eficacia o rendimiento es el número de lúmenes que se obtienen por vatio gastado.

$$E = \frac{N^\circ \text{ de lúmenes}}{N^\circ \text{ de vatios}} = \frac{lumen}{vatios}$$

Si una lámpara incandescente doméstica de 100 vatios produce un flujo de 1.500 lúmenes, su eficacia será:

$$E = \frac{1.500}{100} = 15 \text{ lúmenes/vatio}$$

Si toda la energía eléctrica consumida por la lámpara se convirtiera en luz útil, su eficacia sería de 220 lúmenes/vatio (nos referimos a un máximo teórico que significase un rendimiento del 100 %); no obstante, los resultados verdaderos estarán muy lejos de ese valor. Una de las rentabilidades más altas obtenidas se corresponde con los tubos fluorescentes en los que es habitual obtener rendimientos de hasta 80 lúmenes/vatio. Las lámparas incandescentes oscilan entre los 10 y los 35 lúmenes/vatio. Existe una correlación entre el aumento de potencia y el aumento consecuente de eficacia.

En términos porcentuales y sabiendo que el 100 % de eficacia corresponde a 220 lúmenes/vatio, podemos calcular el rendimiento de una lámpara de, por ejemplo, 22 lúmenes/w, mediante una regla de tres:

$$220 \text{ lúmenes/vatio} \longrightarrow 100 \text{ \%}$$
$$22 \text{ lúmenes/vatio} \longrightarrow \times$$

$$\times = \frac{22 \times 100}{220} = 10,5$$

Tipo de lámpara	Lúmenes/vatio	Rendimiento %
Lámpara incandescente de 100 W	13	5,9
Lámpara incandescente de 200 W	15	6,8
Lámpara incandescente de 500 W	18	8,1
Lámpara incandescente de 1000 W	20	9
Tubos fluorescentes	45-60	20,4-27,2
Tubos fluorescentes de gran eficacia	60-80	27,2-36,3

10.4. Iluminación de una superficie

Hasta el momento, nos hemos referido a la medición de la potencia luminosa partiendo de la exclusiva consideración del *foco productor* de la luz. A partir de ahora nos centraremos en el *receptor* sin tener en cuenta sus características físicas (lo que sería simplemente la iluminación de cualquier superficie) o teniéndolas en consideración (refiriéndonos a la luminancia).

10.4.1. Iluminación

La *iluminación* es la cantidad de luz que recibe una superficie situada a una cierta distancia del foco productor o manantial luminoso. Con esta magnitud medimos la cantidad de luz que llega a una superficie. Esta fuerza de luz se debilita rápidamente a medida que la superficie se aleja del foco. La iluminación disminuye según el *cuadrado de la distancia*. Si doblamos la distancia, la iluminación se reduce a la cuarta parte y así sucesivamente. Esta ley, aplicable a todos los proyectores de luz puntual, se denomina *ley del cuadrado inverso*.

Dado que la luz se desplaza en línea recta, los rayos procedentes de un manantial de luz puntiforme (muy pequeño) se difunden cada vez más separados entre sí conforme aumenta la distancia respecto al manantial luminoso, es decir, divergen. Debido a esta constante divergencia, una reducida superficie situada cerca del manantial de luz recibirá la misma cantidad de energía luminosa que otra superficie mayor sostenida a mayor distancia. Cuanto más cerca está la superficie pequeña del manantial luminoso más rayos interceptará. El efecto general se resume en la *ley del cuadrado inverso* que dice lo siguiente:

«Cuando una superficie está iluminada por un manantial puntiforme de luz, la intensidad de la iluminación de la superficie es inversamente proporcional al cuadrado de su distancia respecto al foco luminoso».

La iluminación depende no sólo de la intensidad luminosa de la fuente productora sino también de la distancia del foco productor a la superficie. La unidad de iluminación será la iluminación de una superficie colocada a 1 metro de una luz puntual de 1 candela de intensidad. A esta unidad se la conoce con el nombre de candela-metro o *lux (lx)*.

1 lux (lx) = 1 candela-metro

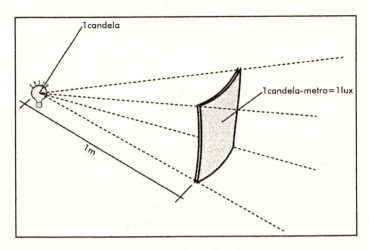

Figura 119. Unidad de iluminación.

10.4.2. Luminancia

Cuando una superficie se ilumina, una parte de la luz que recibe es reflejada o difundida mientras que otra parte es absorbida por la superficie según su propia naturaleza y color.

Por el mero hecho de que una superficie sea capaz de emitir luz (la propia que refleja o que difunde) se convierte en un foco productor al que se le pueden aplicar todos los conceptos y unidades de medida de intensidad, brillo y flujo. Para distinguir la luz incidente de la luz reflejada (que es el caso cuando nos referimos a la luminancia) se le dan diferentes nombres a las mismas unidades de medida. Al tratarse de superficies reflectantes cobra más importancia la dirección que se considera puesto que todas estas magnitudes varían ampliamente según la posición del observador.

- La *intensidad* en una dirección se mide en *candelas*, de la misma forma que en un foco primario.
- El *brillo* se denomina *luminancia* y se mide en:

    candelas/cm^2
    candelas/m^2

- El *flujo* se mide en *lúmenes* especificando la superficie considerada:

    lúmenes/cm^2 ——————— 1 lumen/cm^2 = 1 LAMBERT
    lúmenes/m^2 ———————— 1 lumen/m^2 = 1 APOSTILB

Cuadro de unidades fotométricas

FUENTES PRIMARIAS	INTENSIDAD en candelas $$\text{BRILLO} = \dfrac{\text{candela}}{\text{cm}^2}$$ $$\text{FLUJO (lúmenes)} = \dfrac{1 \text{ candela}}{1 \text{ estereorradián}}$$ $$\text{EFICACIA} = \dfrac{\text{n.}^\circ \text{ de lúmenes}}{\text{n.}^\circ \text{ de vatios}} = \dfrac{\text{lm}}{\text{W}} \text{, también en tantos por ciento}$$ ILUMINACIÓN-LUX = 1 candela-metro
FUENTES SECUNDARIAS (LUZ REFLEJADA)	LUMINANCIA INTENSIDAD en candelas BRILLO recibe el nombre de LUMINANCIA 1 candela /cm^2 1 candela/m^2 El FLUJO se mide en lúmenes, especificando superficie 1 lúmen/cm^2 = 1 LAMBERT 1 lúmen/m^2 = 1 APOSTILB

10.5. Luxómetros

La magnitud luminosa de más fácil medición es la luminancia o nivel de iluminación. Para ello se utiliza un instrumento: el *luxómetro* que consta de una célula fotoeléctrica conectada a un miliamperímetro calibrado en lux. En general, los luxómetros disponen de varias escalas conseguidas mediante la variación de la resistencia del circuito acoplado a los bornes de la célula.

10.6. Intervalo de luminancias

Diferentes objetos iluminados en idénticas condiciones (con la misma intensidad y espectro cromático) tendrán distinta luminancia o, lo que es lo mismo, reflejarán cantidades de luz diferentes según sea la superficie y el color de cada uno de ellos.

A la hora de efectuar la medición de una determinada escena el director de fotografía o el cámara deberá considerar el intervalo de luminancias o relación existente entre las luminancias extremas del motivo.

LA FOTOMETRÍA

Este tema resulta de gran importancia debido a que los materiales fotográficos no pueden reproducir, en teoría, intervalos de luminancia superiores a 250:1 (es decir que las zonas claras de la imagen son 250 veces más luminosas que la más oscura) lo que, en la práctica, se reduce, y mucho más si nos referimos al vídeo o a la televisión.

Quiere esto decir que si por ejemplo las luces son 300 veces más luminosas que las sombras tendremos forzosamente que elegir entre estas dos soluciones:

1. Impresionar bien las luces, dejando las sombras completamente subexpuestas, negras y sin detalle.
2. Impresionar bien las sombras, dejando que las luces velen la película y aparezcan blancas y sin detalles.

En cine todavía podríamos, especialmente en blanco y negro, aumentar el contraste de la película hasta que las sombras y las luces quedasen bien reproducidas pero sacrificando la práctica totalidad de los tonos intermedios y, por tanto, la calidad general de la imagen.

Por suerte, la mayoría de los motivos no tienen intervalos de luminancia superiores a los 100:1.

Cuadro aproximativo de motivos relacionados con su intervalo de luminancias

Tema o motivo	*Intervalo de luminancias*
Paisaje con niebla densa	2:1
Paisaje con bruma lejana	4:1
Interior sin ventana	10:1
Rostro con cabellos rubios, al sol	16:1
Paisaje soleado y uniforme	32:1
Rostro con cabellos negros, al sol	32:1
Paisaje con contrastes fuertes	60:1
Interior con luz violenta	64:1
Persona vestida de blanco, con luz artificial	100:1
Calles con sombras, a pleno sol	150:1
Interior con ventana al sol	1.500:1
Paisaje, incluyendo el sol	2.000.000:1

Capítulo 11

LA SENSITOMETRÍA

Mediante la sensitometría, o medición científica de los efectos de la luz sobre los materiales fotográficos, podemos conocer de forma rigurosa el comportamiento de las emulsiones sensibles. Las conclusiones obtenidas tras la aplicación de métodos científicos al estudio de los materiales fotográficos son de gran valor para el fotógrafo porque están basadas en la transformación de los haluros sensibles en depósitos de plata, proceso que cumple con las leyes de la física y de la química que son ciencias exactas.

La sensitometría es una ciencia que aporta datos muy rigurosos sobre las condiciones de exposición y de revelado de las emulsiones sensibles. Está basada en las representaciones gráficas, que deben ser analizadas e interpretadas por el fotógrafo, el cámara o el director de fotografía, y de las cuales pueden obtener información de gran utilidad para sus aplicaciones profesionales.

11.1. Cuñas sensitométricas

Se basan en una *cuña de grises* que es una tira de material transparente de cristal o de película fotográfica, sobre la cual se ha realizado una serie de quince escalones de gris cuyas tonalidades varían progresivamente desde la transparencia casi total que representa el primer escalón, hasta el negro absoluto, que representa el escalón número quince. Cada escalón transmite exactamente la mitad de luz que el escalón anterior.

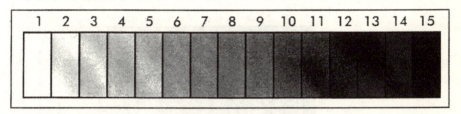

Figura 120. Cuña de grises.

Los materiales sensibles que van a ser objeto de análisis sensitométrico se colocan en contacto con esta cuña de grises y reciben una exposición con una luz de características similares a aquellas en las que se vaya a trabajar en condiciones normales.

El instrumento empleado para dar la exposición cuidadosamente controlada a la muestra de la película se llama *sensitómetro*. Consiste en una fuente de luz, un obturador y una cuña de exposición, con medios para poder adaptar algunos filtros.

La cantidad de exposición recibida por una película depende del producto de la intensidad por el tiempo de exposición, de forma que los dos guardan una relación recíproca.

Normalmente, exposiciones efectivamente iguales producen siempre la misma densidad final tanto si son resultado de una exposición de una intensidad relativamente alta por un tiempo corto o de una exposición de baja intensidad durante un tiempo más prolongado. No obstante, con tiempos de exposición inferiores a 1/1.000 de segundo o más largos que 1/10 de segundo aparece una cierta pérdida de sensibilidad. A este efecto se le llama *fallo de la ley de reciprocidad* que se hace particularmente notable en las películas en color.

Una vez que la impresión se ha efectuado, se procede a un revelado muy controlado que debe parecerse, también, a un revelado medio obtenido con los agentes reveladores de uso común. Se obtiene, así, una *tira sensitométrica*, que es como se denomina a ese trozo de película objeto del experimento una vez revelado.

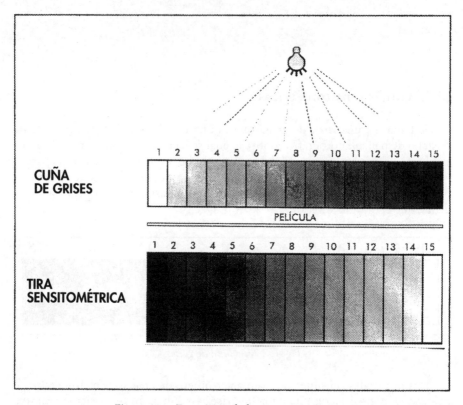

Figura 121. Exposición de la tira sensitométrica.

Cuando se compara visualmente la tira sensitométrica con la cuña de grises original se aprecia que no existe una inversión proporcional que es lo que, en teoría, debería corresponderse con el comportamiento de un material fotográfico negativo. Es muy posible que no exista una completa progresividad en las diferencias de tonalidad de los distintos escalones. Puede muy bien suceder que los escalones 2, 3 y 4 que se distinguen con plena nitidez en la cuña de grises puedan estar tan oscuros en la tira sensitométrica que no se diferencien. Puede asimismo darse el caso de que el siguiente escalón, el 5, aparezca mucho más claro que los anteriores. Estas diferencias apreciadas tienen una explicación basada en que las reacciones de las distintas emulsiones a la variabilidad de la intensidad de la luz no son siempre lineales ni las mismas, y cambian de unas películas a otras. Es justamente este fenómeno, la respuesta particular de una emulsión a las variaciones de la luz, el que se trata de representar en una gráfica.

En el eje de abcisas se anotan los valores de exposición obtenidos que se corresponden con las intensidades de luz, y en el eje de ordenadas se anota el grado de ennegrecimiento de cada escalón de la tira sensitométrica.

El ennegrecimiento se mide con un instrumento denominado *densitómetro*.

LA SENSITOMETRÍA

Una vez revelada una película las áreas que han recibido distintas cantidades de luz presentan distintos grados de ennegrecimiento. El ennegrecimiento de un negativo se puede expresar en términos numéricos de tres formas diferentes que tienen gran interés en la fotografía. Son las siguientes:

1. TRANSMISIÓN. La transmisión T de un negativo es la relación entre la luz transmitida I_t y la luz incidente I_i:

$$T = I_t \, / \, I_i$$

La transmisión siempre es inferior a 1 y se expresa, normalmente, en porcentaje. Si un negativo recibe 10 unidades de luz y transmite 6, se dice que el negativo tiene una transmisión del 60 por ciento. En sensitometría la transmisión no es la unidad más expresiva puesto que disminuye conforme aumenta el ennegrecimiento; además, cambios iguales de transmisión no producen cambios iguales de ennegrecimiento.

2. OPACIDAD. Se define como la relación entre la luz incidente I_i y la luz transmitida I_t por el negativo:

$$O = I_i \, / \, I_t$$

Se deduce de esta fórmula que la opacidad es la recíproca de la transmisión:

$$O = 1 \, / \, T$$

La opacidad es siempre superior a 1 y aumenta con el ennegrecimiento. En la sensitometría esta unidad es más empleada aunque tampoco refleje cambios iguales de ennegrecimiento como en el caso anterior.

3. DENSIDAD. La densidad D se define como el logaritmo de la opacidad O, es decir:

$$D = \log O = \log 1 \, / \, T = \log I_i \, / \, I_t$$

La densidad es la unidad de ennegrecimiento empleada casi en exclusiva en la sensitometría. Aumenta con el ennegrecimiento, como la opacidad, pero ofrece las siguientes ventajas:

- El valor numérico de la densidad mantiene una relación sencilla con la cantidad de plata presente. Si, por ejemplo, la cantidad de plata presente en un negativo de densidad 2,0 se duplica, la densidad aumenta a 4,0, es decir, también se duplica. La opacidad, por el contrario, aumenta de 100 a 10.000, es decir 100 veces.
- La finalidad más importante de la sensitometría es relacionar la copia con el sujeto. Finalmente, el ennegrecimiento de la copia depende de la manera en que el ojo la juzgue y aunque se trate de un fenómeno principalmente psicológico, parece que el ojo humano responde a las varieda-

des de grises de densidad creciente en pasos iguales, de forma logarítmica. Como la densidad también se expresa en logaritmos puede tomarse como la unidad más satisfactoria para medir el ennegrecimiento.

11.2. El densitómetro

Tradicionalmente han existido de dos tipos: ópticos y fotoeléctricos. Los primeros se basan en una comparación visual subjetiva y, por tanto, están expuestos a múltiples errores de apreciación. Hoy día han caído en desuso. Los fotoeléctricos constan de una lámpara de intensidad muy controlada y conocida, una célula fotoeléctrica, y una escala graduada por la que se desliza una aguja indicadora. La tira a medir se coloca sobre un plástico translúcido. En el proceso de medición, la célula mide la cantidad de luz que pasa a través del escalón correspondiente y según la mayor o menor cantidad de luz recibida, la célula fotoeléctrica genera una corriente eléctrica variable que hace mover la aguja. En la escala graduada se señala un valor comprendido, normalmente, entre 1 y 3. El valor señalado indica la densidad del depósito de plata. El concepto de densidad, o grado de oscurecimiento de un negativo, es una forma científica y exacta de medir el grado de ennegrecimiento de una emulsión sensible.

Relaciones entre densidad, opacidad y transmisión

Densidad	Opacidad	Transmisión %	Densidad	Opacidad	Transmisión %
0,0	1	100	1,6	40	2,5
0,1	1,3	79	1,7	50	2
0,2	1,6	63	1,8	63	1,6
0,3	2	50	1,9	79	1,25
0,4	2,5	40	2,0	100	1
0,5	3,2	32	2,1	126	0,8
0,6	4	25	2,2	158	0,6
0,7	5	20	2,3	200	0,5
0,8	6,3	16	2,4	251	0,4
0,9	8	12,5	2,5	316	0,3
1,0	10	10	2,6	398	0,25
1,1	13	7,9	2,7	501	0,2
1,2	16	6,3	2,8	631	0,16
1,3	20	5	2,9	794	0,12
1,4	25	4	3,0	1.000	0,1
1,5	32	3,2	4,0	10.000	0,01

Con posterioridad a esta medición se representa gráficamente la escala de densidades, en ordenadas, y los diferentes escalones, en el eje de abcisas.

Cada escalón se corresponderá con una densidad determinada que puede representarse en forma gráfica de manera que nos dé una línea continua que se

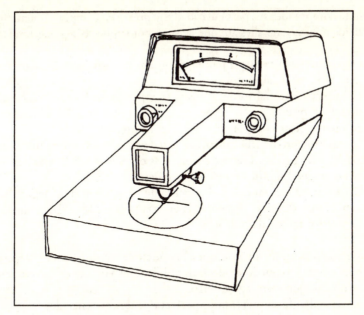

Figura 122. Densitómetro fotoeléctrico.

corresponderá con la *curva característica* del material analizado, de cuyo estudio podrán obtenerse datos muy significativos para su empleo en diferentes condiciones.

La representación gráfica de las densidades y opacidades de la tira obliga a recurrir a las escalas logarítmicas. Esto es así porque cuando una serie de medidas tiene una variación tan grande que incluso utilizando una escala muy pequeña para representarla se necesita un eje de longitud desorbitada, podemos hacer uso de los respectivos logaritmos correspondientes a cada punto de medición permitiendo, así, comprimir la escala a unos límites aceptables. Se obtienen de esta forma escalas logarítmicas de uso frecuente en las representaciones gráficas.

Como un ejemplo demostrativo de la necesidad de recurrir a las escalas logarítmicas, baste considerar que, teniendo en cuenta los quince escalones del eje de abcisas, si en el primer escalón la película recibe una exposición de valor 1, 2 en el segundo, 4 en el tercero, y así sucesivamente, al llegar al escalón número 15 éste recibirá una exposición de valor 16.384. Si tratamos de representar gráficamente estas magnitudes y tomamos como unidad de exposición 1 milímetro, el largo de la escala total tendría que ser de 16 metros 384 milímetros.

En el eje de ordenadas sucede exactamente lo mismo.

11.3. La curva característica

El análisis de la *curva característica* (*curva D log E* o *curva H y D*, de Hurter y Driffield, que son quienes primero publicaron curvas de este tipo) de un material nos permite comprender sus particularidades y prever su comportamiento fotográfico hasta los mínimos detalles aunque existen, por supuesto, algunas limitaciones:

- La curva, por más que intente reproducir las condiciones de uso normal, se obtiene en el laboratorio.
- La subjetividad del fotógrafo está siempre presente en el trabajo profesional aunque las conclusiones científicas obtenidas del análisis de la tira no recogen este componente tan importante.
- El experimento de laboratorio no puede recoger los diferentes tratamientos ópticos que los diferentes objetivos empleados en la práctica fotográfica o cinematográfica pueden introducir.
- Cabe considerar, también, el proceso de transferencia de negativo a positivo, el tipo de película empleada en este proceso, etc. Elementos que escapan, por tanto, al control.

Podemos concluir afirmando que el conocimiento de la curva característica del material empleado puede ser de gran utilidad pero no tiene forzosamente que garantizarnos ningún resultado estético.

La curva se divide en tres tramos perfectamente diferenciados.

1.º El tramo AB, o *talón*. En esta porción el crecimiento de la densidad es muy lento. A doble exposición luminosa no corresponde exactamente una densidad doble sino que el incremento es mucho menor. Podemos decir que este tramo se corresponde con las sombras que impresionan muy débilmente a la película. Es evidente que como la respuesta a la luz es muy débil, las zonas situadas en el interior de este tramo se reproducen con muy poca separación de tonos o, lo que es lo mismo, con una considerable pérdida de detalles.

2.º La *parte recta* BC es proporcional. A doble exposición corresponde una densidad también doble. Las pequeñas diferencias de luminosidad se apre-

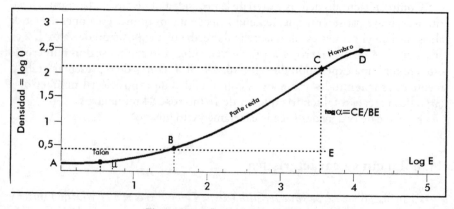

Figura 123. Curva sensitométrica.

ciarán con perfección, no habrá pérdida de detalles. El proceso de medida de la exposición previo al registro procura, normalmente, situar el motivo en esta zona. Lo ideal es que la película se exponga de forma que todas las zonas del sujeto se incluyan en la parte recta. Como es frecuente encontrar motivos que por su exagerado contraste no caben en la parte recta se recurre, en ocasiones, a situarlos también en el extremo más alto del talón.

3.º La parte CD u *hombro* de la curva. De nuevo en este tramo la densidad no crece al mismo ritmo que la exposición. Sube lentamente hasta un máximo D y, a partir de este punto, si seguimos aumentando la exposición, la intensidad disminuye, la curva baja y la imagen negativa se invierte a positiva. Es ésta la razón por la que, en ocasiones, las películas fuertemente sobreexpuestas muestran ciertas zonas en positivo. El hombro de la curva es el lugar en el que suelen quedar registradas las grandes luces de la escena y, dado que no existe proporcionalidad ni linealidad, se produce una importante pérdida de detalle.

Cuando la exposición es correcta, y especialmente en motivos que no muestren extremas diferencias de contraste, las luminancias medias se sitúan en el centro de la parte recta que asegura una adecuada reproducción de los tonos.

11.4. La curva característica y su información

El estudio de la curva característica aporta información significativa sobre los siguientes aspectos:

1. *Velo.* Aunque una parte del haluro de plata no haya recibido ninguna luz existe siempre una conversión en plata pura que suele situarse en el escalón más alto (15) de la cuña. Esta densidad es el velo. No existe la transparencia absoluta pues aquellas zonas que más lo parecen no lo son del todo. Un exceso de velo disminuye el contraste y aumenta, en el proceso de copiado, el tiempo de exposición. La aparición de velo puede darnos otros datos como una mala conservación o pasado de fecha, el uso de un revelador agotado o, por el contrario, un revelado excesivo.

2. *Sensibilidad.* Volviendo a observar la figura anterior apreciamos un punto (μ), a partir del cual la curva comienza a ascender con rapidez. El lugar donde se sitúa este punto nos da una idea de la sensibilidad o rapidez de respuesta a la luz del material que estamos analizando. Es el que marca el punto de partida para la determinación de las escalas de sensibilidad existentes (ASA, DIN, ISO). Cuanto más cercano esté ese punto del eje de ordenadas, más sensible o rápida será la emulsión y viceversa.

3. *Contraste* o *gamma.* El tramo recto BC puede tener mayor o menor tendencia a la verticalidad. Cuando es muy vertical cualquier pequeña variación de la exposición se traducirá en grandes diferencias de intensidad y al contrario. Nos estamos refiriendo al contraste de la emulsión. Los ma-

teriales muy contrastados, de muy baja sensibilidad, tienen un número gamma muy elevado.

4. *Latitud de exposición.* La parte de la curva que puede emplearse en la práctica está constituida por la parte superior del talón o tramo B, y la porción recta BC, es decir, desde µ hasta C. En general, la mayor parte de los motivos a registrar, si no tienen contrastes elevados, suelen tener una escala de luminancias menor que la que cabe en el tramo C. Esto quiere decir, en la práctica, que disponemos de un margen para efectuar la exposición porque no existe una sola exposición correcta sino que podemos movernos dentro de unos márgenes. La *latitud de la emulsión* se corresponde con la anchura del intervalo dentro del cual se pueden situar todas las luminancias del motivo.

La deducción es evidente, la latitud depende del contraste en proporción inversa de manera que a más contraste menos latitud y viceversa.

5. *Densidad máxima.* El punto D marca el máximo de densidad de la emulsión hasta el punto de que no sólo no sube más sino que empieza a descender. Según la emulsión empleada y su curva característica, puede darse el caso de que si la densidad máxima no es lo bastante alta, los negros pueden no reproducirse suficientemente densos y podemos seguir no viéndolos como negros por mucho que aumentemos la exposición, incluso llegando al velado de la película.

En ocasiones se realizan pruebas con tiempos de revelado crecientes. Una vez obtenidos los resultados para cada prueba, pueden trazarse curvas de sensi-

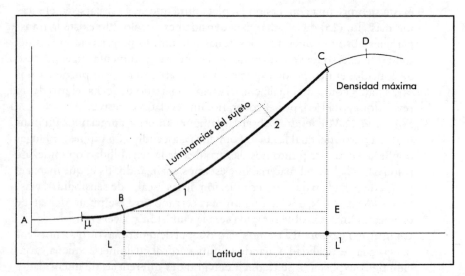

Figura 124. Latitud de exposición.

bilidad, contraste y velo en relación con el tiempo de revelado, y a partir de éstas puede determinarse el tiempo correcto para un contraste determinado, o la combinación más adecuada de los distintos valores.

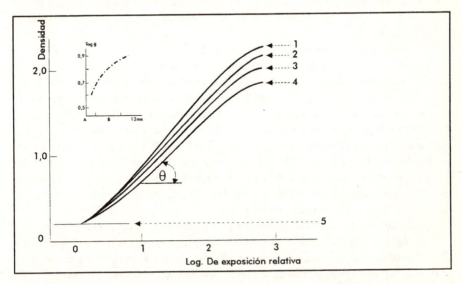

Material revelado a 1-12 mn, 2-9 mn, 3-6,5 mn, 4-4,5 mn con sus correspondientes curvas características. Gamma = tang 0,5. Densidad de base (inserto) valor gamma trazado en relación con el tiempo de revelado.

Figura 125. Series de revelado en un material negativo.

11.5. Sensitometría de los materiales en color

Los principios generales de la sensitometría de color son muy similares a los de la fotografía de blanco y negro. Con estos materiales, también debe de efectuarse una serie controlada de exposiciones que responden a diferentes niveles de iluminación sobre un material de ensayo. Tras el revelado se debe, asimismo, proceder al examen de la imagen resultante mediante la intervención de un densitómetro. No obstante, la naturaleza de las imágenes de la película de color presenta problemas específicos ya que, como sabemos, las películas de color constan de tres capas cada una de las cuales debe ser sometida a una exposición correcta y ser sometida, luego, a medición.

11.6. Sensitómetros de color

Los sensitómetros tipo para color efectúan una exposición de la película en contacto con una cuña de densidades según la luz que procede de una lámpara de espectro cromático muy controlado. El mecanismo obturador consiste en una rueda de sectores y un obturador. La rueda de sectores gira continuamente a una velocidad fija permaneciendo abierto el obturador mientras toda la superficie de la película se expone de una sola vez. El tiempo de exposición se regula por la velocidad de rotación de la rueda y también por el ángulo del sector. En ocasiones, se introduce algún filtro en la trayectoria óptica para modificar el color de la luz.

El carácter de la exposición sensitométrica debe ser lo más similar posible a la aplicación real de la película. Normalmente se emplean tiempos de exposición de 1/50 segundo, comparable a la exposición que recibe un fotograma en la cámara de cine. La calidad espectral de la luz empleada debe ser la misma que aquella a la que está destinada la película. Se parte, normalmente, de una lámpara que emite una temperatura de color de 3.200 °K. Las películas equilibradas para luz de día se exponen con una corrección de la luz conseguida mediante la interposición de un filtro azul que eleva la temperatura de color de la luz a 5.600 °K.

El tiempo de exposición es fijo y las variaciones de intensidad sobre la tira de pruebas se obtienen, como en el caso del blanco y negro, por medio de una cuña de pasos precisos que consiste en una serie de pasos de densidad de incremento conocido en los que cada escalón deja pasar el doble de luz que el anterior.

En algunas pruebas puede ser necesario que las capas sensibles al rojo, al verde y al azul de una película de color tengan que ser expuestas por separado, para lo cual se recurre al uso de filtros de color cuyas características de transmisión de banda espectral se adecuen a la sensibilidad de la película.

La cuña sensitométrica debe garantizar una absorción idéntica de todas las longitudes de onda, cuestión nada fácil si tenemos en cuenta que la plata de la emulsión no tiene una respuesta lineal al color, lo que debe compensarse mediante la incorporación de aditivos al revelador.

11.7. Densitómetros de color

Una vez que la película expuesta ha sido revelada debe procederse a la medición de las densidades de color de cada escalón para poder construir la curva característica de cada uno de los tres colores. En color se emplean los *densitómetros fotoeléctricos* de características similares a los empleados en blanco y negro con la particularidad respecto a aquéllos de que en éstos se insertan filtros de color de banda muy estrecha de 450, 530 y 630 nanómetros (azul, verde y rojo), que posibilitan la lectura de las densidades efectivas para que las regiones roja, verde y azul del espectro puedan ser leídas.

La elección de los tres filtros de color usados en densitometría es importante y lo normal, en la actualidad, es adaptarlos a la finalidad que va a tener la película. Así, al medir un negativo de color, es necesario determinar sus densidades efectivas cuando es usado para hacer copias, por ejemplo sobre película positiva de color. Se emplean entonces los denominados *filtros de densidad de copiado*.

Cuando se miden materiales de copiado positivo de color, la densidad requerida es aquella que es visible en la copia. Los filtros y la fotocélula deben tener una respuesta que se corresponda con la del mecanismo de la visión humana. En este caso se emplean otro tipo de filtros *colorimétricos* de características distintas.

11.8. Curvas características de color

Trazando la gráfica de la densidad de la película para cada color en relación con el logaritmo de la exposición para cada paso se obtienen las curvas características del material, a partir de las que puede extraerse una información muy valiosa. Así, por ejemplo, los valores gamma o inclinaciones de las curvas características pueden ser comparadas para cada color. Para una correcta reproducción del color se precisa un valor gamma prácticamente idéntico para los tres colores primarios pues si no fuera así, tanto en películas negativas como positivas, se apreciarían diferencias en la reproducción de los colores entre las luces y las sombras. En el revelado también deberá mantenerse esta relación igualitaria entre las tres capas para mantener el contraste adecuado.

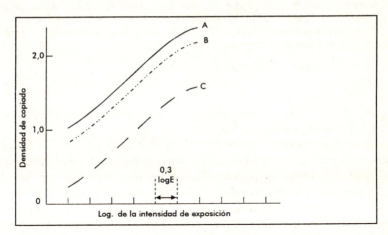

Curvas características de un material típico. Las densidades de la luz azul (A), verde (B) y roja (C) están trazadas en relación con el logaritmo de la exposición. Los valores mínimos tan altos para el azul y el verde son el resultado del sistema de apantallado que da a la película una apariencia anaranjada en las áreas no expuestas.

Figura 126. Curvas de un negativo tricapa integral.

El examen comparativo de las curvas de dos películas diferentes permite conocer y diferenciar sus sensibilidades fotográficas relativas de forma que puedan calcularse sus condiciones de exposición lo mismo en la intensidad como en la corrección del color. La realización de tiras de pruebas sensitométricas de una película estándar para comprobar las características del proceso de revelado puede aportar datos fundamentales, una vez analizada la forma exacta de la curva para

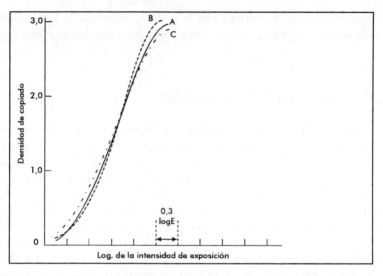

Expuesta para producir una imagen nominalmente neutra en las tonalidades medidas. A: Imagen amarilla leída por el azul. Para una producción, ideal, las curvas de cada color deberían ser paralelas; B: Imagen cian leída por la luz roja. Las áreas de las sombras tienen una tendencia a ser verdiazules; C: Imagen magenta leída por la luz verde. El talón más aplanado indica que las grandes luces y tonalidades claras aparecerán demasiado rosadas.

Figura 127. Curvas de una película positiva de color.

los tres registros de color, e indicarnos los cambios químicos que puedan producirse y que requieran ser corregidos.

La densitometría del color sirve para determinar las condiciones de copiado de cualquier imagen negativa y sobre todo es importante cuando se obtienen derivados mediante intermediarios de color. También es muy útil en los procesos de telecinado, pues puede aportarnos datos respecto a si las tonalidades pueden ser satisfactorias para obtener buenos resultados en ese proceso. Los procesos de telecinado (conversión de película fotográfica a imagen electrónica en formato vídeo) son muy críticos ya que es muy fácil, si el sistema no está perfectamente ajustado, que se alteren de forma significativa los colores originales y que se produzca, por tanto, una alteración de las condiciones en que se filmó la película que pueden cambiar el significado expresivo o, simplemente, bajar significativamente la calidad técnica. Por ello es preciso analizar detalladamente las imágenes de color para adecuar las características de un sistema de telecine de color a un tipo particular de película. Para ello deben medirse las *densidades espectrales* de una imagen de color, es decir la variación de densidad con la longitud de onda de la luz.

En el cine profesional de 35 mm es muy corriente realizar en el laboratorio, antes del rodaje, un ensayo sensitométrico del material que se va a utilizar. A partir de esta prueba, el laboratorio traza la curva resultante de su tratamiento químico en el proceso de revelado. De esta manera, los directores de fotografía pueden apreciar perfectamente las zonas de subexposición, de sobreexposición, la

LA SENSITOMETRÍA 225

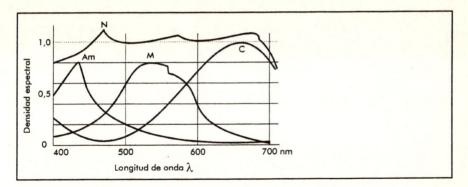

Curvas de los tres componentes que corresponden al color amarillo, cian y magenta. Las tres imágenes unidas dan un color gris neutro con una curva espectral.

Figura 128. Curvas de densidades espectrales de una película de color.

zona de solarización en el hombro de la curva, la proporción de velo químico, etc. De esta operación se deduce la importancia que tiene en la consecución de una buena calidad fotográfica saber leer e interpretar curvas sensitométricas. Por desgracia, en el cine de 16 mm no es frecuente efectuar este tipo de pruebas y muchas de las producciones efectuadas en este formato se resienten gravemente de esta falta.

Capítulo 12

LA EXPOSICIÓN Y SU MEDIDA

Los medios audiovisuales, especialmente en su vertiente vídeo, han adquirido tanta popularidad que se encuentran prácticamente al alcance de cualquier economía doméstica. Los sistemas de captación se han simplificado hasta el extremo de automatizar totalmente el registro de imágenes y sonidos. No obstante, aparte de consideraciones técnicas basadas en las diferencias de calidad conseguidas en los formatos domésticos si los comparamos con los profesionales, casi siempre notamos enormes distancias en la calidad de la imagen obtenida por medios domésticos respecto a las imágenes que apreciamos cotidianamente en vídeo o en nuestro televisor.

Las diferencias de calidad aumentan espectacularmente cuando comparamos nuestros registros domésticos con las calidades obtenidas en las proyecciones cinematográficas de filmes vistos en las salas comerciales de exhibición. En esos casos pensamos, con frecuencia, que nunca podremos llegar a alcanzar las diferencias de matices, los claroscuros, la armonía entre luces y sombras conseguidas en esas producciones profesionales.

Es muy posible que un aficionado consciente o un profesional con escasas aspiraciones quizá se satisfaga con tomas aparentemente correctas pero no totalmente correctas, aunque el verdadero profesional efectúa un análisis exhaustivo de la toma zona por zona y puede observar, en la toma de un aficionado, múltiples fallos de exposición que pueden haber pasado inadvertidos para ojos menos avezados.

12.1. La exposición

La importancia de una buena medida de la exposición es primordial en las realizaciones audiovisuales. Casi todos hemos practicado en algunos momentos de nuestra vida la fotografía y hemos sido conscientes de la importancia de una exposición correcta para conseguir buenas fotografías. En el cine, y también en el vídeo, existen mayores dificultades para conseguir una exposición correcta porque el referente, el motivo, se mueve, y la cámara también. En esos recorridos pueden variar las condiciones de iluminación y el director de fotografía o el operador han de prever estos cambios para que no arruinen la calidad de la imagen obtenida. Existe, además, otra razón relacionada con la necesidad de mantener una continuidad fotográfica en el plano y en la combinación de los planos propia del montaje. Si se producen saltos de exposición, diferencias de cromatismo o de luminosidad no justificada entre diferentes tomas montadas que constituyen un continuum narrativo y expresivo, se corre el riesgo de despistar y confundir al espectador, que apreciará, consciente o inconscientemente, la ruptura de la continuidad fotográfica.

Se puede decir que el problema de determinar la exposición exacta se resuelve correctamente cuando todas las partes del sujeto, o aquellas que el operador elige voluntariamente, se reproducen en distintos tonos de luminosidad, de cromatismo y de contraste adecuados. Recordando capítulos anteriores podemos decir que se logra cuando la escala de luminancias del motivo se sitúa debidamente sobre la curva característica del material.

Existen muchos factores a tener en cuenta para conseguir una correcta exposición. A continuación, efectuaremos un repaso sobre todos ellos.

12.2. La luminosidad y el contraste de la escena

Si la medición consiste en hallar el valor de exposición preciso para que la película reciba el nivel de exposición que consideramos adecuado, será preciso, en primer lugar, valorar con exactitud el nivel de luminosidad de la escena encuadrada.

El *nivel de luminosidad de la escena* determina, con una sensibilidad concreta de la emulsión, el valor de la exposición que utilizaremos. Escenas con alta luminosidad general nos permitirán trabajar con diafragmas cerrados que facilitarán la consecución de una amplia profundidad de campo. También nos permitirán trabajar con sensibilidades más bajas que darán grano más fino y una mejor definición aunque con un ligero aumento del contraste. Las escenas con alta luminosidad facilitarán, asimismo, la filmación a altas velocidades compensadas con una apertura del ángulo del obturador.

Por el contrario, una escena con una baja luminosidad general limitará la profundidad de campo de la escena al obligarnos a trabajar con diafragmas más abiertos. El empleo de emulsiones de alta sensibilidad podrá poner, en cierta medida, remedio al punto anterior pero se conseguirá una definición de la imagen algo más deficiente con un contraste más bajo y será difícil filmar a altas velocidades por la escasez de luminosidad general.

En segundo lugar, deberemos valorar el *contraste de la escena*, es decir, las diferencias de luminosidad entre las sombras y las luces que queremos que aparezcan con detalle. Hay escenas de bajo contraste y escenas contrastadas, duras, con grandes diferencias entre las zonas más iluminadas y las zonas en sombra.

En el caso de existir fuertes diferencias de contraste se presentan dificultades en la toma. Es muy factible que, en estos casos, se supere la posibilidad de introducir en la zona de latitud de exposición de la película las diferencias de luminosidad existentes en la escena real. Cuando las diferencias de contraste son muy elevadas poco puede hacerse sino decidir, desde un punto de vista expresivo, cuál es la zona de la escena que nos interesa reproducir con mayor grado de detalle y, a partir de esta decisión, trabajar para esta zona.

Un caso frecuente de diferencias de contraste se presenta en el *contraluz*, situación típica en la que una persona, por ejemplo, está situada frente a la cámara dando la espalda a una ventana por la que se filtra una gran luminosidad. Si realizásemos una lectura automática promedio, el diafragma indicado sería insuficiente para reproducir con detalle los rasgos de la cara del sujeto, que quedaría en sombras aunque probablemente la imagen vista a través de la ventana pudiese apreciarse con detalle. En este caso, debemos decidir la prioridad. Si consideramos que es más importante la faz del sujeto, tomaremos las luminancias de su cara como modelo y expondremos de forma tal que sus rasgos se apreciarán con corrección aunque el fondo de la ventana quede completamente sobreexpuesto (quemado). Si, por el contrario, damos prioridad al fondo, expondremos para que los detalles del mismo sean perfectamente visibles aunque la figura humana quede reducida a una sombra.

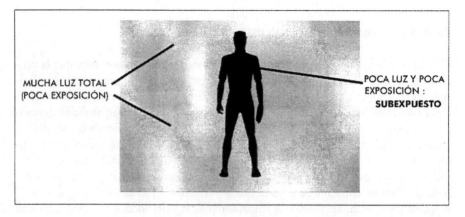

Figura 129. Contraluz.

Existen, por supuesto, posibilidades de equiparar las luminosidades del motivo interno con el motivo externo si trabajamos en estudio con un total control por nuestra parte. Podríamos, por ejemplo, hacer compatibles el interior y el exterior mediante el empleo de fuentes de luz en el interior que elevasen e igualasen el nivel de luminosidad del interior con el exterior, o también podríamos reducir la luminosidad que se filtra por la ventana situando láminas de filtraje neutro que redujesen la cantidad de luz que entra hacia el interior.

Puede darse también el caso contrario, la cara de un sujeto sobre un fondo negro. Una medición promedio nos aconsejaría el empleo de un diafragma muy abierto que daría como resultado una sobreexposición de la faz del personaje que quedaría completamente quemada. Como en el caso anterior, deberíamos decidir sobre quién tiene la prioridad en el conjunto de la escena. Si optamos por el personaje, ajustaremos el diafragma para su cara, que quedará perfectamente expuesta aunque se hayan perdido por completo los detalles de la zona en sombra. Las posibilidades de controlar la escena nos llevarían al empleo de fuentes luminosas de apoyo que iluminasen el fondo oscuro lo suficiente como para igualar o acercar su nivel de luminosidad con el de la faz de la figura humana.

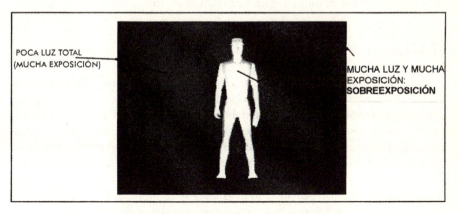

Figura 130. Sujeto sobre un fondo oscuro.

Como conclusión, debemos acostumbrarnos a la idea de que sólo podremos reproducir con detalle en las tomas un intervalo de luminosidades muy limitado. Este intervalo será mayor o menor según el tipo de película. La medición del contraste de la escena (midiendo las diferencias existentes entre las zonas en sombra y las zonas más iluminadas) nos permitirá saber si es posible o no registrarla con la película que estamos empleando. En este caso se apreciará la importancia de saber leer e interpretar la curva característica de la emulsión con que estamos trabajando.

12.3. El color y el factor de reflexión del tema

Es importante recordar que la emulsión sensible reacciona únicamente a la luz que refleja el tema encuadrado. La luminosidad general de la escena es un término de relativa prioridad respecto a la importancia que debemos otorgarle al tema protagonista de la toma. Dos personas pueden estar recibiendo la misma cantidad de luz si se encuentran juntas ante la luz solar o un proyector de iluminación, pero si una de ellas es de tez oscura, su cara reflejará menor cantidad de luz que la otra persona si es de tez blanca.

Normalmente, en la mayor parte de los temas, la prioridad de la exposición correcta se centra en las personas. En la medición se procura que las tonalidades de la piel queden correctamente expuestas aun a costa de renunciar (si no queda más remedio, aunque existen muchas técnicas profesionales para conseguir equilibrar las luces) a una perfecta exposición de los elementos contextuales.

La medida de la exposición requiere saber interpretar los datos que nos proporcionan los sistemas de medida de la luminosidad existente. El operador de cámara debe adaptar las medidas generales y particulares de los instrumentos a las necesidades expresivas del filme o programa. En los filmes dramáticos casi siempre se concede la mayor importancia a las personas, a las que se maquilla de una forma estándar que unifique algunas diferencias de tonalidad.

12.4. La sensibilidad de la emulsión

Ya sabemos que existe una relación constante entre la sensibilidad de la película, el diafragma empleado, la luminosidad general de la escena y el tiempo de exposición variable según el ángulo del obturador. La linealidad de esta relación facilita al operador la toma de decisiones en los procesos de medición de la exposición. La sensibilidad de la película afecta de forma determinante a la exposición. La escala ISO aporta datos suficientes para regular los instrumentos de medición a una determinada sensibilidad y establecer las correspondencias ante hipotéticos cambios de película con diferentes sensibilidades.

Si para una luminosidad fija, con un ángulo de obturación concreto, por ejemplo 180°, que se traduciría en una exposición de 1/48 de segundo a la velocidad de filmación de 24 fotogramas por segundo, se requiere un diafragma de trabajo *f:4*, con una sensibilidad ISO 100/21:

- Con una película ISO 50/18 precisaría un diafragma f:2,8.
- Con una película ISO 25/15 precisaría un diafragma f:2.
- Con una película ISO 12/12 precisaría un diafragma f:1,4.
- Con una película ISO 200/24 precisaría un diafragma f:5,6.
- Con una película ISO 400/27 precisaría un diafragma f:8.
- Con una película ISO 800/30 precisaría un diafragma f:11.

Y así sucesivamente.

12.5. La latitud de exposición de la emulsión

Ya hemos comentado con anterioridad la utilidad del conocimiento de la sensitometría para disponer de más información sobre el comportamiento de las emulsiones. Sabemos que en una emulsión teóricamente lineal por cada unidad de exposición, la densidad del negativo cambiará, también, una unidad. La pendiente de la curva característica es una medida del contraste característico de la película y sabemos que existen películas en las que grandes cambios en la exposición sólo cambian un poco la densidad del negativo (películas de bajo contraste), por tanto, con pendientes muy suaves, y existen otras, con alta pendiente, donde pequeños cambios de exposición cambian fuertemente la densidad del negativo (películas de alto contraste).

Una buena medida de la exposición se hace para colocar los diferentes valores tonales del tema en la parte central de la curva característica, entre el talón y el hombro de la curva. Sabemos que según la gamma o contraste de la película tendremos mayores o menores dificultades para «encajar» las variaciones de luminosidad del motivo en la zona útil de la curva, en la denominada *latitud de exposición* de la película considerada.

Una medición afectada de sobreexposición desplaza los valores de la escena demasiado hacia el hombro de la curva con lo que se pierde información en la parte plana del hombro porque las diferencias entre las luminancias de la escena conllevan cambios exagerados en la densidad del negativo. Además, como todo está desplazado hacia la derecha, los valores de la escena no caen sobre el talón de

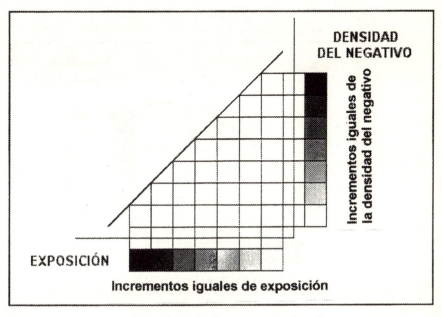

Figura 131. Película teóricamente lineal.

la curva con lo que las zonas oscuras no se reproducirán como los negros densos existentes en la escena original.

Una medición afectada de subexposición desplaza los valores de la escena demasiado hacia el talón de la curva. En este caso, los tonos claros de la escena se reflejarán hasta en sus mínimos detalles pero las zonas más oscuras y aun las tonalidades intermedias quedarán oscurecidas y con pérdida de detalles ya que se encontrarán totalmente comprimidos en el talón. Los grises medios, los grises oscuros y las sombras aparecerán todos ellos confundidos en una mancha negra.

Una medición correcta, como hemos apuntado, situaría el motivo en la parte recta de la curva coincidente con la latitud de exposición que puede considerarse como la capacidad de la película para registrar con corrección un cierto intervalo de luminancias, pero también se puede considerar que posibilita la existencia de un cierto margen de error en la exposición.

Los problemas, aun partiendo de una correcta medida de la exposición, pueden venir originados básicamente por dos motivos distintos:

1. Por no elegir la emulsión con la gamma o contraste adecuado para el motivo que debemos filmar (por elegir una gamma muy alta o muy baja).
2. Porque las diferencias de contraste del motivo exceden la latitud de nuestra emulsión.

En el segundo caso podríamos intentar cambiar el intervalo de luminancias de la escena de forma que se ajuste a la curva de la película actuando sobre la iluminación de la escena.

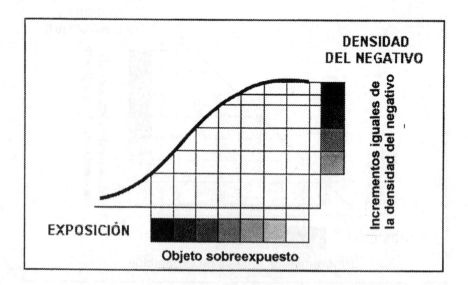

Figura 132. Negativo sobreexpuesto.

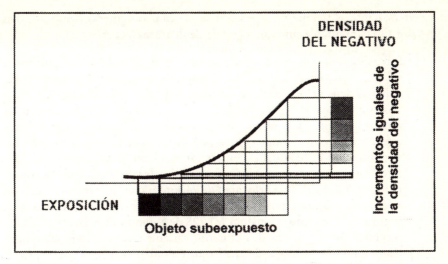

Figura 133. Negativo subexpuesto.

12.6. La abertura del diafragma

La abertura del diafragma determina la cantidad de luz que pasa por el objetivo y que impresiona la emulsión sensible. Sabemos que cada paso de diafragma significa doblar o reducir a la mitad la luz respecto a su valor precedente. Considerando un ángulo de obturación fijo con una película que expone correctamente con una luminosidad de 20 candelas/cm² a un diafragma *f:5,6*, si cambiamos los valores de diafragma y pretendemos mantener el mismo nivel de exposición tendremos:

- A *f:4* necesitaríamos 10 candelas/cm².
- A *f:2,8* necesitaríamos 5 candelas/cm².
- A *f:8* necesitaríamos 40 candelas/cm².
- A *f:11* necesitaríamos 80 candelas/cm².
- A *f:16* necesitaríamos 160 candelas/cm².

12.7. La velocidad de obturación y su ángulo

Sabemos que la velocidad de obturación condiciona el tiempo de exposición de la emulsión sensible que debe recibir la imagen de la escena procedente del objetivo. También sabemos que el obturador, tras haber permitido la exposición, cierra el paso de la luz sobre la emulsión para que, en combinación con el mecanismo de arrastre, pueda descender una nueva porción de película virgen dispuesta a ser impresionada a la velocidad estándar de 24 ó 25 fotogramas por segundo.

No obstante, el tiempo de exposición en las cámaras cinematográficas no es un valor fijo e inmutable sino que depende de distintos factores:

1. Salvo en cámaras de gran calidad con motores síncronos y muy regulados, la velocidad de paso de la película no siempre es coincidente con la anunciada.
2. Además de la velocidad de desfile de la película, en la duración de la exposición influye el *ángulo* del obturador. Sabemos que el obturador de las cámaras de cine suele ser un disco con sectores huecos y sectores llenos que permite o interrumpe el paso de la luz. Existen cámaras con obturador fijo, pero es habitual encontrar cámaras con obturador variable. En este último caso se encuentran posibilidades de variar el ángulo del obturador de 5° a 180°. A la velocidad de 24 fotogramas por segundo, con un ángulo de 180°, la exposición dura 1/48 de segundo, en cambio, con un ángulo de 5°, la exposición dura 1/1.728 de segundo. A la hora de trabajar con una cámara provista de obturador variable será preciso regular la anchura tanto para trabajar de una forma estandarizada como para aprovechar las posibilidades que aporta un obturador variable para reducir o para incrementar la exposición según las características del motivo.
3. La velocidad de obturación depende de la velocidad de paso de la película que puede ser, también, variada. Por ejemplo, con un mismo ángulo de obturador de 180°, tendríamos una duración de exposición de 1/128 de segundo rodando a 64 fotogramas por segundo y de 1/16 de segundo, si rodamos a 8 fotogramas por segundo.

Variación de los tiempos de exposición según el ángulo del obturador y la velocidad

Ángulo del obturador	8 fps	24 fps	64 fps
280°	1/10	1/31	1/81
200°	1/11	1/43	1/115
180°	1/16	1/48	1/128
175°	1/16	1/49	1/132
160°	1/18	1/54	1/144
150°	1/19	1/58	1/154
140°	1/21	1/62	1/164
135°	1/21	1/64	1/171
120°	1/24	1/72	1/192
100°	1/29	1/86	1/230
90°	1/32	1/96	1/256
80°	1/36	1/108	1/288
75°	1/38	1/115	1/307
60°	1/48	1/144	1/384
45°	1/64	1/192	1/512
22,5°	1/128	1/384	1/1.024
10°	1/288	1/864	1/2.304
5°	1/576	1/1.728	1/4.608

12.8. Los filtros empleados

Tal y como se ha explicado en el capítulo referido a los filtros empleados en la cinematografía, el *factor de un filtro* nos informa del porcentaje de luz que un filtro resta respecto de la cantidad total de luz que incide sobre el objetivo. En los usos propios de aficionado los sistemas automáticos de medida de la exposición que incorporan estos sistemas de registro cinematográfico o videográfico efectúan una medida de la luz que realmente atraviesa el objetivo, por lo que la colocación de filtros de diferente absorción es leída en forma automática por el exposímetro que gobierna la abertura de diafragma precisa para compensar las pérdidas de luz producidas por la utilización de los filtros.

En la cinematografía profesional no se emplean sistemas de medición automáticos sino que la medida se hace generalmente partiendo de la consideración de la cantidad de luz que incide sobre el motivo a registrar. Por esta razón, la incorporación de filtros deberá tenerse muy en cuenta para, según su factor de absorción (que depende de su color y de su densidad o grado de saturación), compensar la diferencia de luminosidad que impresiona la película. Esta compensación se efectúa normalmente abriendo el diafragma o, en otros casos, aumentando el ángulo variable del obturador.

Merece la pena insistir, no obstante, en la conveniencia de efectuar pruebas con anterioridad al registro definitivo ya que el valor teórico de absorción atribuido por el fabricante a los filtros no siempre es coincidente con los resultados para uno u otro tipo de emulsiones.

12.9. El revelado y el positivado

En el capítulo referido a la sensitometría insistíamos en la conveniencia de interpretar y analizar la curva característica de una emulsión para disponer de datos que nos pudiesen ayudar a obtener el mejor rendimiento de la misma. Los análisis sensitométricos se efectúan, no obstante, para un revelado estándar. En la realidad podemos encontrarnos con relativa frecuencia con importantes diferencias de revelado entre distintos laboratorios, especialmente en las películas de 16 mm.

La norma básica antes de comenzar la filmación de un filme es efectuar pruebas con el mismo tipo de emulsión que vamos a utilizar en el laboratorio donde revelaremos el material sensible. Estas pruebas de ensayo son indispensables para asegurar una exposición que garantice resultados óptimos. Según los resultados de los ensayos, el director de fotografía realizará los ajustes de diafragmas precisos a partir de las referencias «objetivas» que proporcionen los diferentes sistemas de medida de la luz empleados.

En el proceso de positivado pueden producirse diferencias de densidad respecto al negativo original que es preciso valorar ya que pueden alterar el valor artístico y expresivo de las imágenes. El director de fotografía debe estar muy pendiente de los procesos empleados por el laboratorio en el positivado para, si llega el caso, sugerir y realizar ajustes que garanticen el mantenimiento de la calidad del positivo.

12.10. El efecto visual que queremos conseguir

En toda obra cinematográfica confluyen aspectos que la hacen única e irrepetible. Al margen de las características argumentales y de interpretación que le son propias, en su proceso constructivo intervienen elementos de carácter técnico y objetivo que deben ser tenidos en cuenta: la definición de la imagen debe ser buena y perfectamente legible; el contraste, adecuado, para diferenciar los matices de la escena; el cromatismo, natural, etc. En condiciones normales, el director de fotografía aporta toda su profesionalidad para la consecución de esos objetivos. No obstante, en una obra cinematográfica puede haber lugar para introducir criterios subjetivos que invaliden totalmente la necesidad de existencia de una correlación lógica entre la imagen representada y la realidad. Con los medios audiovisuales podemos crear nuevas realidades, sugerir atmósferas inexistentes, dejar entrada a un mundo onírico y fantástico y, por supuesto, en la mayoría de los casos, reflejar una imagen real y aparentemente cotidiana que sirva de base para el desarrollo de una historia.

La iluminación, la escenografía y la medida de la exposición, que se ponen generalmente al servicio de conseguir una historia que parezca natural y creíble, se convierten en armas muy poderosas para sugerir lo irreal y lo fantástico. Puesta la técnica al servicio de la historia podremos, en ocasiones, sobreexponer o subexponer la emulsión para conseguir un determinado efecto, alterar el cromatismo de la imagen, contrastar en exceso, combinar un movimiento acelerado con una imagen subexpuesta, forzar la emulsión, etc. Contradecir, en definitiva, las normas aceptadas universalmente para la consecución de resultados estándar, o, sencillamente, valernos de las posibilidades de manipulación de la imagen que conlleva la determinación de la exposición para conseguir unos determinados efectos expresivos justificados por la concepción del filme.

12.11. Los exposímetros

Las posibilidades de iluminar un tema son muy variadas y es completamente imposible confiar en la capacidad del ojo humano para medirlas, valorarlas y traducirlas en valores de exposición. Los *exposímetros* permiten la medición de intensidades luminosas y determinan las combinaciones diafragma-sensibilidad-velocidad de filmación necesarias para obtener imágenes con una adecuada luminosidad.

Las cámaras profesionales de cine no incorporan sistemas automáticos de medición de la luz (las de vídeo sí) y por ello es preciso recurrir siempre al uso de exposímetros que deben ser, además, de calidad garantizada.

Antiguamente se empleaban exposímetros que se aprovechaban de la acción química de la luz (actinómetros) o que establecían comparaciones visuales (extintómetros) para determinar la exposición. Con posterioridad se inventaron fotómetros que comparan simultáneamente la iluminación de una zona del sujeto con la de otra zona, incorporada en el propio aparato e iluminada por una bombilla.

No obstante, los exposímetros más empleados en la actualidad son los *fotoeléctricos*. Están basados en la existencia de ciertas sustancias que reaccionan a la luz de formas distintas: algunas generan directamente una tensión eléctrica (células fotoemisoras) y otras varían la resistencia que ofrecen al paso de la corriente eléctrica según la luz que reciben (células fotoconductoras).

Los exposímetros basados en las células fotoemisoras emplean el *selenio* como material sensible a la luz. Funcionan sin fuente de alimentación, es decir, sin pila. Cuando la luz incide sobre la célula se produce una corriente eléctrica que desplaza una aguja más o menos según la intensidad luminosa. La principal ventaja de estos exposímetros radica en que no necesitan fuente de alimentación por lo que prácticamente siempre están operativos. Por otra parte, son algo menos sensibles que los basados en la fotoconducción.

Los exposímetros fotoconductores son más sensibles que los anteriores, existen los que emplean una célula de *sulfuro de cadmio* y los más recientes cuya célula es de *silicio*. Precisan de fuente de alimentación externa (pila) y de un dispositivo de control de la tensión de la pila. El fenómeno fotoconductor hace que la corriente eléctrica de la pila varíe según la intensidad luminosa que reciba el instrumento (debido al cambio de resistencia que experimenta la célula) moviendo, igualmente, una aguja que señala el número de referencia.

Los exposímetros de sulfuro de cadmio tienen como inconveniente la existencia de una memoria o remanencia que hace que la célula una vez ha sido expuesta a una fuerte luminosidad falle, durante un tiempo, en la medición de zonas de baja luminosidad.

Este fenómeno no sucede en los exposímetros de silicio, los cuales no muestran ningún tipo de remanencia y son, por tanto, más fiables.

Todos los exposímetros incorporan un sistema calculador que traduce la intensidad luminosa en tiempo de exposición y en diafragmas. Mediante un sistema corrector se produce la adaptación a las diferentes sensibilidades de película existentes.

Las células de los exposímetros deben ser etalonadas antes del comienzo de una filmación para adecuarlos a la película empleada y al laboratorio. Tan importante es etalonar el exposímetro como efectuar pruebas de cámara para adaptarse al tipo de emulsión y forma específica de revelar del laboratorio elegido. De esta forma reducimos riesgos derivados, por ejemplo, de un obturador impreciso, un objetivo mal graduado o de normas especiales del laboratorio. Conviene saber que no siempre existe una exacta correspondencia entre la célula del exposímetro a los rayos infrarrojos y ultravioleta y la respuesta que a estas mismas radiaciones luminosas pueden tener las emulsiones.

Existen básicamente dos tipos de exposímetros: los de luz reflejada y los de luz incidente. En cinematografía se emplean, mayoritariamente, los últimos.

Los *exposímetros de luz reflejada* miden la luz que reflejan los objetos, es decir, la luz que es reenviada por el tema hacia la película. El elemento sensible de la célula fotoeléctrica se dirige hacia el tema a filmar. Este tipo de medición plantea algunos problemas como la dificultad de coincidencia entre el campo medido por la célula y el campo visual abarcado efectivamente por el objetivo. Si recordamos los ejemplos citados en este mismo capítulo a propósito del contraluz o de la figura sobre un fondo oscuro podemos deducir que el resultado de la medición será falso dado que, con toda probabilidad, el fondo se habrá impuesto sobre la figura.

Los exposímetros de luz reflejada recogen toda la luz que proviene de la zona que cubren, la mezclan y dan el valor de la luz media de la escena. Son integradores y plantean problemas por no distinguir entre figura y fondo.

Los exposímetros de luz reflejada son ampliamente empleados en la fotografía, especialmente en la de aficionado. De hecho, prácticamente todas las cámaras fotográficas de una cierta calidad incorporan un exposímetro de este tipo. En cine se usan muy poco y si acaso en la modalidad denominada de *luz puntual*, es decir, que leen un estrecho ángulo que proporciona medidas concretas de determinados elementos de la escena.

Este exposímetro, denominado también «spot-meter», es especialmente útil en situaciones de difícil acceso, como una obra de teatro, una personalidad de gran relieve, una confrontación deportiva, etc. También es una excelente herramienta para medir el contraste de la escena o para efectuar el seguimiento de un personaje que se desplaza por zonas de distinta iluminación. Conviene, en cualquier caso, que el ángulo de visión no sea superior a 1 grado, ya que un ángulo superior obliga a acercarse al tema con lo que se pierde una de las principales ventajas de este tipo de exposímetros.

El *exposímetro de luz incidente* no mide la luz reflejada por el objeto sino la luz que incide sobre él. El exposímetro se sitúa en el lugar del sujeto apuntando hacia la cámara. Ante la célula fotosensible se sitúa una superficie difusora de plástico blanco translúcido en forma de semiesfera que «integra» la luz que llega de todas las direcciones. La semiesfera, para que sea precisa, ha de ser de grandes dimensiones.

Este método de medición no tiene en cuenta el factor de reflexión del tema que, como sabemos, condiciona la medida de la exposición. No obstante, es prácticamente el sistema utilizado profesionalmente porque el exposímetro está regulado en función del factor de reflexión de la tez humana con un maquillaje estándar y, además, normalmente es el ser humano la referencia en la mayor parte de las tomas.

12.12. El sistema de exposición por zonas. La carta gris

Es interesante recordar, en este punto, que los valores de exposición de una escena no están representados por un solo número. La mayoría de las escenas poseen intervalos de luminancias que reflejan las diferencias en matices de gris entre el blanco más puro y el negro más intenso.

LA EXPOSICIÓN Y SU MEDIDA

Por otro lado, los exposímetros vienen calibrados de fábrica y normalizados para que den unas determinadas respuestas cuando su célula se expone a la luz.

Si examinamos una escena en la que exista un alto contraste con un exposímetro de luz reflejada tipo «spot» (haz concentrado) y le asignamos al negro más oscuro el valor de la zona 1, podemos encontrar, según su luminosidad creciente, otras áreas que sean 2, 3, 4, 5, 6, 7, 8, y 9 en la que este último valor represente un blanco luminoso. Estas diferentes luminosidades, cada una de las cuales representa el doble que la anterior, podrían constituir una escala de grises que, en diferentes tonos de gris y en nueve escalones, van desde el negro hasta el blanco puros.

El sistema de exposición por zonas toma como referencia una escala de grises similar (existen muchas otras escalas de grises con algo en común: todas varían del negro al blanco) y, en nuestro ejemplo, existe una condición especial de la escala de grises que nos interesa especialmente, la zona 5, puesto que en la práctica, esta zona se ha impuesto como norma de calibración universal para todo tipo de exposímetros.

En esta escala de nueve pasos, la zona 5 es la zona media y se le podría suponer una reflectancia en torno al 50 por ciento. Pero en realidad representa el 18 por ciento de reflectancia. Es la zona que corresponde con la *tarjeta gris del 18 %* y la luminancia a la que están calibrados los exposímetros. Cada zona supone una luminancia doble que la anterior y la mitad que la siguiente, es decir, habrá un diafragma de diferencia entre cada zona.

Se elige el valor de reflectancia del 18 por ciento porque el gris medio de la zona 5 tiene realmente ese valor. Está comprobado, además, que si se toman centenares de lecturas puntuales de escenas normales, la gran mayoría tendría un promedio de reflectancia del 18 por ciento.

El 18 por ciento es el promedio de reflectancia aceptado internacionalmente y ello nos da una base sólida para calibrar todos los exposímetros a este valor de reflectancia.

Se comercializa una *carta gris* que posee justamente este valor de reflectancia. Si fotografiamos esta carta y «leemos» la luz con un exposímetro incidente y colocamos la abertura que el exposímetro indica, la carta la habremos situado en la zona 5.

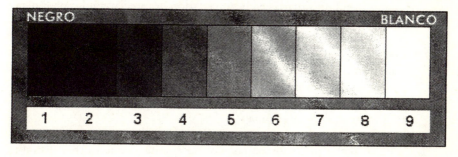

Figura 134. Escala de gris.

242   MANUAL BÁSICO DE TÉCNICA CINEMATOGRÁFICA

Volvamos a nuestro ejemplo anterior donde equiparábamos una escena con elevado contraste con nuestra escala de nueve zonas de gris. Si medimos una porción cualquiera del tema a filmar y damos la exposición indicada por el exposímetro de luz puntual reflejada, dicha porción se situará de manera automática en la parte central de la curva característica de la película. Además, no debe perderse de vista que un punto de diferencia del valor indicado por el exposímetro equivale a una luminancia doble o mitad. Veamos a continuación algunas formas prácticas de efectuar la medición por zonas:

1. Una forma simple consiste en medir la zona media de forma directa o indirecta (por luz incidente o con un exposímetro de luz reflejada dirigido a la tarjeta gris del 18 por ciento, ya que en ambos casos la medición debe dar el mismo valor de exposición) y dar la exposición que corresponda. En este caso no controlamos la disposición de las demás luminancias en la curva característica y podemos encontrarnos con sombras o luces carentes de detalle bien por subexposición o por sobreexposición.

2. Según las características del tema podemos medir *las sombras más importantes*, aunque previamente habremos decidido situarlas en la zona 2 (donde apreciaríamos pocos detalles en ellas) o en la zona 3 (allí se apreciarían más detalles). Si colocásemos en nuestro objetivo el diafragma que marca esa lectura pasaríamos la zona de sombras al centro de la curva característica de la película y sobreexpondríamos los tonos medios y las luces. Lo que debemos hacer con esa medición es cerrar tres puntos más el diafragma, si queremos que esas sombras se reproduzcan en la zona 2, o cerrar sólo dos puntos el diafragma si deseamos situarlas en la zona 3.
    Cabe deducir que la lectura no es más que una referencia para encontrar la luminancia media ideal para los efectos de imagen buscados (que no tienen por qué corresponderse exactamente con la realidad). De la zona 3 a la 5 hay dos diafragmas, y de la zona 2 a la 5, tres diafragmas. En realidad, lo que hacemos es elegir un escalón 5 que sea apropiado para que las sombras caigan en la zona 2 o en la 3 según nuestra determinación.
    Este sistema da lugar a imágenes de calidad.

3. En sentido contrario y también dependiendo de las características del tema podemos medir *las luces más importantes*, aunque previamente habremos decidido situarlas en la zona 8 (donde apreciaríamos pocos detalles en ellas) o en la zona 7 (allí se apreciarían más detalles). Si colocásemos en nuestro objetivo el diafragma que marca esa lectura pasaríamos la zona de luces al centro de la curva característica de la película y subexpondríamos los tonos medios y las sombras. Lo que debemos hacer con esa medición es abrir tres puntos más el diafragma, si queremos que esas luces se reproduzcan en la zona 8, o abrir sólo dos puntos el diafragma si deseamos situarlas en la zona 7.

De todo lo dicho podemos obtener como resultado que existen distintos modos para determinar la exposición de una escena que está iluminada sin grandes contrastes, de forma uniforme. Con todos ellos podemos obtener el mismo resultado:

— Podemos efectuar la lectura con un exposímetro de luz incidente.
— Podemos colocar una carta gris del 18 % en la escena y leerla con un exposímetro puntual de luz reflejada.
— Podemos buscar una parte de la escena que tenga una reflectancia media y leerla con un exposímetro puntual de luz reflejada.

En la práctica, si medimos la palma de nuestra mano, suponiendo que se trate de piel caucasiana, el promedio de reflectancia de este tipo de piel lo coloca en la zona 6. Si no disponemos de un exposímetro de luz incidente y sí de uno de luz reflejada o de cualquier cámara fotográfica con exposímetro incorporado, basta con que efectuemos la medición sobre nuestra mano iluminada por la misma luz que ilumina la escena. Esto es igual a la zona 6. Si abrimos un diafragma ya habremos obtenido la zona 5 y lo más probable es que consigamos una buena exposición media.

Existe un sistema de medida de luz incidente conocido internacionalmente con el nombre de *key light*. Se trata de un método que se emplea solamente en estudio o en interiores que permiten un máximo control.

Se trata de decidir, antes de comenzar el rodaje del filme, la abertura de diafragma y el nivel de iluminación que asegure los mejores resultados de calidad de imagen. Este nivel es el *key light* o *luz de base*. En realidad, este método es el de utilización más habitual en el trabajo televisivo en multicámara propio del estudio de televisión. En cine es muy útil, especialmente cuando se trabaja con material inversible que, como es sabido, tiene una reducida latitud de exposición y es, por ello, muy crítico con la exposición.

La elección del diafragma con el que se efectuarán todas las tomas intentará compatibilizar la sensibilidad de la película empleada, el tipo de óptica, la profundidad de campo deseada y la intensidad luminosa disponible.

A partir de efectuar pruebas anteriores a la filmación que deben ser reveladas en el mismo laboratorio en que se trabajará durante el proceso de producción del filme, se dispone de un método muy seguro y cómodo de trabajo con un control total sobre el proceso.

12.13. Estudio de casos

Referimos, a continuación, algunos casos concretos que pueden presentar problemas para la determinación de la exposición.

1. *Un personaje que se desplaza por zonas de distinta luminosidad*

Cuando la cámara se mueve siguiendo a un personaje en un interior o exterior naturales es probable que existan zonas de muy distinto nivel de luminosidad que puedan ocasionar problemas en la exposición puesto que los contrastes de la escena quizá no quepan en la latitud de exposición de la película. Los sistemas de captación con diafragma automático solucionan este inconveniente adaptándose a las diferentes luminosidades, rompiendo, así, el raccord o continuidad de iluminación ya que sin ninguna justificación se apreciarán cambios en la luminosidad de los fondos.

Modificar la abertura de diafragma de forma manual causaría exactamente el mismo problema, sin contar con la dificultad de accionar manualmente el anillo de diafragma. La mejor solución consiste en modificar la iluminación del tema mediante el aclarado de sombras empleando proyectores adecuados o pantallas reflectoras. De esta manera se puede mantener el diafragma de trabajo que garantiza una correcta exposición del personaje que se oscurecerá de forma natural cuando pase por las zonas en sombra. Los proyectores o reflectores contribuirán al oscurecimiento controlado sin exageraciones de contraste que invaliden la toma.

De cualquier forma, existe un procedimiento muy económico que puede emplearse en muchas ocasiones y que consiste, simplemente, en planificar el rodaje para una hora del día en que la relación de contraste entre la luz y la sombra no supere la latitud de la emulsión empleada.

2. *La consecución del efecto noche*

En ocasiones es preciso filmar de noche o simulando el efecto noche en interiores manteniendo en el encuadre personajes u objetos relevantes que deben poder ser apreciados por el espectador. En estos casos lo más sencillo es subexponer la película con el riesgo de que en la proyección los personajes aparezcan tan oscuros que se pierda absolutamente la acción y el detalle. Lo más adecuado es situar a los personajes u objetos en la proximidad de una fuente luminosa cuya presencia pueda justificarse sin problemas. El resto del encuadre tendrá que aparecer muy oscuro pues será este contexto en sombras lo que realmente sugerirá al espectador la sensación de nocturnidad.

Como norma general, en este tipo de escenas conviene iluminar a los personajes aproximadamente a la mitad de la iluminación habitual. Los fondos podrán extenderse entre 1/4 y 1/25 parte de la iluminación habitual.

3. *El trabajo con una luz muy intensa*

Como se explicaba en el capítulo dedicado a los filtros, hay ocasiones en que la luminosidad es tan intensa que el exposímetro nos indica un diafragma tan cerrado que no se encuentra en el anillo del diafragma de nuestro objetivo. También puede suceder, sencillamente, que deseemos trabajar en un diafragma medio para obtener una calidad de imagen idónea y que el exceso de luz nos obligue a emplear una abertura menor.

LA EXPOSICIÓN Y SU MEDIDA

En estos casos tenemos las siguientes posibilidades:

a) Cambiar de película eligiendo una de menor sensibilidad.
b) Si contamos con un obturador de ángulo variable, disminuirlo hasta que permita trabajar en el diafragma elegido.
c) Utilizar filtros de densidad neutra que reducen la luminosidad general de la escena afectando por igual a los tres componentes cromáticos de la luz blanca.

4. *Reproducir documentos*

En general, es aconsejable utilizar mediciones de luz reflejada. Cuando se trata de pinturas, fotografías, documentos con cromatismo, etc., se puede colocar en nuestro objetivo el diafragma que nos indica el exposímetro. Si tenemos que reproducir documentos tipo «caracteres negros sobre fondo blanco» o «caracteres blancos sobre fondo negro» la exposición deberá establecerse a partir del color blanco. Una vez estemos seguros de que la iluminación es uniforme para toda la superficie del documento, mediremos por luz reflejada sobre un papel blanco y aplicaremos esta medida en el diafragma de nuestro objetivo.

5. *El forzado de la película*

Es una técnica consistente en subexponer una película en la toma para sobrerrevelarla posteriormente en el laboratorio. Esta técnica se aplica bien para conseguir trabajar en condiciones de muy escasa luminosidad, o bien para simular un efecto de «documento» aprovechando la existencia de una cierta degradación de la calidad de la imagen que el procedimiento introduce.

El forzado de la película produce siempre:

— Un aumento del grano y del contraste.
— Una alteración del cromatismo de la escena, dado que el contraste no varía de forma uniforme en las tres capas de la película.

Debe tenerse en cuenta que el forzado incrementa sustancialmente la factura del laboratorio.

6. *El velado de la película*

Existe una posibilidad de incrementar la sensibilidad de una emulsión mediante el empleo del *velado*. El procedimiento consiste en velar ligeramente la película virgen (antes de la exposición) o la imagen latente (después de la exposición y justo antes del revelado). Normalmente suele ser más aconsejable hacerlo antes de impresionarla pues de esta forma no aumenta el contraste ni el grano. Este procedimiento exige una extrema precisión en su realización y una implicación del laboratorio para conseguir un etalonaje que no destruya el equilibrio entre las dos exposiciones (el velado anterior o posterior y la exposición efectiva del tema).

Mediante este sistema, la exposición añadida en el velado se suma sobre las sombras o zonas oscuras del motivo (que salen así algo más claras) y afecta muy poco a las luces. Con ello se consigue un efecto similar a una extensión de la latitud de exposición de la película.

CAPÍTULO 13

EL LABORATORIO

Todos los esfuerzos y el buen hacer profesional invertido en la toma de imágenes han de pasar por la prueba final del laboratorio. En el proceso de revelado de la película se hace patente la profesionalidad de los trabajos efectuados con anterioridad.

En el laboratorio se producen, además, una buena parte de las manipulaciones de imagen que contribuyen a la obtención de copias igualadas, equilibradas en su cromatismo y unificadas para que, en la proyección, el espectador asista a su visionado experimentando una sensación de continuidad en la imagen que es prueba de la normalidad mágica del cine.

13.1. La química del revelado

La finalidad del revelado es aumentar la densidad de la *imagen latente* acumulando la plata que se forma por reacción química hasta convertirla en una imagen visible. En las zonas en que la luz incidió durante la exposición se formaron algunos átomos de plata que en el proceso de revelado actuarán como iniciadores de la reacción química, es decir, como *catalizadores*. Como resultado de esta reacción química, el revelador deposita una nueva cantidad de plata adicional que es proporcional a los átomos de plata existentes. Esta nueva plata se forma a costa del *haluro de plata* existente en la emulsión (cloruro, yoduro y bromuro de plata), que se descompone en los dos elementos que lo conforman, o sea, el halógeno y la plata.

Los haluros de plata no expuestos, aquellos que no han recibido luz en el proceso de exposición, no intervienen en la reacción provocada por el revelador dado que no se han creado los átomos catalizadores. Una vez terminado el baño de revelado, estos haluros continúan plenamente sensibles a la luz y para conseguir una imagen de plata estable es preciso eliminarlos. El proceso de eliminación comienza en el baño de *fijado*, que convierte los haluros de plata no expuestos en compuestos *solubles* en agua. Posteriormente, la película se somete a un *lavado* que arrastra esos compuestos solubles haciendo desaparecer en su totalidad los antiguos haluros no expuestos y contribuyendo a la estabilidad de la plata metálica que conforma la imagen del negativo.

Tanto el revelado como el fijado son reacciones químicas que pueden acelerarse aumentando la temperatura e incrementando el grado de agitación de los baños.

Este proceso de revelado es el empleado para la película negativa de blanco y negro y guarda diferencias importantes respecto al proceso empleado para los materiales inversibles de blanco y negro y, por descontado, para las películas de color.

Un proceso completo de revelado de blanco y negro puede estar compuesto por los siguientes pasos:

Revelado   Paro   Lavado   Fijado   Lavado   Humectado   Secado

A continuación, desarrollaremos con mayor extensión las diferentes partes del proceso.

1. *El revelado*

Un baño revelador contiene, disueltos en el agua, agentes reveladores tales como el metol, la hidroquinona, la fenidona, y otros, aunque la mayoría de los reveladores de uso general se preparan con una mezcla de metol e hidroquinona.

250 MANUAL BÁSICO DE TÉCNICA CINEMATOGRÁFICA

No obstante, el baño de revelado precisa la adición de otros productos que mejoran y controlan su actividad. Básicamente hay que añadir conservantes, aceleradores y antivelos.

- Para evitar que el simple contacto con el aire o la reacción con el haluro de plata oxiden al agente revelador, se incluyen sustancias *conservantes* como el sulfito sódico o el metabisulfito sódico o potásico que retardan el proceso de oxidación añadiendo vida útil y eficacia al revelador.
- Para incrementar la débil acción que tienen los agentes reveladores se disuelven sustancias *aceleradoras* que reducen el tiempo de revelado. Se emplean álcalis (también llamados bases), que son productos de características opuestas a los ácidos. El más utilizado es el carbonato sódico.
- Aunque los agentes reveladores sólo tendrían que afectar al haluro de plata expuesto a la luz, todos tienen una cierta tendencia a descomponer parte del haluro de plata no expuesto con lo que se produce una densidad general en el negativo, un velo. Los compuestos que reducen este efecto son el bromuro potásico y, mejor aún, el benzotriazol u otras sustancias equivalentes.

2. El paro

Una vez efectuado el revelado podría pasarse directamente al baño fijador aunque lo habitual y aconsejable es sumergir la película en el baño de paro. El revelador es una base, con una naturaleza química opuesta a los ácidos. El baño de paro es, por el contrario, un ácido que *neutraliza* rápidamente la acción del revelador con lo que detiene por completo el efecto del revelador.

Normalmente se emplea una solución muy diluida de ácido acético glacial a la que se le añade algo de alumbre de cromo y potasa que endurece la gelatina para protegerla de roces y arañazos.

El baño de paro protege de *contaminación química* al fijador el cual se podría agotar con mucha rapidez si recibiera la película directamente del agente revelador. Para evitarlo conviene, también, lavar la película en agua antes de fijar.

3. El fijado

La función de este baño es eliminar el haluro de plata que no ha sido expuesto y que continúa, por tanto, con todas sus propiedades sensibles. De no eliminarlo, la imagen de plata no tendría ninguna estabilidad puesto que el contacto con la luz provocaría una reacción de estos haluros.

Realmente, el fijador no elimina directamente el haluro de plata sobrante sino que lo transforma, por reacción química, en *productos solubles en agua* que serán fácilmente eliminados en un posterior lavado.

Los agentes fijadores más comunes son el tiosulfato sódico y cada vez más el tiosulfato amónico. El carácter ácido de estos compuestos eliminaría cualquier resto de revelador en el hipotético y difícil caso de que no hubiera sido eliminado en el anterior baño de paro.

4. *El lavado*

El lavado final debe eliminar tanto los restos de fijador retenido por la película o absorbido por la emulsión como los haluros de plata no expuestos convertidos en compuestos solubles en agua por la acción del fijador. Un correcto lavado es esencial para la conservación del material revelado. Cualquier resto de fijador o de haluro deterioraría de forma irreparable la película con el paso del tiempo.

5. *El humectado*

Los líquidos no mojan uniformemente la superficie de los cuerpos sólidos debido a que existe en la masa de los líquidos una fuerza interna llamada *tensión superficial* que impide que se expandan con total libertad.

Los humectantes pertenecen a la familia de los alcoholes grasos y son productos que disminuyen la tensión superficial facilitando un mojado perfecto de la película. Pueden emplearse de formas distintas, como baño previo al revelado, como un añadido al revelador y también como un baño final previo al secado.

Cuando se emplean como baño previo al revelado o incluidos en la fórmula del revelador impiden la aparición de manchas o burbujas de aire y facilitan un revelado más uniforme. Por otra parte, un baño posterior al lavado en una solución humectante dificulta la formación de gotas de agua en el secado con lo que contribuye a que no aparezcan en la película marcas producidas por un secado desigual.

6. *El secado*

Los trenes de revelado empleados en los procesadores de película para cine incorporan túneles de secado rápidos donde se eliminan las últimas gotas de solución humectante dejando la gelatina suficientemente endurecida y estable y la película dispuesta para su valoración y visionado.

13.2. El revelado de color

El revelado del negativo de color es un proceso más largo que el revelado de blanco y negro y tradicionalmente requería tiempos muy extensos hasta la generalización del proceso ECN-2 que permite trabajar a temperaturas elevadas acortando el tiempo de revelado. En la actualidad, este proceso se aplica tanto a

252 MANUAL BÁSICO DE TÉCNICA CINEMATOGRÁFICA

los negativos de color fabricados por FUJI y AGFA-GEVAERT como por EASTMAN KODAK que fue la firma inventora.

Secuencia del negativo de color en el proceso ECN-2 de alta velocidad

ELIMINACIÓN DEL ANTIHALO	
REVELADOR CROMÓGENO	3 min a 41 °C
PARO	
LAVADO	
BLANQUEADO	3 min
LAVADO	
FIJADO	2 min
LAVADO	2 min
ESTABILIZADO	
SECADO	6 min

El primer paso en el proceso ECN-2 consiste en la eliminación del refuerzo antihalo o antivelo con que cuentan la mayoría de los negativos de color. Para ello, el negativo se lava en una solución que ablanda este refuerzo y depura la superficie para eliminar cualquier resto. Seguidamente la película es introducida en una solución de revelador cromógeno (de color) durante tres minutos a 41°C. En el proceso de revelado se producen dos imágenes diferentes, una de plata, análoga a la obtenida en el proceso de blanco y negro, y otra de color o tinte; ambas imágenes están superpuestas.

La película de color incluye *copulantes* que reaccionan con los productos químicos del revelador de forma que, en el consecuente proceso de oxidación, aparecen los *colorantes*. En cada una de las capas que conforman la película aparecen tintes de color amarillo, magenta o cian según las características cromáticas de los elementos fotografiados.

El baño de paro detiene los efectos químicos del revelador y es seguido por un lavado a chorro de agua para eliminar los posibles restos de solución de revelado que podrían contaminar el baño de blanqueado.

El *blanqueado* consiste en la transformación de la plata metálica en bromuro de plata con el objeto de eliminar posteriormente todo rastro de plata presente en la emulsión. Conviene recordar que el fijador transforma los haluros de plata en compuestos solubles en agua por lo que se entenderá que un blanqueo, seguido de fijado y lavado, eliminará absolutamente toda la plata existente en el material. Veamos la secuencia:

BLANQUEO: PLATA METÁLICA + BLANQUEO = BROMURO DE PLATA
FIJADO: BROMURO DE PLATA + FIJADOR = COMPUESTO SOLUBLE
LAVADO: COMPUESTO SOLUBLE + AGUA = COMPUESTO ELIMINADO

Si este tratamiento se le aplicara a una película de blanco y negro, dado que la imagen está compuesta exclusivamente por plata metálica, haría desaparecer toda la imagen y la película quedaría transparente. Pero como la imagen formada por el revelador en un material de color está formada por plata metálica y colorante, tras el blanqueo, fijado y lavado se elimina la plata metálica así como los haluros de plata no expuestos pero queda el colorante que es el que compone la imagen definitiva.

La película pasa, tras el lavado, a una solución estabilizadora que contiene un humectante para acelerar y uniformizar el secado y un producto endurecedor de la gelatina que aumenta la resistencia de los colorantes a la acción destructora del oxígeno presente en el aire; así se asegura la permanencia de la película y ya puede pasarse al secado.

La secuencia se prolonga alrededor de 12 minutos y medio en baños húmedos a los que hay que añadir los aproximadamente 6 minutos precisos para el secado. Este proceso es muy corto en tiempo si lo comparamos con los 60 minutos que empleaban otros sistemas anteriores.

Aquellos negativos que han sido subexpuestos en el proceso de impresión voluntariamente tendrán que ser *forzados* para compensar la falta de exposición. El forzado implica un incremento del tiempo de revelado variable según el grado de subexposición. Los rollos de negativo que requieren este tipo de tratamiento deberán ser muy claramente identificados cuando se envían al laboratorio.

13.3. El procesado del material inversible

Cuando se utiliza película inversible o positiva ha de aplicarse un proceso de revelado de características diferentes al empleado para película negativa. Existen, además, diferencias entre las películas inversibles de blanco y negro y las de color.

En el caso del blanco y negro, el proceso comienza con un revelado normal de blanco y negro que da lugar a la formación de una imagen negativa compuesta por plata metálica. A continuación se disuelve la plata metálica, y el haluro de plata no expuesto que es, en términos de densidad, opuesto al negativo, recibe una fuerte exposición luminosa o, como es más habitual en la actualidad, recibe un baño químico que lo vela por completo. A continuación se efectúa un segundo revelado que convierte en plata metálica el positivo de la imagen que es posteriormente fijado, lavado y secado.

Proceso de revelado inversible en blanco y negro

PRIMER REVELADO
ELIMINACIÓN DE LA PLATA METÁLICA
EXPOSICIÓN A LA LUZ O VELADO QUÍMICO
SEGUNDO REVELADO
LAVADO
FIJADO
LAVADO
SECADO

Proceso de revelado inversible en color

BAÑO ENDURECEDOR
NEUTRALIZADOR
ELIMINACIÓN DEL ANTIVELO
PRIMER REVELADO DE BLANCO Y NEGRO
PRIMER PARO
LAVADO
VELADO QUÍMICO Y
SEGUNDO REVELADO CROMÓGENO
SEGUNDO PARO
LAVADO
BLANQUEADO
LAVADO
FIJADO
LAVADO
ESTABILIZADO
SECADO

En las películas de color el proceso es más complejo y, dado que para acelerarlo se trabaja con altas temperaturas (de 38 a 43 °C), se precisa comenzar con un baño endurecedor para evitar el reblandecimiento de la emulsión. Después se pasa a un baño neutralizador seguido de una eliminación de la capa antivelo similar a la efectuada en el proceso de negativos.

Da comienzo el proceso de revelado sometiendo a la emulsión a un primer revelado de blanco y negro que produce una imagen de plata en cada capa. Tras el preceptivo baño de paro, la película se lava y, en algún tipo de proceso, se expone a la luz blanca, aunque lo habitual es el sometimiento a un velado de tipo químico. Es en esta segunda exposición o velado químico donde se expone todo el haluro de plata que había quedado sin exponer, que es el positivo de la imagen convertida ya en plata metálica. Este velado químico se produce en el segundo revelado, que es un revelado ya típicamente cromógeno. Este segundo revelado convierte el haluro de plata residual expuesto o velado en una imagen de plata positiva, con un color diferente en cada capa, es decir con los colorantes producidos a partir de la transformación de los copulantes.

La película tiene así una imagen negativa de plata, una imagen positiva también de plata metálica y una imagen positiva de colorante o tinte. Falta solamente extraer toda la plata, lo que se consigue bañando la película en una solución blanqueadora que convierte la plata metálica en haluros de plata; a continuación el fijado convierte los haluros en compuestos solubles en agua y, finalmente, el lavado y el secado permiten el cierre de la secuencia que se prolonga unos 24 minutos en total.

El proceso enunciado es típico en una gran parte de los materiales inversibles pero no es de aplicación tan generalizada como en los procesos de negativos de color. Existen películas que requieren tratamientos distintos. Sabemos, no obstante, que la mayoría de los materiales inversibles que se emplean son de 16 mm, salvo los CRI (Intermedio Reversible de Color), que se utilizan para duplicar negativos directos del original, tanto en 35 mm como en 16 mm.

13.4. La procesadora continua

Las procesadoras continuas son máquinas de revelar donde se disponen correlativamente varios tanques que contienen los baños correspondientes a un determinado proceso. La película inicia su recorrido a través de ellos, cumple el proceso y emerge al final completamente seca, sin roturas, desperforados, rayas o suciedad, con una imagen positiva o negativa según las características de la emulsión y los procesos empleados.

Cuando la película llega al laboratorio para su tratamiento, va en latas cerradas herméticamente que llevan adheridas una copia del *parte de cámaras*.

En la lata se especifica: *a*) el tipo de material fílmico; *b*) el formato de la película (16 o 35 mm); *c*) el número de emulsión o número de código con información del fabricante; *d*) la longitud aproximada del rollo; *e*) el nombre de la empresa productora; *f*) cualquier instrucción especial para el tratamiento de la película; *g*) instrucciones para el copiado; *h*) indicaciones respecto a cómo ha sido expuesto el material; *i*) dónde se coloca la tira de pruebas; *j*) cuáles serán las tomas que podrán ser positivadas, etc.

El primer paso que el laboratorio efectúa, tras tomar nota de las indicaciones, es efectuar una revisión cuidadosa de cada uno de los rollos para detectar alguna posible rotura de la película que causaría perjuicios irreparables en la máquina reveladora. Después, tras analizar los datos aportados o las experiencias con la cola de pruebas, se determina la temperatura, gama, tipo de baño y velocidad de la máquina y se marca la película con una numeración especial para distinguirla de otros materiales de origen distinto.

Los modernos *trenes de revelado* tienen capacidad para procesar un gran volumen de material con resultados uniformes. Poseen un compartimento para cargar la película expuesta y por medio de un mecanismo de arrastre consistente en unos rodillos que proporcionan un deslizamiento uniforme y libre de tensiones, pasa a los tanques con los distintos baños donde permanece sumergida por un sistema de enhebrado especial. Después es lavada para eliminar los residuos químicos, secada en un armario hermético al polvo y recogida finalmente en una bobina.

El contacto de las soluciones químicas con la emulsión se efectúa al sumergirse la película en el baño o mediante chorros de éste dirigidos sobre la superficie emulsionada. Este último tipo se conoce como «spray» y destaca por unos excelentes resultados. Las soluciones químicas presentan una constante agitación y son regeneradas periódicamente para evitar su agotamiento.

Las soluciones regeneradoras del revelador y de los demás baños son muy diferentes de las soluciones normales, ya que su única función es la de reemplazar únicamente los productos agotados de entre todos aquellos que forman la fórmula inicial; su composición se determina por medio de diversos análisis químicos.

En los trenes de revelado que procesan un gran metraje de material suele situarse el compartimento de carga en una habitación oscura, los tanques de revelado en otra y el armario de secado en una tercera ya iluminada. La película pasa de uno a otro recinto por aberturas herméticas a la luz. Existen máquinas, no obstante, cuyo diseño les permite operar en condiciones de luz ambiente normal. En estas unidades compactas, la luz sólo entra en aquellas zonas y procesos en que esto es posible o necesario.

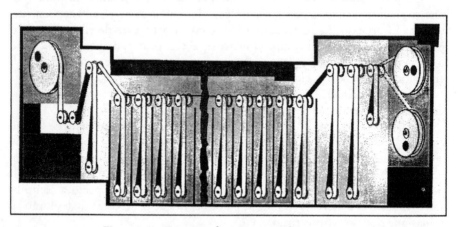

Figura 135. Esquema de una procesadora continua.

La unión entre los diferentes rollos de película se hace por medio de *grapas* pues los empalmes normales podrían desunirse por la velocidad de la máquina, las altas temperaturas de los baños y la humedad.

Es fácil imaginar el perjuicio creado por la rotura de la película en el interior del tren de revelado. Existen, no obstante, baños en los que la rotura es más perjudicial que en otros. En el revelador, una estancia ligeramente superior a la aconsejada inutiliza totalmente la película mientras que en otros baños menos críticos una prolongación en el tiempo apenas afectaría a la calidad de la imagen.

Para que la película efectúe su recorrido prefijado es imprescindible que antes haya otra cinta enhebrada en los trenes de rodillos que la guíe por su correcto camino. Para ello se emplea una película de características especiales llamada «*leader*», similar a una película corriente pero que no está emulsionada, su grosor es doble del normal y es muy resistente. El rollo a revelar se engrapa al extremo final de la leader y a continuación comienza el proceso de revelado.

Cuando el negativo sale de la procesadora continua, pasa por una etapa de inspección y evaluación. En primer lugar es revisado cuidadosamente para ver si presenta defectos de revelado. Después se retiran las grapas empleadas para unir el material y formar los rollos de gran tamaño que aloja la procesadora. A partir de ahí comienza la selección del negativo útil y del desechado; para ello se siguen las indicaciones del parte de cámaras y las numeraciones registradas en la claqueta al principio de cada toma. Una vez apartadas las tomas desechadas, el negativo que ha de ser positivado se empalma de forma que los bordes que presentan la numeración se encuentren todos hacia un lado. De esta forma, el material queda dispuesto para el proceso del positivado.

Con posterioridad, se evalúa el negativo con respecto a la densidad de sus imágenes para determinar las luces de impresión correctas que proporcionarán un positivo aceptable. Un técnico especializado preparará una tablilla de exposiciones del negativo con los datos necesarios para obtener después un positivo equilibrado en todas sus densidades.

Hay que tener en cuenta que el negativo original ha de ser protegido de forma que no sea tocado desde el momento que se saca de la cámara y se procesa en el laboratorio. Una vez procesada la película se obtiene una copia para el montaje y el negativo se guarda en latas selladas en el mismo laboratorio para utilizarlo una vez se haya terminado el proceso de montaje y deba procederse a la obtención de la copia definitiva.

13.5. El positivado

Para realizar el montaje del filme se precisa una copia positiva obtenida a partir del negativo original. Es preciso, por tanto, recurrir al *copiado* en la *positivadora*, aparato que pone en contacto el negativo revelado y el positivo virgen ante una fuente de luz regulada en su intensidad y en su cromatismo. Una luz que atraviesa el negativo original incide sobre el material virgen y copia sobre él las variedades tonales y cromáticas del original. Caben múltiples posibilidades y aunque la más común es la obtención de un positivo a partir de un negativo, también puede obtenerse otro negativo empleando material inversible que se conoce con las siglas *CRI* (*Colour Reversal Intermediate*). Partiendo de un positivo también se puede tirar un negativo u otro positivo si se emplea, en este último caso, material inversible.

Existen diferentes tipos de positivadoras que se emplean según las necesidades de trabajo. Básicamente se diferencian entre las que operan por *acción continua* y las que lo hacen por *acción intermitente*. Finalmente existen otras empleadas para pasar de uno a otro formato o para realizar efectos especiales que son llamadas *positivadoras o copiadoras ópticas*.

La positivadora de acción continua emplea un gran rodillo dentado que mantiene en íntimo contacto las superficies de las dos películas. Su particularidad es que permite emplear elevadas velocidades de paso que aceleran los procesos de copiado. Son ideales para efectuar un rápido tiraje de copias y plantean algunos inconvenientes entre los que destacan una cierta pérdida de la calidad obtenida en la copia por los posibles deslizamientos existentes entre las dos películas.

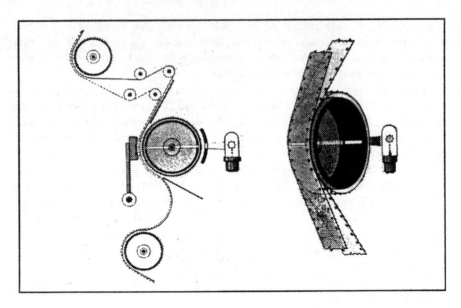

Figura 136. Positivadora de acción continua.

Las positivadoras de acción intermitente emplean un sistema similar al usado en una cámara o en un proyector. Las dos películas, en íntimo contacto, se detienen juntas ante una ventanilla por la que pasa la luz de impresión. El sistema de arrastre está formado por unos garfios que arrastran las películas por las perforaciones, fotograma a fotograma. El sistema cuenta con un mecanismo obturador que, como en la cámara o el proyector, interrumpe el paso de la luz cuando el material se desplaza. Con este sistema no pueden alcanzarse velocidades similares a las obtenidas en las positivadoras de acción continua pero su rendimiento es excelente y no hay pérdidas en la calidad de la imagen puesto que no existe ningún tipo de deslizamiento entre ambas películas.

La luz empleada para el copiado está cuidadosamente controlada. Los técnicos de laboratorio, mediante un ordenador, dan instrucciones previas a la copiadora que aplica los cambios de luz durante el proceso de copiado. De esta forma pueden igualarse cromáticamente algunas escenas que han quedado descompensadas o pueden corregirse ligeras sobre o subexposiciones para conseguir copias correctamente equilibradas. La corrección de la luz, cuando se trata de una *copia de trabajo*, será sólo aproximada, pero cuando se copia la versión final del filme, la copiadora recibe instrucciones muy exactas por parte de los técnicos que deben garantizar una copia final absolutamente correcta.

En el proceso de copiado no sólo se transpone la imagen en la copia. En el proceso de fabricación de la película el fabricante coloca unos *números latentes* a lo largo del borde de la misma. Estos números no son visibles hasta que no se ha revelado la película y en el proceso de copiado se imprimen en la copia de trabajo. Es evidente la utilidad de estos números que permiten identificar los fotogra-

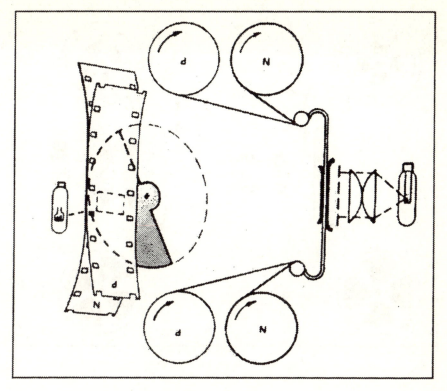

Figura 137. Positivadora de acción intermitente.

mas para proceder al montaje definitivo de la película partiendo del negativo original que cuenta con esas mismas referencias. El montador puede hacer todo el trabajo de corte en la copia, y los cortadores del negativo dispondrán de un negativo limpio con el que trabajar en el momento de producir la copia final.

Las positivadoras de tiraje óptico, destinadas a efectuar cambios de formato o realizar efectos especiales, emplean el concepto de la acción intermitente para imprimir con precisión los distintos fotogramas de un negativo o positivo. La diferencia respecto a las copiadoras anteriores radica en que las emulsiones de las dos películas no están en contacto entre sí sino que cada una de las películas se coloca en una unidad independiente y ambas se enfrentan para que la imagen se transmita de forma óptica.

Constan básicamente de una cámara y un proyector especiales, enfrentados sobre una bancada de alta precisión. En el proyector se coloca el material a reproducir que, convenientemente iluminado, es captado por el objetivo de la cámara alimentada por película virgen. El sistema de registro es muy preciso de forma que se asegura una exacta posición de cada fotograma. La película se desplaza foto a foto y puede hacerlo de forma independiente tanto en la cámara como en el proyector, o en forma sincronizada. Tanto la cámara como el proyector pueden funcionar marcha atrás o detenerse en un fotograma determina-

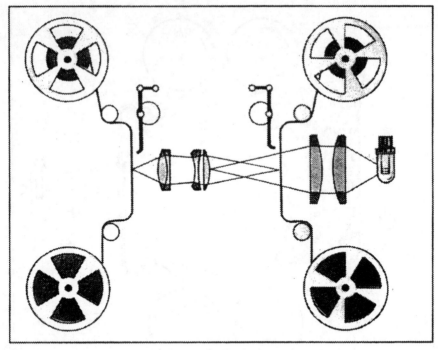

Figura 138. Positivadora óptica.

do. La cámara está montada sobre una base que permite el desplazamiento en sentido horizontal o vertical facilitando la variación de su distancia relativa para conseguir un efecto zoom. Dispone, también, de obturador variable que permite efectuar todo tipo de fundidos y encadenados, e incluye un visor réflex que permite controlar con toda exactitud la realización del efecto. Se trata de máquinas muy complejas que por su versatilidad reciben también el nombre de *truca*.

13.6. El etalonaje

El *etalonaje* es un procedimiento por el que se determinan las correcciones luminosas y cromáticas que deben hacerse durante el tiraje de cada uno de los planos que componen el filme, para obtener una copia uniforme que presente continuidad cromática de principio a fin. De esta tarea se encarga un especialista del laboratorio asesorado por el director de fotografía.

El sistema más empleado para proceder al etalonaje es el *analizador electrónico de color*. Consiste en un circuito cerrado de televisión en color acondicionado de forma que, colocado convenientemente el negativo en el instrumento, se obtiene en pantalla una imagen positiva tal como está en el original, con sus posibles defectos. Regulando cada uno de los tres colores primarios (rojo, verde y azul), se puede ajustar la escena al equilibrio de color requerido. De esta forma se obtienen

EL LABORATORIO

instantáneamente las correcciones necesarias que deben efectuarse durante el positivado. A fin de tener alguna imagen de referencia que sirva de base, se proyecta sobre una pequeña pantalla que existe por encima de la consola de televisión una diapositiva estándar cuyos valores tonales sean aproximadamente igual a los que se pretende lograr. El etalonador va anotando las correcciones establecidas en el orden correlativo de cada plano, y con el número de fotograma en el que se inicia la corrección. En ocasiones la corrección puede servir para toda una secuencia o para cada plano. En las copiadoras que funcionan por cinta perforada, ésta se va marcando conforme el etalonador hace las indicaciones de cada plano.

A partir de la obtención del negativo revelado dispuesto para su positivado, se presentan básicamente tres tipos de copias: el copión, la copia de control o de etalonaje y, finalmente, las copias de exhibición.

El *copión* es la copia de trabajo que sirve para la apreciación del material filmado y el proceso de montaje. En el copión la clasificación de luces de cada escena se establece en una forma primaria, de forma aproximada. Con él se efectúa todo el trabajo de montaje.

La segunda copia que se obtiene de un negativo en color se denomina *copia de control* o *de etalonaje*. En este apartado nos estamos refiriendo a ella cuando explicamos el proceso de etalonaje o igualación del tono y color de todos los planos. Se realiza cuando el negativo ha sido totalmente montado a partir de la copia positiva de trabajo (copión). En esta copia, obtenida directamente del negativo original, se establece el equilibrio general de luces de cada escena y la total corrección de color de todas las tomas. Es un proceso muy costoso en términos económicos y lento en el que los valores de luz y filtrado determinados serán luego los adoptados para el tiraje de copias de exhibición.

Tras la copia de control deberían venir las copias de exhibición aunque normalmente se efectúa algún ajuste que permita llegar a obtener la máxima perfección de la imagen. Una vez conseguida se procede a la producción masiva de copias, es decir, a la obtención de *copias de exhibición*.

Cuando el tiraje es muy grande se efectúa un *duplicado del negativo* que se realiza con película inversible especial para este proceso y que preserva el negativo original de posibles desperfectos que podrían producirse en el sucesivo proceso de copiado. Hay que tener en cuenta que los duplicados del negativo introducen el concepto de *generación* que significa una cierta degradación de la calidad de imagen respecto al original.

Llegados a este punto final en el proceso de realización de un filme, merece la pena reflexionar sobre la calidad fotográfica de la imagen proyectada. La calidad conseguida depende de un largo proceso en el que han intervenido aspectos tales como la determinación de la exposición, la óptica empleada, la emulsión elegida, la corrección del filtraje y la iluminación, las anotaciones para el laboratorio, las pruebas previas a la filmación, el proceso de revelado y los procesos químicos empleados, un correcto etalonaje, las instrucciones dadas a la positivadora, etc. En suma, una cadena de decisiones que se encuadran en la rutina de trabajo, en el conocimiento de las posibilidades técnicas que la dirección de fotografía, en este caso, puede aportar para la consecución de la calidad fotográfica, y en la experiencia de los profesionales.

Capítulo 14

TRUCOS CINEMATOGRÁFICOS

En la realización de un filme surge a menudo la necesidad de crear ciertos efectos en la imagen que, o resultan muy caros, o bien comportan demasiado riesgo, o simplemente son difíciles de conseguir con técnicas cinematográficas convencionales. En estos casos se recurre a la utilización de ciertos «trucos» o formas de crear una ilusión de algo, a veces muy simple y otras espectacular.

El trucaje se puede conseguir de maneras distintas y en ocasiones se pueden lograr resultados muy similares con diferentes métodos. Cuando el truco se realiza mediante la cámara y no en laboratorio, la calidad de la imagen puede ser superior pero el coste puede sufrir también un aumento ya que requiere más tiempo en el rodaje y como consecuencia se encarece la producción. Aquí presentaremos algunos de los trucos cinematográficos más empleados.

14.1. Trucos sin manipulación óptica

La mayoría son heredados de las técnicas teatrales y se caracterizan porque no emplean ningún tipo de manipulación por parte de la óptica ni de la cámara. Son recursos para crear efectos a veces de condiciones meteorológicas, de decorado, etc. Los más esenciales son:

1. *Trucos de plató*

   Tales como:

   - Balanceo de un coche en marcha.
   - Explosiones.
   - Robots más o menos mecanizados.
   - Fotografías de grandes dimensiones que simulan un paisaje detrás de una ventana.

2. *Trucos de decorado*

   - Que afectan a la proporción de los objetos, conseguida mediante el diseño del decorado y la manipulación de sus dimensiones: que un personaje parezca gigante o por el contrario, que parezca diminuto.
   - Decorados diseñados a medida del actor, para que sus acciones o acrobacias puedan parecer más espectaculares.

3. *Efecto lluvia*

   Este efecto se realiza mediante bombas de agua con aspersores. Es imprescindible que la forma y la cantidad de agua resulte creíble.

4. *Efecto nieve*

   Hay diversas formas para conseguirlo: con polvos de tipo plástico, con ácido bórico, con materiales tipo «porexpan» granulado, etc.

5. *Efecto viento*

   Se consigue con grandes ventiladores especiales como, por ejemplo, motores de hélices de aviones. El problema reside a veces en las diferencias que puedan existir entre el primer plano y el fondo.

6. *Efecto niebla*

Dependiendo de su densidad o intensidad se utilizan diferentes métodos: humo, filtros difusores, mediante la truca o copiadora óptica, etc.

7. *Especialistas*

Actores especializados en ejercicios peligrosos que sustituyen a los actores principales en determinadas escenas para que éstos no se lesionen, como por ejemplo: combates, explosiones, saltos, accidentes, etc.

8. *Miniaturas*

Son modelos representativos a escala reducida, las cuales son construidas, proyectadas y fotografiadas de manera que parezcan reales en su carácter y dimensión. Suelen emplearse para aparentar escenas que serían muy caras o peligrosas al ser filmadas a escala real: incendio de una gran ciudad, maniobras de un buque en una tormenta, derrumbamiento de un edificio, etc.

Pueden ser fotografiadas enteras, como detalle de fondo, o como componente sustitutivo de la imagen de una composición. Siempre son más realistas que los fondos pintados o las tomas apantalladas. Ofrecen una característica tridimensional a la que ni el mejor artista puede aproximarse por medio de una representación bidimensional. Pueden ser iluminadas y fotografiadas desde distintos ángulos. Además, algunas pueden ser manejadas en movimiento, dando así una gran sensación de realismo. Por efecto realista se construyen tan grandes como lo permita el presupuesto.

14.2. Trucos ópticos

Podemos hablar de dos tipos de efectos ópticos:

- Los efectos de trucaje de imagen realizados desde la propia cámara y que se efectúan, por lo tanto, en el mismo momento del rodaje.
- Los efectos que se consiguen en la fase de laboratorio, sobre la película.

Los ejemplos más significativos pueden ser:

1. *Modificación de perspectiva*

En escenas de escalada, por ejemplo, el decorado se puede montar en el suelo y conseguir puntos de vista muy espectaculares dando la sensación de que el actor está colgado en una pared.

2. *Filtros de efectos*

Para crear efectos tales como un efecto de estrella en los puntos de luz muy brillantes, distorsiones de todo tipo, hasta la multiplicación de la imagen. Existe un catálogo amplísimo de filtros que se comercializan o que pueden ser fabricados de forma artesanal.

3. *Fundidos*

Fundidos a negro, fundidos a blanco, encadenados, etc. Aunque normalmente se realizan en el laboratorio, se pueden conseguir también con la cámara mediante la manipulación del diafragma o el obturador.

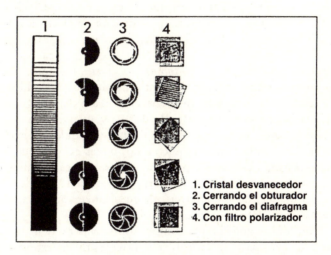

Figura 139. *Formas de hacer fundidos.*

4. *Sobreimpresiones*

Fue uno de los primeros trucos cinematográficos. Se puede crear el efecto de apariciones y desapariciones de elementos de la escena o sencillamente sobreimpresionar simultáneamente varias imágenes. La sobreimpresión en directo con la cámara es bastante difícil de controlar y normalmente se realiza en el laboratorio.

5. *Distorsiones de imagen y degradaciones*

Se consiguen fácilmente al interponer entre el objetivo y el sujeto, filtros difusores, ondulados, de velo y de contraste, espejos y prismas que distorsionan la imagen.

6. Rodaje diurno para efecto nocturno

Mediante filtros neutros que reducen la luminosidad para dar la sensación de noche rodando de día. Es el efecto llamado de *«noche americana»*.

7. Sustitución de parte de la imagen

A veces, es necesario reemplazar partes determinadas de la escena por detalles visuales completamente diferentes. En tales casos, la finalidad suele ser la de mejorar la calidad pictórica de la imagen, o la de evitar la construcción de escenarios de alto coste económico. El especialista de efectos puede ser requerido para emplazar unas nubes en un cielo despejado, para añadir un tejado distinto en un edificio existente, para suprimir unos detalles desagradables del fondo de una escena de exteriores o para corregir la situación inadecuada de un edificio, unos cables o una montaña. Para ello existen, entre otras, las siguientes técnicas:

a) *Tomas de pantalla dividida o tomas con silueta.* Ejemplo, dos individuos que se encuentran en lugares distintos pueden ser mostrados hablándose por teléfono, apareciendo cada uno en un lado del fotograma. En otros casos se puede sustituir un fondo de una ventana por una determinada vista o paisaje. Todas las tomas de pantalla dividida o tomas con silueta practicadas con la cámara requieren dos o más exposiciones sobre el negativo original. Durante la primera toma se coloca una mascarilla (o silueta) de metal o de fibra, en la parte exterior de la caja de tomas o en el interior del mecanismo intermitente de la cámara que oscurece las partes seleccionadas del fotograma de la película.

Durante la segunda exposición, es sustituida por otra mascarilla complementaria, que oscurece la parte expuesta en la primera exposición. Entre las dos exposiciones, la cámara es cambiada de lugar para obtener la combinación adecuada de los componentes de la imagen. Esta técnica produce una gran calidad pero es muy engorrosa, por eso suele realizarse en laboratorio.

b) *Tomas de cristal.* La cámara es alineada para fotografiar la escena viva que va a ser alterada. A pocos metros de la cámara es montado rígidamente un gran cristal plano. Un artista pinta sobre el cristal las imágenes representativas apropiadas. Estas imágenes oscurecen y sustituyen ciertos componentes visuales de la escena real. Observando la composición que emerge a través del visor de la cámara, el pintor mezcla entre sí los elementos visuales reales y artificiales, combinando la perspectiva adecuada, la densidad, la textura, la luz y el color. Cuando esto ya está conseguido, los componentes visuales complementarios de la escena real y de las imágenes pintadas sobre el cristal, son fotografiadas simultáneamente, con una sola pasada de la película por la cámara.

Bien ejecutado, este procedimiento produce una composición muy convincente. Para tener éxito, se precisa de un pintor hábil y experimentado, dotado de un gran instinto para la pintura ultrarrepresentativa.

Otro método se usa para añadir nubes a un cielo. Se colocan unas diapositivas fotográficas de cristal montadas frente a la cámara. La parte superior muestra las nubes, mientras que la inferior es transparente. La escena viva es fotografiada sin ninguna modificación, a través de la sección transparente de la placa.

c) *Tomas de espejo*. Frente a la cámara va montado un espejo rígidamente que, a la vez, refleja y transmite la luz, y su superficie forma un ángulo de 45° con el eje de la lente. La cámara registra a escala real la acción viva y el detalle de la escena situado a 90° a un lado de la cámara y cuyas imágenes son reflejadas por la superficie del espejo, al mismo tiempo que registra el decorado, las ampliaciones fotográficas, o las miniaturas a través de la parte transparente del espejo.

Las tomas de espejo, llamadas también tomas de Schüfftan, proporcionan una composición muy efectiva y una máxima calidad de imagen puesto que el efecto ha sido producido en el interior de la cámara.

14.3. Trucos mecánicos

Son los efectos realizados por la manipulación de los elementos mecánicos de la propia cámara cinematográfica. La mayoría están relacionados con la variación del movimiento de la acción. Éstos son los efectos más importantes:

1. *Apariciones, desapariciones y sustituciones*

Fue el primer truco de la historia del cine (1898) y vino de la mano de Georges Méliès, uno de los personajes más significativos en la evolución técnica de la cine-

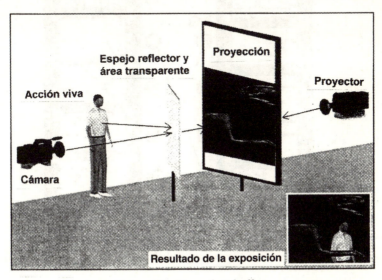

Figura 140. Toma de Schüfftan.

matografía. Fue fruto de la casualidad. Mientras estaba rodando una escena donde aparecía un tranvía la cámara se bloqueó por accidente durante unos instantes y luego siguió rodando con normalidad. Al ver el resultado la sorpresa fue que el tranvía había sido sustituido como por arte de magia por un carruaje funerario.

El procedimiento es simple. Se trata de parar el motor de la cámara, sustituir o quitar el personaje de la escena y seguir rodando. El resultado es que el personaje ha cambiado o simplemente ha desaparecido.

2. *Movimiento invertido*

Es el efecto de que el movimiento de la acción es inverso a la realidad. Un ejemplo sería una persona que camina hacia atrás o que los objetos no caen por efecto de la fuerza de la gravedad sino, por el contrario, suben hacia arriba, etc. Se puede conseguir con la cámara (algunos modelos pueden filmar «marcha atrás») o en el laboratorio, que es el procedimiento más habitual y el más apropiado. Este truco fue utilizado por primera vez por los hermanos Lumière en

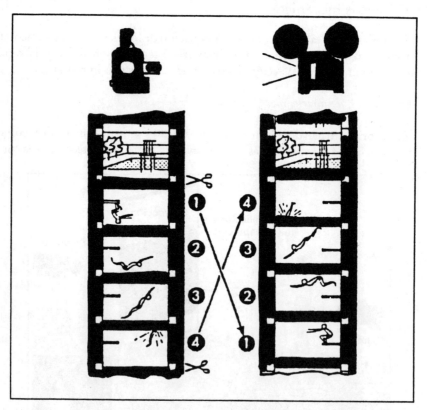

Hay que filmar con la cámara invertida y una vez revelada la película se empalma sin la inversión.

Figura 141. Movimiento inverso.

1896 en el filme *La demolición de un muro* y actualmente se usa casi en exclusiva como gag en situaciones cómicas.

3. *Aceleración*

Se consigue disminuyendo la velocidad de rodaje por debajo de 24 imágenes por segundo. Recordemos que la velocidad de proyección estandarizada es de 24 fotogramas o imágenes/sg (25 fps en TV). Cuando filmamos a una velocidad diferente a ésta estamos variando la sensación de velocidad de la acción. En el caso de rodar por debajo de 24 fps (a 4, 8 ó 18 fps, por ejemplo) y proyectar luego a 24 fps la sensación que se produce es la de aceleración, más rápida cuanto más lenta es la velocidad de rodaje.

Existen unos temporizadores que permiten cualquier velocidad de rodaje, una imagen por minuto. Esta técnica se utiliza para ver, por ejemplo, cómo evoluciona el crecimiento de una flor, viendo esta acción en unos pocos segundos cuando en realidad el proceso real dura incluso días.

Este truco se puede conseguir también en el laboratorio, suprimiendo fotogramas de la película original (uno de cada dos, tres, cuatro, etc.).

Muchas de las antiguas películas mudas vistas en televisión tienen este efecto de movimiento algo acelerado porque están filmadas a 16 fps y en TV las visionamos a 25 fps.

4. *Ralentización*

Es el efecto contrario al anterior y se consigue con el proceso justamente inverso, es decir, rodando a una velocidad superior a 24 fps. La sensación de ralentización será más acusada cuanto más rápida sea la velocidad de rodaje. Se puede considerar que el verdadero efecto de ralentí se consigue a partir de la velocidad de 80 fps hasta 200 fps. Este efecto no se puede conseguir en el laboratorio ya que no se pueden crear fotogramas nuevos para añadir a la película original.

14.4. La truca o copiadora óptica

Todos los laboratorios de cine profesionales están dotados de este instrumento que permite hacer la mayoría de trucos ópticos y mecánicos. Asimismo también hay que decir que la mayoría de estos aparatos en servicio están manipulados, en mayor o menor medida, para ofrecer ciertas particularidades distintas a las de otros laboratorios. El inventor de la truca fue Debrie, uno de los pioneros en diseñar artilugios para el cine.

En el capítulo referido al laboratorio se ha explicado el funcionamiento de este sistema que permite la realización de un elevado número de manipulaciones de imagen. Ampliaremos, no obstante, su descripción.

La truca está compuesta básicamente de tres partes:

1. Un aparato tirador o dispensador de película fijo.
2. Un carro o placa portaobjetivos.
3. Un tirador o dispensador móvil que se desplaza sobre un banco óptico.

El uso de la truca o copiadora óptica implica volver a fotografiar una sección de película a razón de un fotograma cada vez. El positivo patrón circula por la cabeza de la copiadora, cuya lámpara, a su vez, va iluminando cada fotograma. La película negativa virgen para duplicado circula por la cámara de copiado que está situada frente a la cabeza de la copiadora. Alterando la distancia, la posición y el movimiento de la cámara de copiado con respecto a la cabeza de la copiadora y la dirección y velocidad de las dos tiras de película respecto de sí mismas, el operador puede producir una gran variedad de efectos visuales como los que se citan a continuación:

- Cambio de formato, con ampliación o reducción.
- Ampliación o reducción de las dimensiones de la imagen o de alguno de los elementos de ésta.
- Anamorfización de imágenes.
- Realización de fundidos simples o encadenados.
- Realización de cortinillas.
- Desenfocado y suavizado de escenas nítidas.
- Efecto de travelling de retroceso o de acercamiento.
- Aplicación de imágenes a una pantalla de cine o de televisión presente en la escena.
- Combinación de imagen real y dibujos animados.
- Aceleración, aminoración o inversión de un movimiento.
- Congelamiento de la acción.
- Desplazamiento de la imagen en la película para situar la banda de sonido.

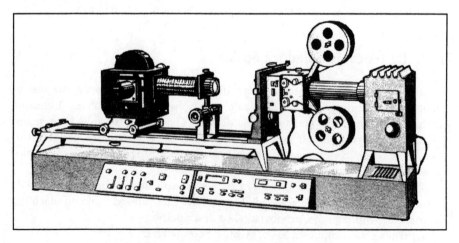

Figura 142. La truca o copiadora óptica.

- Interposición de filtros o difusores.
- Inversión de derecha a izquierda o viceversa.
- Sobreimpresiones.
- Máscaras de todo tipo.
- Copiado con tramas desplazables.
- Efectos de velo, difusión y textura, deformación, ondulación, fragmentación, multiplicación de imágenes, etc.

14.5. Trucos con manipulación informática

Actualmente, la mayoría de los efectos o trucajes descritos y muchísimos más se consiguen más fácilmente en el laboratorio, bien por métodos fotográficos tradicionales, por procesos electrónicos o también usando técnicas de tratamiento digital de la imagen mediante sofisticados equipos informáticos. La digitalización de la imagen permite multiplicar las posibilidades de tratamiento del efecto sobre la imagen y es una técnica cada vez más utilizada aunque el soporte final sigue siendo la película fotoquímica, es decir, una vez creado el efecto digitalmente, se copia en película fotoquímica, soporte que será utilizado para la proyección.

En el desarrollo de la tecnología audiovisual, la evolución de la digitalización de la imagen es uno de campos en los que los cambios son más significativos.

Paralelamente se están desarrollando sistemas de digitalización de la toma de imagen (por parte de la cámara), de almacenaje de la imagen (en el magnetoscopio) y de postproducción. El cine se aprovecha de esta tecnología informática sólo en esta última fase que corresponde a la postproducción o fase de montaje del filme. Pero es precisamente en este punto donde tienen lugar actualmente la mayor parte de los trucajes y tratamientos de la imagen. Una vez rodadas las imágenes mediante técnica cinematográfica convencional con película fotosensible, se digitaliza la imagen, se trata mediante uno de los múltiples programas informáticos para conseguir el efecto deseado y posteriormente se vuelve a registrar la imagen resultante en película fotosensible para ser sonorizada y proyectada sobre la pantalla.

Este tipo de «*estaciones de digitalización de alta resolución de películas*» han abierto para el cine el campo de los efectos que sólo se podían hacer en vídeo, conservando la calidad del cine. La película se digitaliza con un escáner CCD de alta resolución. Una estación informática, con un potente ordenador y una gran cantidad de discos de almacenamiento en paralelo, manipula y recompone las imágenes de forma interactiva sin pérdida alguna de calidad. Un grabador láser (que graba mediante tres rayos láser modulados con las señales de color primario rojo, verde y azul que se combinan ópticamente sobre la película en color) pasa de nuevo las imágenes obtenidas a cine manteniendo la calidad inicial.

La forma de operar de estas estaciones es la siguiente:

1. El director de efectos recibe del montador el plano de la película con las instrucciones correspondientes al efecto o recomposición de que se trate.
2. Se selecciona un fotograma clave para reconstruirlo digitalmente de forma interactiva, para ello se etalona (ajuste, recorte, definición e igualación de colores) el fondo o parte del mismo, se etalona también el primer término o figura sobre la que queremos centrar el efecto, se deciden los cambios de posición o de tamaño del primer término, se genera la máscara del primer término o figura, se procede al retoque y enmascarado con un paquete gráfico de pintura, se efectúa el mismo procedimiento para el resto del fondo y finalmente se ajustan los colores del nuevo fotograma recompuesto.
3. El trabajo realizado con el fotograma clave se almacena en unas tablas de parámetros con las que se procesan los demás fotogramas del plano automáticamente. Cada fotograma modificado puede confirmarse y retocarse individualmente.

La bondad del sistema depende de la calidad con la que se quiera trabajar, que está asociada a la ocupación de espacio en los discos duros del sistema y a la velocidad de ejecución de los procesos. En la máxima calidad puede digitalizarse un negativo de 35 mm con toda su gama dinámica y es técnicamente posible combinar 25 capas de imágenes para componer un simple fondo (*background*) y un primer término o figura (*foreground*). Estos sistemas cambian radicalmente la forma de hacer largometrajes y abren la puerta a nuevas posibilidades creativas.

14.6. La titulación

En la mayoría de las producciones, los títulos de crédito son considerados como una simple información más que un aspecto creativo. En realidad, si operase el sentido de la creatividad, esa información llegaría mucho más fácilmente o simplemente llegaría, ya que en muchos casos el espectador no presta atención a este aspecto del filme. Cabe destacar que, en ocasiones, los títulos de crédito han llegado a ser uno de los aspectos más interesante de la película.

Algunos aspectos a tener en cuenta respecto a la titulación son:

- La tipografía: cada caso necesita un tipo de letra determinado.
- El diseñador: la capacidad y originalidad del profesional que realiza la titulación dará una particular dimensión a este aspecto del filme.
- La impresión: el sistema de generar e imprimir los títulos puede ser muy diverso, desde las letras *transfert* tipo *Letraset* sobre un soporte que luego se filma, el sistema de fotocomposición clásico (utilizado hasta nuestros días en los periódicos y revistas en general), hasta los últimos sistemas electrónicos e informáticos que cada vez ofrecen más posibilidades técnicas y creativas.

Otro aspecto relacionado con la titulación es el *subtítulo*. Cuando el filme es proyectado en versión original (sin traducir), los diálogos se proporcionan en forma de subtítulo impresionado en la parte inferior de la pantalla. Estos subtítulos se pueden generar de varias maneras:

- Fotográficamente: por transparencia.
- Químicamente: con ácido sobre una copia revelada previamente.
- Electrónicamente: mediante un sistema generador de caracteres.
- Informáticamente: actualmente éste y el electrónico son los sistemas más utilizados cuando se trata de subtitulaciones especiales para TV.

CAPÍTULO 15

EL MONTAJE

El montaje es una de las últimas fases en el proceso de producción del filme y es de vital importancia para que éste adopte una verdadera dimensión como discurso audiovisual. Técnicamente consiste en seleccionar, ordenar y combinar las diferentes imágenes y sonidos registrados previamente durante el rodaje (también pueden incorporarse las voces, los efectos sonoros ambientales y la música en el proceso de sonorización que forma parte de esta fase), para darle la forma definitiva o para obtener la película acabada.

En realidad, las imágenes que configuran la materia prima del cine son las diferentes tomas de los planos. Habrá que seleccionar la mejor, ordenarla cronológicamente según el guión preestablecido y combinarla con las diferentes imágenes y sonidos que forman el conjunto del filme.

En este capítulo vamos a ver, desde el punto de vista estrictamente tecnológico, cuáles son los mecanismos, los utensilios y el proceso mediante los cuales se efectúa el montaje del filme.

15.1. La sala de montaje

La sala de montaje es el recinto donde tiene lugar el proceso de cortar y empalmar los diferentes trozos de película cinematográfica. En todas ellas se dispone básicamente de los siguientes dispositivos:

- Moviola.
- Bobinadora.
- Visionadora.
- Sincronizadora.
- Empalmadoras.

1. *La moviola o mesa de montaje*

La mesa de montaje (denominada universalmente *«moviola»*) es la máquina que permite al operador de montaje visionar la imagen y escuchar simultáneamente la banda de sonido registrado en el rodaje. Trabaja indistintamente hacia adelante o hacia atrás. Aunque el sistema de arrastre de la película activa sincrónicamente con el de la cinta de sonido, se pueden controlar independientemente con el fin de ajustar el sincronismo o simplemente para avanzar o retrasar el sonido respecto de la imagen.

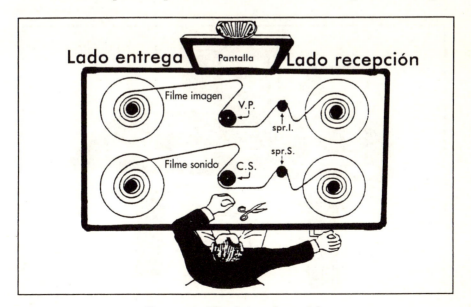

Figura 143. El trabajo en la moviola.

El montaje de la imagen se efectúa de una forma casi definitiva en la moviola, exceptuando aquellos casos en los que se realiza algún tratamiento especial de laboratorio. El montaje del sonido, en cambio, se termina normalmente en la sala especial de montaje de sonido aunque la fase de sincronismo se realiza en la moviola.

Los componentes más importantes de una mesa de montaje son los siguientes:

- *«Sprocket» de sincronismo de imagen.* Rodillo o sistema de arrastre de la cinta que contiene la imagen.
- *«Sprocket» de sincronismo de sonido.* Rodillo o sistema de arrastre de la cinta que contiene el sonido.
- *Lector o cabeza reproductora de sonido óptico o magnético*. Es el lugar en que se efectúa la lectura de la información sonora. En este punto es donde se realizan las marcas de sincronismo de empalmes sobre el filme o la banda de sonido.
- *Ventanilla de proyección*: la imagen que se proyecta en la pantalla es la del fotograma que se encuentra en la ventanilla y aquí es donde se realizan todas las marcas de sincronismo cuando se arma un rollo de imagen o para realizar los cortes y empalmes de la cinta.
- *Pantalla*: lugar donde puede verse la imagen que se encuentra en la ventanilla.
- *Sistema de amplificación y reproducción del sonido*: dispositivo que se encarga de hacer posible la reproducción del sonido. Puede ser de tipo óptico o magnético.

Figura 144. Mesa de montaje de 6 platos.

- *Controlador*: mando para iniciar o parar el avance de los rodillos de imagen y sonido.
- *Contador de tiempo («timer»)*: indica el punto exacto de la cinta según el formato de trabajo (16 o 35 mm). Los más sofisticados cuentan las horas, minutos, segundos y fotogramas. Deberá indicarse de antemano el formato de la película y la cadencia de la imagen (18, 24, 25 fps, etc.).

2. Bobinadora

Es un dispositivo que hace girar un eje sobre el cual se coloca un carrete metálico o un plato que admite un núcleo para adaptar los diferentes rollos de película. Puede funcionar manualmente a través de una manivela o bien mediante un motor de arrastre. Es especialmente útil en la fase de inspección y selección de material y sirve, como su nombre indica, para bobinar o enrollar la película. Según su función específica podemos encontrar tres tipos de bobinadora:

1. *Bobinadora de película negativa*: no permiten un bobinado rápido que podría ser muy perjudicial para la emulsión.
2. *Bobinadora vertical de impulsión eléctrica*: se utilizan en salas de proyección, distribuidoras o cinematecas para inspección de material o cambio de sentido de un arrollamiento.
3. *Bobinadora de positivos*: permite una velocidad elevada de bobinado, dado que este tipo de emulsiones admite menor desgaste que las negativas.

Figura 145. Bobinadora.

3. *Visionadora*

Consiste en un visor que se sitúa entre dos bobinadoras y permite al montador visionar de una forma rápida el contenido de un rollo de película. La carga de la cinta es muy rápida y el rebobinado se efectúa manualmente mediante una manivela. Es de mucha utilidad para imágenes que carecen de sonido, aunque también se le puede acoplar un lector-reproductor de sonido magnético u óptico.

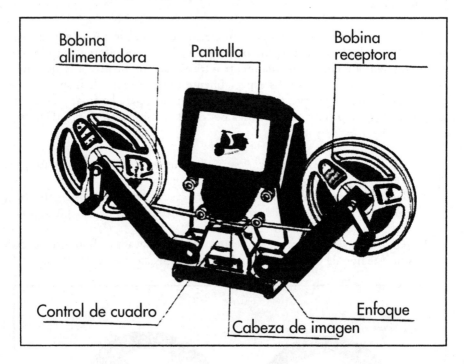

Figura 146. Visionadora.

4. *Sincronizadora*

La sincronizadora, como su nombre indica, sirve para sincronizar la imagen y el sonido. En el sistema doble, como sabemos, el sonido ha sido captado y registrado independientemente de la imagen en otro soporte, habitualmente cinta magnética o con tecnología digital. En todo caso, en el proceso de realización de la banda sonora definitiva, deberá sincronizarse con la imagen. Para este efecto, la sincronizadora dispone de dos o más rodillos dentados llamados «*vías*» que funcionan sincrónicamente, es decir, se accionan de forma conjunta para mantener la sincronía, o bien de forma independiente para poder desplazar el sonido respecto de la imagen.

Los sincronismos se establecen a partir de unas marcas efectuadas con un lápiz graso sobre las diferentes cintas de imagen y sonido. Una vez establecidos es-

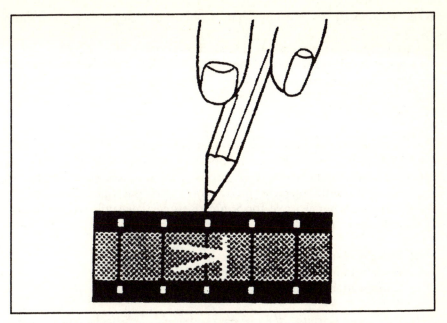

Figura 147. Marca sobre la cinta con un lápiz graso.

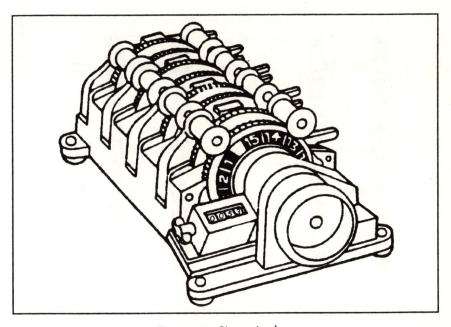

Figura 148. Sincronizadora.

tos sincronismos, no se perderán aunque rebobinemos adelante y atrás un sinfín de veces.

Una de las razones por las que algunos montadores prefieren utilizar sincronizadoras en las primeras fases del montaje es que resulta más fácil localizar tramos de película, marcarlos y cortarlos.

5. *Empalmadoras*

La empalmadora es el instrumento que se utiliza para unir físicamente los diferentes trozos de película. En general podemos decir que se trata de conseguir un empalme lo suficientemente fino y preciso para que no se pueda apreciar en la proyección y lo suficientemente fuerte para asegurar que la película no se rompa al ser arrastrada por el proyector. Según los sistemas que utilizan para realizar esta función, las empalmadoras se pueden clasificar principalmente en tres tipos:

a) Empalmadora de cinta adhesiva.
b) Empalmadora de disolvente químico.
c) Empalmadora térmica.

Empalmadora de cinta adhesiva: para la unión de la película, esta empalmadora, también llamada «seca», utiliza cinta adhesiva transparente, en concreto un material de poliéster llamado «*milar*», muy resistente a la rotura y sumamente delgado. El corte debe ser muy preciso en cuanto a calidad y paralelismo para que el empalme sea correcto.

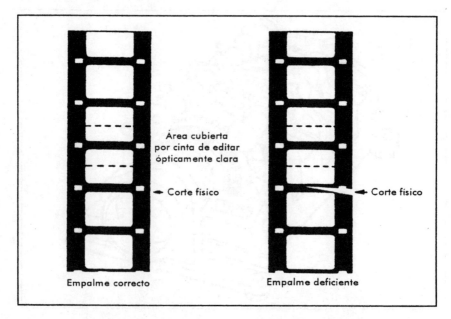

Figura 149. Empalme correcto y empalme deficiente.

Empalmadora de disolvente químico: también denominada «empalmadora húmeda», fue el primer sistema de unión utilizado en cine profesional. Se aplica un disolvente químico similar a la acetona en ambos trozos de película que deben ser empalmados y tiene lugar una especie de soldadura muy consistente. Previamente, la superficie de corte debe ser raspada para que la aplicación del producto químico actúe correctamente. Además, el corte debe efectuarse en forma de bisel para que el grueso del empalme sea menor y la superficie de unión sea mayor. Es importante también que la cantidad de disolvente sea la adecuada y la presión sea uniforme en toda la superficie de unión.

Empalmadora térmica: es la más utilizada actualmente en laboratorios profesionales. Utiliza una combinación de presión y calor para realizar la unión de la película. El empalme es rápido y muy sólido y resulta invisible en la proyección ya que la zona de unión es muy estrecha.

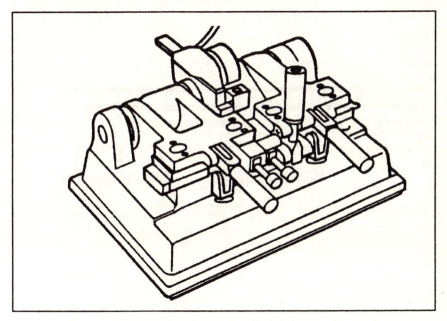

Figura 150. Empalmadora de disolvente químico.

15.2. Secuencia de trabajo del proceso de montaje

Los pasos son los siguientes:

1. *Control de los números de borde*

El proceso de montaje empieza a partir del momento en que la película ha sido revelada. El negativo original se queda en el laboratorio y el trabajo se efectúa en la sala de montaje sobre una copia llamada «copia de corte». El montador deberá controlar y anotar los números de borde que se encuentran al principio y al final de cada trozo de película, con el fin de hacer corresponder, una vez acabado el proceso, el negativo original con la copia de corte.

El director del filme comentará con el montador todos los aspectos a tener en cuenta a la hora de montar según las características de las diferentes escenas. Este cambio de impresiones es muy importante ya que se pueden dar instrucciones precisas que pueden ahorrar mucho esfuerzo innecesario sobre cómo abordar el montaje.

2. *Sincronización del sonido*

La grabación original de sonido en formato magnético o digital se transfiere a una cinta de grabación perforada de la misma longitud que la película. Para la sincronización se utiliza como base la claqueta. Esta cinta se denomina «material magnético».

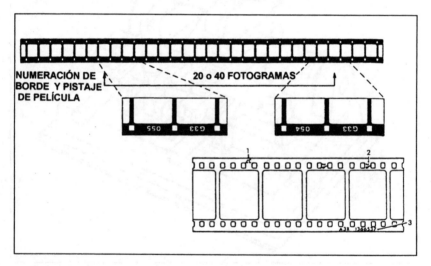

Figura 151. Los números latentes de borde se transponen del original a la copia y sirven como referencia.

3. *Fragmentación del material filmado*

Después de cortar la película, los diferentes trozos que corresponden a los diferentes planos que configuran el filme se etiquetan con un lápiz graso y se cuelgan o se enrollan en latas individuales. Si la película dispone de sonido, la cinta de imagen y la cinta que contiene el sonido se cuelgan o se enlatan juntos.

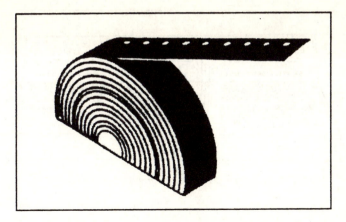

Figura 152. Material magnético.

4. Primer montaje

El montador ordena la secuencia de planos según el guión y las instrucciones del director. A esta primera versión se la conoce como «primer montaje» o «corte preliminar» y puede sufrir cambios después de ser examinada por el director. El sonido se ensambla simultáneamente y en caso de que un plano no disponga de sonido se añade un trozo de cinta de la misma longitud para que mantenga la sincronía en toda la secuencia.

5. Eliminación del material superfluo

Una vez examinado y decidido el primer montaje se corta de nuevo la cinta eliminando las claquetas y todas aquellas indicaciones superfluas, estableciendo la forma y el ritmo definitivos de la secuencia.

6. Mezcla y composición de la banda sonora

Se elabora una «gráfica de doblaje», donde se refleja la relación de las pistas que contienen los diferentes compuestos sonoros. Se mezclan las pistas en la sala de montaje de sonido añadiendo efectos sonoros, sonido ambiente, músicas, etc.

7. Transmisión de la copia de corte al negativo original

A partir de la referencia de los números de borde de la copia de corte, se corta y se ensambla el negativo original.

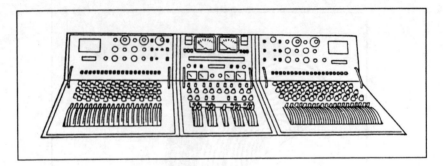

Figura 153. Mesa de montaje de sonido.

8. Primera copia de prueba sonora

El laboratorio realiza una copia óptica con una muestra del sonido y luego una copia sincronizada con imagen y sonido. Ésta es la primera copia de prueba sobre la que se pueden establecer los últimos cambios si el director lo cree oportuno.

9. Utilización de símbolos durante el montaje

Se emplean como una forma de indicar todos aquellos arreglos que tienen lugar en la sala de montaje como cortes, fundidos de abertura, fundidos de cierre, encadenados, sobreimpresiones, etc. Aquí exponemos algunos muy utilizados.

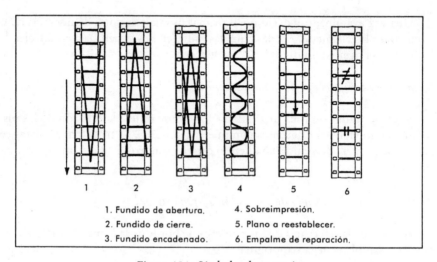

Figura 154. Símbolos de montaje.

15.3. El montaje sonoro del filme

Normalmente el sonido se registra en cinta magnética de 1/4 de pulgada (6 mm) o bien en soportes digitales. Después se transfiere a cinta perforada para poder sincronizarse con la imagen.

En el momento del rodaje ya se efectúa una sincronización que servirá de referencia para el doblaje de algunos compuestos sonoros como por ejemplo los diálogos, o bien de referencia para el montaje con la imagen. El punto de sincronismo determinado en el rodaje marca el mismo punto para la imagen y para el sonido. Al alinear estos puntos, que se marcan con una «x» mediante un lápiz graso en la moviola durante el montaje, se logra la sincronización.

Deben coincidir las longitudes de la banda de imagen y la de sonido. Si hay algunas tomas mudas se añade cinta guía (cinta virgen) hasta alcanzar la misma longitud que la cinta de imagen al objeto de guardar el sincronismo.

Una vez sincronizadas y montadas la pista de imagen y la de sonido, se pueden añadir más pistas de sonido adicionales: música, efectos especiales, ambientales, etc. Habrá que efectuar entonces su mezcla y montaje definitivo y sincronizarlas con la imagen igual que la primera pista de sonido.

El sonido que se ha mezclado en una sola pista de material magnético (dos en el caso del sonido estéreo o de «banda internacional») se transfiere a un negativo óptico y se copia en la primera copia de prueba.

15.4. Sistemas de edición no lineal aplicados a la cinematografía

Aunque tradicionalmente el montaje de cine se ha realizado en la moviola, este sistema de montaje se ha quedado desfasado y está siendo progresivamente sustituido por montajes de vídeo analógico y por montajes de vídeo digital.

El empleo de las tecnologías de vídeo e informáticas viene perfectamente justificado cuando reconsideramos el proceso tradicional de montaje cinematográfico comentado con anterioridad en este mismo capítulo. Existen en la actualidad paquetes de software que, una vez transferidas las imágenes y sonidos a discos duros, facilitan en extremo el proceso de montaje y postproducción reduciendo el coste y el tiempo de ejecución y, lo que es todavía más importante, contribuyendo en una importante medida a mejorar la calidad expresiva de los productos cinematográficos.

Exponemos, a continuación, una muestra del trabajo con estas nuevas tecnologías:

1. Durante el rodaje conviene disponer de una «edición simple computerizada» de vídeo adecuada para clasificar y archivar el material filmado. De esta forma, el director podrá seleccionar «in situ» las tomas válidas de imagen y sonido y podrá introducir las secuencias e incluso los planos del guión de dichas tomas.

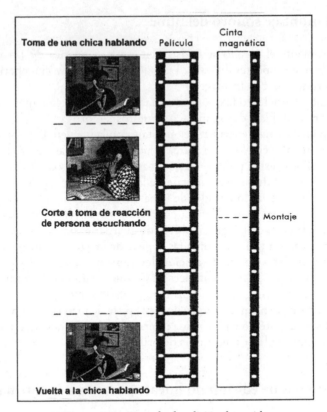

Figura 155. Ejemplo de edición de sonido.

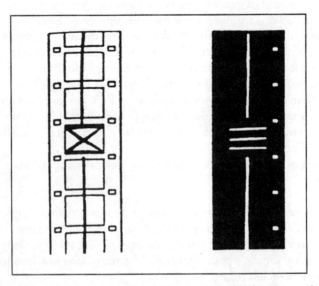

Figura 156. Marcas de sincronización de imagen (X) y sonido (III) en el negativo.

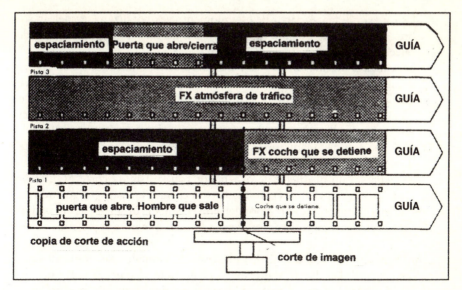

Figura 157. Colocación de las pistas utilizando cinta guía para conseguir la misma longitud que la imagen.

Lógicamente, esta forma de trabajo es posible cuando la cámara de cine lleva acoplado un dispositivo que permite grabar en vídeo las mismas imágenes que está registrando en ese mismo momento. En la actualidad, la mayor parte de los rodajes profesionales se efectúan de este modo.

La edición simple computerizada a que nos referimos es posible sencillamente efectuando un «volcado» o transferencia de las imágenes grabadas en vídeo a un disco duro de ordenador. A partir de la digitalización de esas imágenes, los distintos programas existentes permiten efectuar todo tipo de montajes, transiciones, manipulaciones de imagen, efectos especiales, etc. Por supuesto, en este estadio se trata tan sólo de disponer de una valoración de las mejores tomas.

2. A continuación se saca un «copión» de las tomas que hemos seleccionado y se hace un telecine (pase de los planos seleccionados de la película cinematográfica original a cinta magnética de vídeo mediante el dispositivo llamado telecine) en un formato económico de buena calidad de imagen (formato S-VHS, Hi-8, DV, etc.). Las copias de vídeo obtenidas en el telecine llevarán el código de pie (*keycode*) y también el código de tiempos del negativo, si la cámara de cine lo ha incrustado en el mismo proceso de filmación (lo que cada vez es más frecuente).

3. Las copias de vídeo de buena calidad (resultado de la operación de telecine) se envían junto con el disquette de ordenador con la selección de las tomas válidas del director a una sala digital de edición no lineal. Si el telecine no lleva código de tiempos, se envían también las copias de vídeo de baja calidad (las obtenidas a la salida de la cámara de cine) para identificar

las tomas válidas. A partir de este momento se digitalizan (se vuelcan sobre un disco duro de gran capacidad) sólo las tomas de imagen y sonido seleccionadas.

4. Se realiza el montaje de la película en la edición no lineal de vídeo digital. Aquí es donde se aprecian realmente las ventajas de trabajar en esta modalidad respecto al montaje clásico con moviola. La visibilidad es superior, el acceso a las tomas se efectúa en forma instantánea y automática, pueden efectuarse pruebas de todos los efectos sin pérdidas de tiempo, etc.

5. Una vez completamente montada la película a satisfacción completa del director, se remite al laboratorio (donde se guardan los rollos originales de película) un disquette de ordenador con la lista de corte *FCL* (*Film Cut List*) de la película ya montada para cortar el negativo siguiendo los códigos de pie que se corresponden con la película original y junto con las instrucciones para realizar los efectos ópticos que lleve la película.

Aquí hemos mostrado uno de los procesos de montaje más avanzados que existen en la actualidad. No obstante, se han empleado en muchas ocasiones sistemas de edición en los que la postproducción de vídeo se efectúa en cinta magnética, es decir, sin pasar por el proceso de volcado a disco duro de ordenador, sistema este último que se impone progresivamente y con el que se pueden conseguir las mayores ventajas en el montaje.

Capítulo 16

LA PROYECCIÓN

La proyección en una pantalla cinematográfica es, normalmente, el objetivo final en el desarrollo de producción de un filme, excepto en aquellos casos en que la producción está destinada de antemano a ser difundida en televisión. Para ello se emplea el proyector, que funciona de forma muy similar a la cámara. Tanto es así que en los principios del cinematógrafo, cámara y proyector eran el mismo aparato el cual, con una simple adaptación, cumplía con ambas funciones.

16.1. El proyector cinematográfico

La diferencia básica que existe entre la cámara y el proyector reside en que el camino que la luz recorre es inverso en una y otro. Mientras en la cámara la luz pasa en primer lugar a través del objetivo y después por la ventanilla de impresión hasta llegar a la película, en el proyector la luz la produce una lámpara, luego pasa a través de la película, de la ventanilla de proyección y finalmente por el objetivo desde donde se proyecta sobre una pantalla para formar la imagen. En ambos casos existen unos mecanismos de arrastre que permiten desplazar la película con una velocidad constante, deteniéndose de forma intermitente frente a la ventanilla donde se expone a la luz (en la cámara) o recibe la luz procedente de la lámpara para permitir su proyección (en el proyector).

El proyector tuvo un claro antecesor en la *linterna mágica* (siglo XVII). Este artilugio fue, sin duda, el sistema más popular y versátil de la comunicación visual anterior al cine. Su funcionamiento no varió en 250 años. Consistía en una caja, con una fuente de luz en su interior y una lente, que permitía proyectar en un sala oscura una imagen colocada en un soporte fijo situado ante la lente. Este aparato tenía la función opuesta a la *cámara oscura*, donde la luz del exterior era recogida por una lente y transportada al interior de la cámara para formar la imagen en la cara opuesta a la lente. Con la linterna mágica se consiguió proyectar imágenes en movimiento mucho antes de la invención del cine y se utilizó como espectáculo en ferias y salones con la proyección de series de imágenes animadas. En su versión doméstica también fue muy popular como juguete visual entre las familias más acomodadas o curiosas, convirtiéndose en un importante entretenimiento familiar.

Figura 158. Grabado de una linterna mágica (1676).

El proyector está diseñado, igual que la cámara, para un determinado formato, entendido como medida del soporte fotográfico. En este sentido, un proyector de 35 mm no puede proyectar imágenes de 16 mm, ni de 70 mm o viceversa. No obstante, en cada formato en particular se admiten algunos cambios o variaciones, como veremos más adelante.

Los principales elementos que conforman un proyector son los siguientes:

1. El objetivo para ampliar la imagen.
2. Una fuente de luz de gran intensidad.
3. Un sistema óptico para canalizar la luz hacia la ventanilla.
4. Un sistema de arrastre de la película de exposición intermitente.
5. El obturador.
6. La ventanilla de proyección.
7. Un sistema de carrete o bobina para almacenar la película por proyectar y la película ya proyectada.
8. Un lector de sonido, que puede ser óptico o magnético.

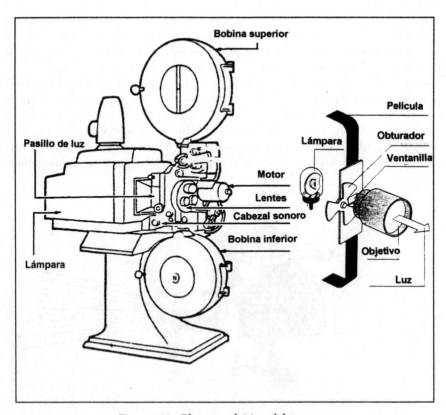

Figura 159. Elementos básicos del proyector.

LA PROYECCIÓN

En el proyector, la película destinada a ser proyectada es arrastrada por un sistema de rodillos ante un sistema óptico constituido por una lámpara y una lente de proyección. Una vez situada la película delante de la ventanilla de proyección, cada fotograma es proyectado con la ayuda de un objetivo hacia una pantalla donde se forma la imagen correctamente enfocada. En el momento que el fotograma es expuesto a la luz debe permanecer inmóvil para lo cual el proyector dispone de un sistema de arrastre y proyección intermitente. En los equipos profesionales de 35 mm se encarga de mantener esta intermitencia un mecanismo llamado *cruz de Malta*. El obturador es el encargado de impedir el paso de la luz mientras la película avanza hacia el siguiente fotograma.

El mecanismo de la cruz de Malta funciona mediante un rodillo de arrastre de la película que se acciona por la combinación de dos piezas, una que gira de una forma continua y se engrana con la otra (ésta en forma de cruz) a intervalos regulares. Este ingenioso mecanismo necesita de un sistema mecanizado de alta precisión que hace que sea casi exclusivo de los proyectores profesionales. Los proyectores de 16 mm utilizan un sistema de garfio accionado por levas excéntricas que a veces actúan sobre un garfio doble para repartir la fuerza de tracción sobre dos perforaciones en lugar de una sola.

El arrastre continuo de la película se consigue gracias a unos rodillos dentados que engranan en las perforaciones. Normalmente hay dos rodillos, uno situado antes y el otro después de la ventanilla de proyección. Para eliminar el problema de las diferencias de tracción provocadas por el sistema de exposición intermitente, se disponen unos *bucles* (porción de película que se deja libre entre los rodillos).

El fenómeno de la persistencia retiniana nos demostraba que basta con una frecuencia de unas 16 imágenes por segundo para dar la sensación de imagen en

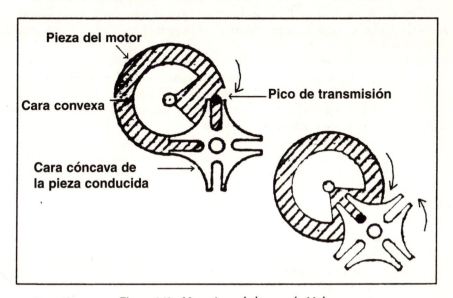

Figura 160. Mecanismo de la cruz de Malta.

movimiento pero realmente esta cadencia no es suficiente para que el espectador no aprecie un parpadeo de la imagen. Este parpadeo desaparece si la frecuencia de repetición de imágenes es de 48 cada segundo. Si tenemos en cuenta que la velocidad estándar tanto de rodaje como de proyección es de 24 imágenes, bastará con exponer dos veces cada fotograma para aumentar a 48 la frecuencia. El obturador es el encargado de interrumpir el paso de la luz un instante mientras se proyecta cada fotograma para conseguir esta doble exposición.

A partir de los años sesenta se introdujeron las *lámparas de xenón* que sustituían a los viejos «arcos de carbón». El gas xenón se mantiene bajo una cierta presión dentro de una bombilla de cuarzo. Una descarga de alta tensión tiene la función de crear un arco eléctrico provocado por la diferencia de potencial entre dos electrodos. El resultado es una lámpara capaz de dar una potencia de hasta 15.000 W de excelente resolución cromática y que además tiene una vida útil muy larga.

16.2. Cambios de formato

Es posible variar el formato de una película ampliándolo (pasando de 16 mm a 35 mm, o de 35 mm a 70 mm) o reduciéndolo (de 35 mm a 16 mm).

1. *Ampliación*

En otra época la ampliación era un hecho bastante común para exhibir en salas comerciales películas rodadas en 16 mm o documentos en cierta manera excepcionales aunque hoy en día se suele rodar directamente en 35 mm, evitando este «hinchado» de la película por diferentes razones:

a) El resultado no será nunca el mismo que si rodamos directamente a 35 mm. Hay que tener en cuenta que cuando ampliamos estamos perdiendo calidad de imagen (la superficie del 35 mm es cuatro veces superior). En este sentido, se aconseja utilizar películas de grano muy fino para reducir esa pérdida de definición.

b) La diferencia de costes del material sensible y procesado en los dos formatos es hoy en día mucho más reducida, lo que aconseja trabajar directamente a 35 mm, evitando las consecuencias siempre negativas de una ampliación. Existen cámaras de 35 mm ligeras e insonoras que facilitan las tomas en casos donde antes se podía optar por rodar en 16 mm.

Otra posibilidad es el «hinchado» de la película de 35 mm a 70 mm. Se recurre a esta solución cuando se pretende proyectar en una sala dotada de un proyector de 70 mm, o en casos especiales en que se ha rodado una parte del filme en 35 mm para conseguir unos efectos o trucos determinados que serán más tarde ampliados a 70 mm igual que el resto de las tomas.

2. Reducción

Es el proceso inverso al anterior y en este caso la imagen se reduce a un formato inferior. Hoy en día no es demasiado frecuente el uso de este recurso, sobre todo por el hecho que los formatos inferiores al 35 mm han sido sustituidos por el vídeo (especialmente el Super 8 mm).

La reducción de 35 mm a 16 mm se utiliza para exhibir un filme de 35 mm en una sala de pequeñas dimensiones o en la difusión de cine ambulante.

Actualmente, en ciertas ocasiones tiene lugar un tratamiento digital de la imagen para conseguir determinados efectos especiales. En este caso es necesario pasar la película fotoquímica cinematográfica a formato vídeo o a formato digital (disco duro de ordenador). Una vez efectuado el tratamiento de la imagen se «vuelca» (traduce) nuevamente en película de cine.

16.3. Lectores de sonido

Los proyectores de cine disponen de un lector de sonido que se encargará de traducir la información sonora que contiene la película a sonido propiamente dicho. El lector puede ser óptico o magnético aunque en 35 mm la reproducción de sonido es habitualmente de tipo óptico. Recordemos que la captación de la banda sonora suele ser magnética o digital. Actualmente el sistema digital se impone de una forma clara ya sea sobre cinta magnética (magnético-digital) o bien sobre un disco compacto («minidisk»). Una vez confeccionada la banda sonora definitiva añadiendo los efectos, la música, diálogos, etc., ésta se registrará fotográficamente sobre la película cinematográfica por lo que el lector utilizado para su reproducción deberá ser óptico.

El lector de sonido debe ir desplazado respecto a la ventanilla de proyección ya que el movimiento intermitente necesario para la proyección de la imagen es incompatible con el movimiento continuo necesario para una correcta reproducción sonora. En la práctica, este desplazamiento corresponde a que el sonido se adelanta unos 20 fotogramas aproximadamente respecto de la imagen. El estándar establecido es el siguiente:

- 35 mm : 21 fotogramas.
- 16 mm : 30 fotogramas.
- 8 mm : 18 fotogramas.

Aunque existe esta normalización, es conveniente indicar al laboratorio cuál es exactamente el número de fotogramas de desplazamiento o bien el tipo de proyector que se utilizará para la reproducción. En 35 mm las bandas ópticas siempre van avanzadas mientras que las magnéticas van retrasadas.

Tal como vimos en el funcionamiento del proyector, los «bucles», situados antes y después de la ventanilla de exposición (lugar donde tiene lugar la reproducción de la imagen), eliminan la diferencia de tracción o la tensión que se produce cuando tiene lugar la exposición intermitente. Los bucles ayudan a la transformación del movimiento continuo en intermitente que producen mecanismos como la cruz de Malta u otros similares, pero no son obstáculo suficiente para impedir que el movimiento discontinuo llegue al cabezal lector de sonido. A este cabezal ha de llegar la película con una velocidad uniforme y sin variaciones puesto que si no fuese así la reproducción del sonido sería deficiente. Para ello la película se hace pasar por el llamado «tambor de impedancia», que es un dispositivo similar al de los volantes de inercia utilizados para regular el movimiento de giro del cabestrante en los magnetófonos que absorbe los posibles «tirones» o variaciones de velocidad que la película pudiera tener como consecuencia de la anterior transformación del movimiento continuo en intermitente.

16.4. La pantalla de proyección

En esencia, la pantalla es una superficie plana sobre la cual inciden los rayos de luz procedentes del proyector. En cuanto al tamaño y formato dependerá obviamente de las dimensiones de la sala de exhibición así como de la distancia focal de la óptica utilizada para la proyección. Cuando se trata de cine comercial deberá permitir la reproducción de la imagen en la proporción en que ha sido rodada.

En cuanto a su fabricación y tratamiento de la superficie, suelen ser construidas de un material sintético, no inflamable, de color blanco o plateado. La pantalla puede ser mate o con algún tratamiento más o menos especular para proporcionar una reflexión más adecuada para todos los espectadores de la sala, independientemente de donde estén situados. Es necesario que se mantenga lo suficientemente tensa eliminando todo tipo de arrugas. Cualquier defecto en la superficie de la pantalla provocaría una deformación de la imagen. Los altavoces de la sala suelen estar detrás de la pantalla por lo que ésta está perforada uniformemente en toda su superficie.

Algunos de los formatos o proporciones más habituales (relación entre la medida de alto y ancho de la pantalla o del fotograma que se proyecta) son los siguientes:

- *1:1,33.* Proporción televisiva, también llamada clásica.
- *1:1,66.* Es de tipo panorámico y busca el compromiso entre el formato televisivo y el cinematográfico.
- *1:1,85.* Panorámico y uno de los más habituales como formato estándar de proyección.
- *1:2,55.* Es el formato más panorámico y es denominado Panavision.

Por desgracia, las superficies de todas las pantallas son vulnerables, empezando a deteriorarse tan pronto como han sido instaladas. La oxidación normal produce una pérdida de reflectividad, mientras la superficie se vuelve amarilla. Se produce una decoloración desigual debido a las corrientes de aire que arrastran y depositan partículas de polvo sobre la pantalla. Para proceder a su reparación es posible pulverizar *in situ* la mayoría de las pantallas blancas y mate y algunos tipos de superficies alumínicas, aunque es limitado el número de veces que pueden volverse a pulverizar.

Las pantallas más habituales son las siguientes:

1. *Pantalla de reflexión*: la mayoría de las pantallas utilizadas en salas de cine actúan por reflexión, es decir, la luz llega a la superficie y se refleja hacia el espectador. En este caso es, por su propia naturaleza, opaca y la proyección se realiza por la parte frontal (proyector situado detrás del espectador).
2. *Pantalla translúcida*: cuando la proyección se realiza desde la parte posterior de la pantalla, ésta debe ser translúcida, es decir, debe permitir el paso de la luz. Actualmente su uso no es frecuente en salas de cine comercial aunque se pueden utilizar para proyecciones en escaparates, en exteriores, etc.

16.5. La proyección espectacular

El desarrollo de la tecnología cinematográfica no ha cesado desde sus inicios hasta nuestros días. La búsqueda de la máxima calidad de la imagen proyectada ha sido una de las principales preocupaciones y para ello se han desarrollado nuevos formatos y emulsiones capaces de ofrecer una imagen nítida en pantallas que pueden llegar a los 900 m². Continuas investigaciones y procesos han permitido desarrollar nuevos sistemas de proyección con el fin de crear una sensación de máxima espectacularidad como la conseguida con los sistemas IMAX, OMNIMAX, 3D, etc.

Otro aspecto a tener en cuenta es la evolución de las técnicas de grabación y reproducción de sonido que han pasado del sistema analógico al sonido digital. Las nuevas tecnologías permiten crear una sensación envolvente en el espectador dando a la imagen más sensación de volumen, credibilidad y espectacularidad.

El primer sistema de proyección espectacular fue el *cinemascope*, que significó la introducción del espectador a las pantallas de grandes dimensiones. Este sistema fue inventado por la Century Fox y se basa en la compresión horizontal de la imagen en la cámara mediante una lente anamórfica para descomprimirla más tarde durante la proyección consiguiendo una mayor ampliación con una relación de proporción de 2,55:1.

1. *Cine de alta resolución*

Este sistema se basa en la utilización de una cadencia o velocidad de rodaje de 48 imágenes por segundo, es decir, a doble velocidad que el cine convencional. El resultado es una imagen de calidad superior, de una gran nitidez en las tomas con movimiento y profundidad puesto que contiene el doble de información. El sistema de alta resolución se inspiró en el «Showscan», creado en 1983 por Douglas Trumbull, especialista en efectos especiales.

2. Pantalla de 360°

Este sistema de proyección totalmente envolvente sobre una pantalla circular de 360° tuvo dos claros predecesores, el «*cinerama*» (Grimoin-Sanson, 1900), que consistía en un sistema de proyección con diez proyectores situados en el centro de una sala circular, y el «*circorama*», otra tentativa de proyección circular en formato de 16 mm.

En la actualidad sólo unas escasas salas en todo el mundo utilizan este sistema que se basa principalmente en la proyección con nueve proyectores de 35 mm sincronizados y situados no en el centro sino en la periferia de la sala, proporcionando cada uno una imagen, en la pantalla diametralmente opuesta, correspondiente a un ángulo de 40° del total de la superficie circular. El principal problema de este sistema reside en el ajuste perfecto de las diferentes imágenes. Cada proyector puede crear una imagen independiente o bien una parte de la imagen global. Como resultado se obtiene una sensación superenvolvente que mantiene al espectador inmerso en la imagen.

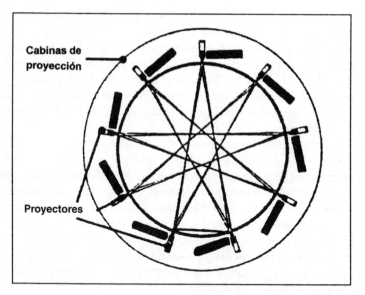

Figura 161. Sala de exhibición de 360°.

3. Imagen 3D

La ilusión de la imagen tridimensional o de relieve se basa en la creación y reproducción artificial del principio de la visión binocular. La sensación de relieve se produce gracias a que cada ojo percibe una imagen independiente de un mismo objeto desde diferentes puntos de vista. En el cerebro, las dos imágenes se funden creando el sentido o la sensación de profundidad.

LA PROYECCIÓN

Este sistema de imagen 3D se basa en el registro por separado de dos imágenes —igual que el sistema de visión humano— que se visionarán como una sola imagen sobre la misma pantalla. Para que cada ojo pueda seleccionar una de las dos imágenes, el espectador necesita unas gafas especiales. Uno de los sistemas más utilizados para recrear la imagen en relieve es el de la estereoscopia mediante luz polarizada (que cambia su dirección). La pantalla debe ser en este caso metalizada para conservar la dirección de la polarización.

4. *Sistema IMAX*

La proyección IMAX utiliza un formato de película de 70 mm (negativo de 65 mm positivado a 70 mm) de 15 perforaciones y de arrastre horizontal que permite obtener fotogramas de 70,41 cm x 52,63 cm, superficie 10 veces superior al 35 mm y 3 veces superior al 70 mm clásico. Esta dimensión permite una alta resolución en pantallas que superan los 700 m^2.

Uno de los problemas que plantea este gran formato es que el proyector debe arrastrar la película a un ritmo de 103 metros por minuto (una bobina de 4 km pesa 60 kg) y esto supone que debe disponer de un mecanismo de arrastre muy superior a un proyector clásico.

Dos sistemas implantados son el KINEMAX, que es el Imax clásico, y el TAPIZ MÁGICO, que tiene las características del anterior añadiendo además de la gran pantalla frontal, otra segunda pantalla aún mayor colocada a 45° por debajo del espectador, que provoca la sensación, según la escena, de que la acción se desarrolla como flotando por encima del espectador.

5. *OMNIMAX*

Se corresponde con la técnica IMAX sobre una pantalla semiesférica que cubre un campo de visión de 180° y que sitúa al espectador en el corazón de la imagen. Las dimensiones de la pantalla llegan a los 900 m^2 y el proyector incorpora un objetivo gran angular del tipo «ojo de pez» que permite cubrir este impresionante ángulo de visión creando una sensación de imagen envolvente.

Actualmente existe un catálogo restringido de filmes Omnimax en todo el mundo, la mayoría documentales sobre naturaleza o de género científico.

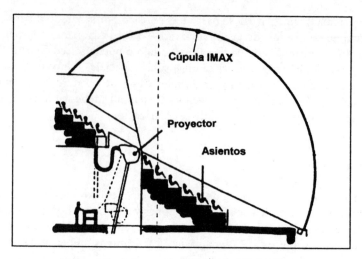

Figura 162. Sala para exhibición en OMNIMAX.

6. *IMAX 3D*

Presentado en Futuroscope (Francia) en 1996, este sistema une las técnicas propias del sistema IMAX conjuntamente con las del cine en 3D.

7. *IMAX SÓLIDO*

Más espectacular si cabe, el sistema «IMAX SÓLIDO» constituye la combinación más avanzada de la tecnología audiovisual, combinando la técnica del OMNIMAX con la del 3D.

8. *Cine dinámico*

El espectador, sentado en unas butacas móviles controladas por sofisticados sistemas informáticos de simulación de vuelo, se mueve dentro de la escena según la acción que se desarrolla en la pantalla. La proyección se realiza a 60 imágenes por segundo creando una imagen espectacular que, combinada con el movimiento de la silla, provoca una sensación extraordinaria en el espectador.

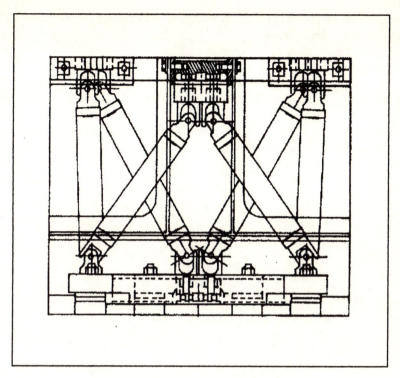

Figura 163. Sistema hidráulico de simulador.

16.6. Copias de explotación: distribución y exhibición

Las copias de explotación son aquellas que están destinadas principalmente a la proyección en las salas comerciales de exhibición cinematográfica. No obstante, existen otros canales para su exhibición tales como la televisión, el vídeo doméstico o la distribución para centros culturales no comerciales.

Los formatos de explotación comercial de los filmes son los siguientes:

1. *Formato CINEMATOGRÁFICO*

    70 mm: salas de proyección espectacular.
    35 mm: formato estándar en la mayoría de salas comerciales.
    16 mm: TV, cine ambulante, pequeñas salas comerciales. Actualmente su uso es bastante limitado.

2. *Formato VÍDEO*

    Actualmente todas las películas se explotan también en formato de vídeo, ya sea para un visionado en el hogar, en salas muy reducidas, para su pase por ciertas emisoras de televisión, etc.

3. Formato DIGITAL

Con presencia creciente. Se impone el formato DVD, que ofrece una calidad extraordinaria en un soporte muy reducido (de medida idéntica a un CD de audio). Esta solución es la versión más parecida al «cine en casa» por lo que se refiere a la calidad de imagen y sonido.

BIBLIOGRAFÍA BÁSICA SOBRE EL TEMA

Almendros, Néstor, *Días de una cámara*, Barcelona, Seix Barral, 1990.

Amyes, Tim, *Técnicas de postproducción de audio en vídeo y film*, Madrid, IORTV, 1992.

Bernstein, Steven, *Técnicas de producción cinematográfica*, México, Limusa, 1993.

Briot, René, *Les techniques cinématographiques*. Gembloux (Belgique), Éditions de l'ESRA, 1988.

Brown, Blain, *Iluminación en cine y televisión*, Andoain, Escuela de cine y vídeo, 1992.

Equipo técnico de FLECTOR/BJC, *Luminotecnia. Principios y aplicaciones*, Barcelona, JOSA, 1975.

Fernández Díez, F. y J. Martínez Abadía, *La dirección de producción para cine y televisión*, Barcelona, Paidós, 1994.

Hedgecoe, John, *Manual de técnica fotográfica*, Madrid, H. Blume ediciones, 1977.

Jacobson, Ralph E., *Manual de fotografía*, Barcelona, Omega, 1993.

Keene, Martin, *Práctica de la fotografía de prensa*, Barcelona, Paidós, 1995.

Langford, M. J., *Fotografía básica*, Barcelona, Omega, 1974.

Mappé, Bernard, L., *La película y el laboratorio cinematográfico*, Andoain, Escuela de cine y vídeo, 1993.

Marchesi, Jost J., *Técnicas de iluminación profesional. Manual de Broncolor*, Suiza, Verlag Photographie, 1988.

Martínez Abadía, José, *Introducción a la tecnología audiovisual*, Barcelona, Paidós, 1997.

Millerson, Gerald, *Iluminación para televisión y cine*, Madrid, IORTV, 1994.

Neronsky, L. B., *Sonorización de películas*, Barcelona, Marcombo, 1975.

Nicolás, Francisco R., *Colorimetría*, Madrid, IORTV, 1988.

Pradera, Alejandro, *El libro de la fotografía*, Madrid, Alianza Editorial, 1990.

Raimundo Souto, H. M., *Técnica del cine documental y publicitario*, Barcelona, Omega, 1976.

Raimundo Souto, H. M., *Manual del cámara de cine y vídeo*, Madrid, Cátedra, 1997.

Ray, Sidney F., *Las lentes y sus aplicaciones*, Andoain, Escuela de cine y vídeo, 1993.

Reisz, Karel, *Técnica del montaje cinematográfico*, Madrid, Taurus, 1980.

Romaguera, Joaquim y otros, *El cine en la escuela. Elementos para una didáctica*, Barcelona, Gustavo Gili, 1988.

Samuelson, David W., *La cámara de cine y el equipo de iluminación*, Madrid, IORTV, 1984.

Samuelson, David W., *Hands-on Manual for Cinematographers*. Oxford, Focal Pres, 1988.

Schaefer, D. y Salavato, L., *Maestros de la luz. Conversaciones con directores de fotografía*. Madrid, Plot ediciones, 1990.

VV. AA., *Enciclopedia focal de las técnicas de cine y televisión*, Barcelona, Omega, 1976

PARA AMPLIAR

Además de la bibliografía básica sobre el tema que incluimos en el apartado anterior recomendamos al lector la realización de algunas actividades de autoformación como las que siguen:

1. Suscripción y lectura de revistas especializadas en la técnica del cine, el vídeo y la televisión.
2. Visitas técnicas a empresas de los diversos campos de la actividad audiovisual.
3. Práctica de la fotografía a nivel de aficionado para aplicar una buena parte de las explicaciones, usos y consejos explicados en este manual.
4. Disponer de catálogos de cámaras, objetivos, empresas de iluminación cinematográfica y de espectáculos, tipología de películas y accesorios, etc.
5. Recabar información técnica sobre comportamiento de películas, sensitometría, reveladores y procesos de revelado, cámaras, proyectores y pantallas.
6. Efectuar pruebas fotográficas, cinematográficas o con tecnología vídeo para apreciar cómo afecta el uso de diferentes filtros y técnicas de exposición a los resultados finales en las imágenes registradas.
7. Identificar los sistemas de edición no lineal más empleados en la edición de vídeo y cine aprendiendo su manejo y practicando, a ser posible, con un ordenador doméstico.
8. Asistencia a rodajes, grabaciones de programas de vídeo y televisión y a laboratorios de doblaje y sonorización.
9. Lectura atenta de revistas cinematográficas donde se analizan filmes y *«making off»* (tipo «cómo se hizo») de diferentes producciones con comentarios sobre decisiones de tipo técnico tomadas en el proceso de realización de las mismas.
10. Ir al cine, ver la televisión, juzgar fotografías y hacerlo, siempre, con la máxima curiosidad, observando y aprendiendo las técnicas empleadas para incorporarlas a nuestro bagaje profesional.

ÍNDICE ANALÍTICO

Aberraciones de las lentes, 83, 91
    Aberración cromática, 92, 93
    Aberración esférica, 92, 93, 98
    Aberraciones axiales, 91, 98
    Astigmatismo, 94, 95
    Coma, 93, 94
    Curvatura de campo, 95
    Distorsión de acerico, 96
    Distorsión de barrilete, 96
    Velo óptico, 96

Banda sonora, 22, 299
    Banda internacional, 23
    Claqueta, 44
    Diálogo, 22
    Dolby, 25
    Efectos sonoros y ambientales, 299, 22
    Locución, 23
    Música, 299, 22
    Silencio, 22
    Sistema doble, 44
    Sistema simple, 44
    Sonido magnético, 44, 299
    Sonido óptico, 45, 299
    Sonorización, 22

Cámara cinematográfica, 29
    Ángulo de obturación, 39
    Baterías, 34
    Blimp, 38
    Bolsa negra, 35
    Cadencia, 37
    Cámaras de bobina, 34
    Cámaras de cargador, 35
    Chasis, 34
    Contador de exposiciones, 45
    Contador de película, 45
    Contragarfio, 31

Cristal esmerilado, 41, 42
Cruz de Malta, 31
Cuerpo de cámara, 29
Diafragma, 40
Error de paralaje, 41
Fotómetro incorporado, 46
Garfio, 31
Generador sincrónico, 46
Insonorización, 38
Motor de cristal, 33
Motor eléctrico, 33
Motor mecánico, 33
Motor sincrónico, 33
Objetivo, 39
Obturador, 38
Obturador variable, 39
Servocontroles, 45
Sistema de alimentación, 30, 32
Sistema de arrastre, 29
Tacómetro, 45
Telecine, 37
Velocidad de rodaje, 37
Ventanilla de impresión, 42
Visor, 40
Visor de vídeo, 42
Visor óptico, 40
Visor réflex, 41

Exposición, 229
    Abertura del diafragma, 235
    Ángulo de obturación, 235, 236
    Carta de gris, 240, 241, 243
    Célula de silicio, 239
    Célula de sulfuro de cadmio, 239
    Contraluz, 230
    Contraste de la escena, 230
    Exposición correcta, 234
    Exposímetros de luz incidente, 240

312   MANUAL BÁSICO DE TÉCNICA CINEMATOGRÁFICA

Exposímetros de luz reflejada, 239
Exposímetros fotoconductores, 239
Exposímetros fotoemisores, 239
Factor de reflexión del tema, 232
Forzado de la película, 245
Key light, 243
Luz de base, 243
Nivel de luminosidad de la escena, 229
Reproducir documentos, 245
Sensibilidad de la emulsión, 232
Sistemas de exposición por zonas, 240, 241
Sobreexposición, 231, 233
Spot metter, 240
Subexposición, 234
Sujeto sobre fondo oscuro, 231
Velado de la película, 245
Velocidad de obturación, 235, 236

Filtros, 179
Coeficiente de absorción, 183
Colores complementarios, 180
Colores primarios, 180, 181
Colores secundarios, 181
Densidad, 182
Efecto niebla, 189
Efecto noche, 189, 244
Espectro de luz continuo, 197, 198
Espectro de luz discontinuo, 197
Factor de un filtro, 182, 237
Filtro antiultravioleta, 186
Filtro de cielo, 184
Filtro de contraste, 184, 185
Filtro de corrección, 183, 184, 194
Filtro de efectos, 189
Filtro de estrella, 190
Filtro degradado, 189
Filtro difusor, 188
Filtro gris neutro (N. D.), 126, 187
Filtro infrarrojo, 187
Filtro para ventana, 188
Filtro polarizador, 187, 188
Filtros de compensación, 195
Filtros de conversión, 194
Filtros especiales, 186
Filtros para luz fluorescente, 197, 198
Gelatinas, 189, 199
Saturación, 182

Formatos cinematográficos, 24
8 mm, 49
16 mm, 56, 37
35 mm, 50
65 mm, 58
70 mm, 58
9,5 mm, 49
Lentes anamórficas, 56
Paso estrecho, 49
Paso universal, 51
Single 8 mm, 49
Super 16 mm, 57
Super 16 mm ID, 57
Super 8 mm, 49

Formatos de 35 mm con lentes esféricas, 51
Académico, 52
Full screen, 51

Formatos panorámicos, 52, 135
Mariné, 54
Techniscope, 55
Vistavisión, 55
1,66, 52
1,78, 53
1,85, 53
2:1, 54
16:9, 53

Fotometría, 201
Apostilb, 207
Brillo, 204, 207
Bujía internacional, 203
Candela, 203
Cuadrado de la distancia, 206
Eficacia, 203, 205, 207
Estereorradián, 204
Flujo, 203, 204, 207
Intensidad, 203, 207
Intervalo de luminancias, 208, 209
Lambert, 207
Ley del cuadrado inverso, 206
Lumen, 204
Luminancia, 207, 208
Lux, 207
Luxómetro, 208
Rendimiento, 203, 205
Iluminación, 206

ÍNDICE ANALÍTICO

Iluminación, 131
Anillo de dispersión, 172
Antorcha, 138, 159
Arco de carbón, 132, 134, 135, 156
Atenuador, 169, 173
Bandera, 170
Barra telescópica, 168
Black Maria, 133
Brutos, 152
Cinturón de baterías, 159
Contorno, 142
Contraluz, 139, 140
Control, 147, 168
Cuarzo, 135, 151, 152
Dedos, 172
Difusores, 171
Dimmer, 173, 174
Dirección de la luz, 172
Dispersión, 147
Fader, 175
Flash continuo, 159
Fluorescente, 136, 161, 162
Fresnel, 134, 150
Gasas, 171
HMI, 136, 151, 155
Intensidad, 147
Lámpara de tungsteno, 134
Lámpara PAR, 153
Luz cenital, 139, 140
Luz contrapicada, 141
Luz de ojos, 142
Luz dura, 142
Luz filtrada, 143
Luz fría, 162
Luz frontal, 138
Luz lateral , 139
Luz picada , 141
Luz principal, 137
Luz reflejada, 144
Luz secundaria, 138
Luz suave, 142
Minibrutos, 152
Negros, 170
Panel de abeja, 173
Pantógrafo, 168
Parasol cónico, 173
Parrillas, 167
Perfilado, 142
Proyector de ciclorama, 158

Proyector de luz ambiente, 158
Proyector de seguimiento, 161
Puntos, 172
Reflector difuso, 143, 148
Reflector elíptico, 148
Reflector esférico, 148
Reflector especular, 143, 148
Reflector parabólico, 148
Regulador de luz, 173
Rendimiento, 147
Sedas, 171
Softlight, 153, 154
Tridimensionalidad, 136
Ventosa, 168
Visera, 169

Laboratorio, 21
Agitación de los baños, 255
Analizador electrónico de color, 260
Armario de secado, 256
Átomos de plata, 249
Baño de paro, 250
Baño de revelado, 249
Blanqueado, 252
Catalizadores, 249
Colorantes, 252
Compuestos solubles en agua, 249, 250
Copia de control, 261
Copiado, 257
Copiadora óptica, 259
Copias de exhibición, 261
Copión, 261
Copulantes, 252
Duplicado del negativo,
ECN-2, 251, 252
Etalonaje, 123, 260
Exposición a la luz, 254
Fijado, 249, 250
Forzado del negativo, 114, 124, 189, 253
Generación, 261
Grapas, 256
Haluro de plata, 249, 250
Haluros de plata no expuestos, 249, 250
Humectado, 251
Imagen latente, 127, 249
Lavado, 249, 251
Leader, 256

Números latentes, 258
Parte de cámaras, 255, 256
Plata metálica, 249, 252
Positivado, 257
Positivadora de acción continua, 257
Positivadora de acción intermitente, 257, 258
Procesadora continua, 255, 256
Reacción química, 249
Revelado cromógeno, 252, 254
Revelado de blanco y negro, 249
Revelado de color, 251
Revelado de material inversible, 253
Secado, 251
Segundo revelador, 253
Solución regeneradora del revelador, 255
Tanque de revelado, 255
Temperatura, 255
Tensión superficial, 251
Trenes de revelado, 255
Velado químico, 126, 254

Luz, 73
Absorción, 75
Índice de reflexión, 75
Índice de refracción, 74
Reflexión difusa, 73
Reflexión especular, 73
Refracción, 74, 75
Transmisión difusa, 74
Transmisión directa, 74
Transmisión selectiva, 74

Montaje, 22, 277
Bobinadora, 281
Control de los números de borde, 285
Copia de corte, 286
Copias de vídeo, 291
Copión, 291
Eliminación del material superfluo, 287
Empalmadora, 284
Empalmadora de cinta adhesiva, 284
Empalmadora de disolvente químico, 285
Empalmadora húmeda, 285
Empalmadora seca, 284
Empalmadora térmica, 285
FCL (Film Cut List), 292

Fragmentación del material filmado, 286
Lápiz graso, 286
Material magnético, 286
Mesa de montaje, 279
Mezcla y composición de la banda sonora, 287
Milar, 284
Montador, 286
Montaje sonoro, 280
Moviola, 279
Negativo original, 286
Primer montaje, 287
Primera copia de prueba sonora, 288
Símbolos durante el montaje, 288
Sincronización del sonido, 280, 286
Sincronizadora, 282
Sistemas de edición no lineal, 289
Visionadora, 282
Volcado, 291

Óptica, 71
Abertura del diafragma, 83, 88, 98
Abertura efectiva, 85
Abertura relativa, 85
Campo visual, 82
Círculos de confusión, 87
Diafragma, 82
Diafragma de iris, 84
Diafragmado, 84
Diafragmas T, 87
Distancia de enfoque, 88, 90
Distancia focal, 40, 79, 80, 81, 85, 90
Distancia focal equivalente, 80
Distancia hiperfocal, 90, 91
Eje óptico, 79
Foco principal, 79, 80
Imagen virtual, 77
Imágenes reales, 76
Infinito, 79
Lente compuesta, 77, 78
Lente convergente, 76, 78
Lente divergente, 77, 78
Lente simple, 76, 70
Lentes de aproximación, 100
Lentes suplementarias, 100
Número f, 40, 86
Objetivo angular, 99
Objetivo normal, 99

ÍNDICE ANALÍTICO

Objetivo zoom, 40, 98, 100
Parasol, 100, 101
Planos principales, 79, 80
Profundidad de campo, 87, 89, 90
Puntos nodales, 80
Superficie cóncava, 78
Superficie convexa, 78
Teleobjetivo, 82, 99

Película cinematográfica, 109
Antihalo, 109
Antivelo, 111
Bactericidas, 111
Capa antihalo, 118
Capa exterior, 117
Capa interior, 118
Capa intermedia, 117
Capa protectora, 118
Capas adhesivas, 118
Celuloide, 109
Colorantes, 119
Contraste característico de la emulsión, 116, 117
Contraste de la escena, 116
Contraste del negativo, 116
Copulantes, 119
Emulsión, 109, 110
Emulsiones inversibles, 122
Emulsiones negativas, 121, 123
Endurecedores, 111
Escala ASA, 113
Escala DIN, 113
Escala ISO, 113
Gelatina, 109
Haluro de plata, 110
Inflado de la película, 125, 298
Latitud de exposición, 115, 116, 333
Máscaras automáticas, 121
Nitrato de celulosa, 109
Nivel de exposición, 111, 113, 115
Película de blanco y negro, 111
Película de color, 117
Película expuesta, 123
Película ortocromática, 111
Película pancromática, 111, 183
Película virgen, 127
Rapidez de la película, 113
Reacción de copulación, 119
Sensibilidad, 113, 115

Sensibilizadores, 111
Soporte, 109
Triacetato de celulosa, 109
Valor de exposición, 111
Zona de exposición correcta, 112
Zona de sobreexposición, 112
Zona de subexposición, 112

Perspectiva, 101
Perspectiva fotográfica, 103
Perspectiva geométrica directa, 102

Proyección cinematográfica, 23, 293
Ampliación, 298
Bucles, 297, 299, 300
Cambio de formato, 298
Copias de distribución, 305
Copias de exhibición, 305
Lámparas de xenón, 298
Lectores de sonido, 299
Linterna mágica, 295
Mecanismo de la cruz de Malta, 297
Obturador, 297
Pantalla de proyección, 300
Pantalla de reflexión, 301
Pantalla translúcida, 301
Parpadeo, 19
Persistencia de la visión, 19, 297
Proyector, 295, 296, 297
Reducción, 299
Tambor de impedancia, 300
Ventanilla de proyección, 295, 297

Proyección espectacular, 24, 301
Cine de alta resolución, 301
Cine dinámico, 304
Cinemascope, 301
Imax, 59, 303
Imax 3D, 304
Omnimax, 59, 303

Sensitometría, 211
Contraste, 219
Cuña de grises, 213, 214
Cuña sensitométrica, 213, 222
Curva característica, 217, 223
Densidad, 215
Densidad máxima, 220
Densitómetro, 214, 216

Densitómetro de color, 222
Densitómetro fotoeléctrico, 216, 222
Densitómetro óptico, 216
Ennegrecimiento, 214, 215, 216
Fallo de la ley de reciprocidad, 114, 213
Gamma, 219, 223
Hombro de la curva, 219
Latitud de exposición, 220
Opacidad, 215
Parte recta de la curva, 218
Sensibilidad, 113, 219
Sensitómetro, 213
Sensitómetro de color, 221
Talón de la curva, 218
Tira sensitométrica, 213, 214
Transmisión, 215
Velo, 219

Soportes de cámara, 61
Araña, 66
Cabeza de fricción, 64
Cabeza hidráulica, 64
Cabeza mecánica, 65
Cangrejo, 66
Columna elevadora, 66
Dolly, 66
Hit hat, 66
Low boy, 66
Pedestal de estudio, 65
Skicam, 70
Soporte para embarcaciones, 70
Steadicam, 69
Travelling, 68
Trípode, 63, 65, 164
Wescam, 69

Temperatura de color, 149, 151, 190
Fuentes luminosas, 190

Grados Kelvin, 190
Luces cálidas, 190
Luces frías, 190, 198
Mired, 191
Termocolorímetro, 192, 196

Trucos cinematográficos, 263
Aceleración, 37, 271
Apariciones, 269
Copiadora óptica, 271
Desapariciones, 269
Distorsiones de imagen, 267
Efecto lluvia, 265
Efecto niebla, 266
Efecto nieve, 265
Efecto viento, 265
Especialistas, 266
Filtros de efectos, 267
Fundidos, 267
Miniaturas, 266
Modificación de perspectiva, 266
Movimiento invertido, 270
Ralentización, 37, 271
Rodaje diurno para efecto nocturno, 268
Sobreimpresiones, 267
Subtítulos, 275
Sustituciones, 268, 269
Titulación, 274
Toma de Schüfftan, 269
Tomas de cristal, 268
Tomas de espejo, 269
Tomas de pantalla dividida, 268
Truca, 271
Trucos con manipulación informática, 273
Trucos de decorado, 265
Trucos de plató, 265
Trucos mecánicos, 269
Trucos ópticos, 266